AF379865

Editorial
NUN

El anillo de Giges

Una introducción a la tradición
central de la ética

El anillo de Giges

Una introducción a la tradición central de la ética

Joaquín García-Huidobro

Catalogación de obra

García-Huidobro, Joaquín

El anillo de Giges
Una introducción a la tradición central de la ética
1a. edición mexicana, 2019

ISBN: 978-607-99201-0-4

Editorial Notas Universitarias, S. A. de C. V.
Impreso en Ciudad de México

Formato: 15 × 21 cm

304 pp.

Editorial Notas Universitarias, S. A. de C. V.

Xocotla 17, Tlalpan Centro II, alcaldía Tlalpan,
Ciudad de México, C. P. 01400

www.editorialnun.com

Versión impresa, ISBN: 978-607-99201-0-4
Versión digital, ISBN: 978-607-9845-91-9

Dirección editorial y diseño de portada: Miryam Meza Robles
Diseño de interiores y diagramación: Carlos A. Vela Turcott
Corrección de estilo y edición: Felipe G. Sierra Beamonte

Impreso en México

A Regina y Ulrich Schipp

Índice

Prólogo   11

Introducción   15

I. El desafío del relativismo ético y el origen de la filosofía moral   21

II. El conocimiento en la ética   47

III. ¿Existe un fin del hombre?   65

IV. Las virtudes morales   79

V. ¿Es posible hablar todavía de vicios?   95

VI. Las virtudes y la racionalidad humana   107

VII. Las virtudes y la corporeidad humana   131

VIII. El problema de las normas morales   15 1

IX. Las normas jurídico-positivas   1 81

X. Conciencia y moralidad   197

XI. Los criterios de la moralidad   207

XII. Ética y naturaleza   231

XIII. Dios en la ética   251

XIV. La herencia ética de la Tradición Central   265

Guía bibliográfica   275

Índice analítico   291

Prólogo

Hoy se escribe más que nunca sobre ética, y buena parte de la discusión pública se refie e a temas morales. Así, por ejemplo, la cuestión del aborto no ha perdido vigencia en la discusión pública norteamericana, y asuntos como la corrupción, tanto en el campo de la política como de la actividad empresarial, están a la orden del día en la atención de los medios de comunicación y las conversaciones de los ciudadanos.

El interés por la ética es en sí mismo positivo, por más que las razones que hayan llevado al público a adquirirlo no sean precisamente alentadoras. Con todo, gran parte de los debates parecen no tener solución, ya que los interlocutores no hacen explícitas las bases filosófi as desde las cuales debaten. Este libro pretende proporcionar al lector no iniciado en la materia algunos elementos que lo lleven a entender un poco mejor las categorías relacionadas con estas discusiones. Para hacerlo, se pretende mostrar el núcleo de las convicciones morales fundamentales de nuestra cultura, lo que se ha llamado la "Tradición Central" de la ética de Occidente. Hoy no todos comparten esas convicciones, pero sin conocerlas, sea para negarlas o para desarrollarlas y aplicarlas a las nuevas y complejas situaciones que nos preocupan, el diálogo se hace muy difícil. Esta obra pretende situarse en un nivel intermedio entre la complejidad de los tratados de ética y lo que enseñan las obras de divulgación, muy necesarias pero insuficientes para el lector que se pregunta por los fundamentos de la praxis. Su destinatario natural es un público de nivel universitario, aunque no esté versado en materias fil sófica .

En los capítulos II ("El conocimiento en la ética") y XII ("Ética y naturaleza") hay algunos pasajes cuya dificultad es mayor que en el resto del libro, aunque en esta edición se ha intentado explicitar más algunas de sus ideas y se han incluidos más ejemplos, de modo que su lectura resulte menos difícil. En todo caso, el lector que lo desee puede omitir la lectura de esas escasas páginas.

De esta obra se han publicado ediciones en Chile (Fundación de Ciencias Humanas, 2005; editorial Andrés Bello, 2006 y 2007, y Res Publica, 2014 y 2016), Perú (Palestra, 2009) y España (Rialp, 2013), además de una edición en formato electrónico (Democracia y Mercado, 2011). La versión actual corrige ampliamente la última edición chilena (2016), que a su vez había incluido importantes modificaci nes respecto de las anteriores. En la bibliografía no hubo modificaci nes importantes, salvo incluir algunos textos imprescindibles. La obra está dividida en parágrafos, lo que facilita su cita, en relación con la multiplicación de ediciones. Conviene tener en cuenta este hecho cuando se consulta el índice analítico.

Diversas personas leyeron los primeros manuscritos de este trabajo, hicieron valiosas correcciones o proporcionaron buenas ideas para el mismo. A todas ellas mi gratitud, lo mismo que a mis alumnos de la Universidad de los Andes (Santiago, Chile), que me han hecho muchas preguntas difíciles que aquí procuro responder.

Como siempre, quiero señalar mi deuda intelectual con Alejandro Vigo: es probable, mejor dicho, seguro, que muchas ideas aquí incluidas hayan sido producto de largas conversaciones con él, si bien su modo de tratar estos temas es muy diferente. En todo caso, no pierdo las esperanzas de que alguna vez se anime a escribir su propio libro de ética. También estoy en deuda con el Grupo de Investigación en Filosofía Práctica de la Universidad de los Andes y con Alejandro San Francisco, Julio Isamit, Camilo Pino, Nicolás de Prado, Carlos I. Massini, Alejandro Miranda, Sebastián Contreras, Jorge Martínez Barrera, Modesto Santos, José Antonio Poblete, Hugo Herrera, Andrea Davanzo, Catalina Parada y Fernando Inciarte. Ya no podré reprocharle a este último que no lea los manuscritos que se le envían. Desde el 9 de junio de 2000 ya no necesita leer nada.

Por último, agradezco a la Fundación Gabriel y Mary Mustakis su apoyo bibliográfi o, a la Fundación Alexander von Humboldt el haber gozado del tiempo y la tranquilidad que me permitieron concebir y escribir una parte de este libro durante una estancia en Münster, y a Fondecyt, cuya ayuda permitió llevarlo a cabo, dentro de un proyecto más amplio.[1] Sin la iniciativa de Alberto Ross y el trabajo de la editorial Notas Universitarias no se habría podido publicar esta edición mexicana, que resulta particularmente signifi a-tiva para mí, pues el primero de mis antepasados que llegó a América lo hizo precisamente por México, aunque hoy no es muy querido en ese país. Llegó con un grupo de sus hombres en 1519. Su nombre era Hernán. A diferencia de él y sus acompañantes, este libro llega a tierras mexicanas en son de paz.

Santiago, Chile, 2 de octubre de 2018

---

1   Las versiones preliminares de algunos capítulos de este libro han sido publicadas previamente: Cap. I "El desafío del relativismo ético", en *La mujer ante la sociedad y el derecho. Conferencias Santo Tomás de Aquino* (Santiago, Universidad Santo Tomás, 2002, pp. 23-36); Cap. XI "Las normas morales que no admiten excepciones", en *Revista de Derecho* (Coquimbo) 12, 2 (2005), pp. 131-139, y Cap. XIII "Dios en la ética", en J. Borobia *et al.* (eds.), *¿Ética sin religión?* (Pamplona, EUNSA, 2007, pp. 125-134). Además, en ocasiones aisladas se ha empleado material incluido en otros trabajos del autor.

Introducción

En *La República* de Platón se cuenta la historia de Giges, un pastor que servía al rey de Lidia.

> Un día sobrevino una gran tormenta y un terremoto que rasgó la tierra
> y produjo un abismo en el lugar en que Giges llevaba el ganado a pas
> torear. Asombrado al ver esto, descendió al abismo y halló, entre otras
> maravillas que narran los mitos, un caballo de bronce, hueco y con ven
> tanillas, a través de las cuales divisó adentro un cadáver de tamaño más
> grande que el de un hombre, según parecía, y que no tenía nada excepto
> un anillo de oro en la mano. Giges le quitó el anillo y salió del abismo.[1]

> Al poco rato descubrió que, al mover el anillo de determinada mane
> ra, su portador se tornaba invisible, de modo que sus compañeros hablaban
> de él como si no estuviese presente en la conversación, porque no podían
> verlo. No tardó en advertir el poder que le otorgaba la capacidad de volverse
> invisible. Se introdujo en la corte, sedujo a la reina, mató al rey con su ayu
> da y terminó por transformarse en tirano.[2]

Esta historia no está recogida por casualidad. Si Giges es un modelo
envidiable, la ética está de más, o es únicamente un pretexto para mantener

---

1   *La República*, II 359d-e, Madrid, Gredos, 1988.

2   *La República*, II 359e-360b .

a raya a los fuertes. En el fondo, sólo se necesitaría una buena cantidad de leyes y policías, además de la confianz en que nadie encuentre un anillo semejante, porque todo hombre sería un Giges frustrado. En cambio, si la actuación de ese personaje no es razonable, si tenemos buenos argumentos para no usar el anillo de esa forma, aunque lo encontremos, entonces hay lugar para la ética. Y podremos pensar, por tanto, que hombres como Giges pueden hacer muchas cosas, menos la más importante: lograr que su vida tenga sentido.

Es probable que todo lo fundamental que había que decir acerca de la ética se haya escrito hace ya muchos siglos, en la *Ética a Nicómaco*. Allí explica Aristóteles que sus lecciones tienen por destinatarias a personas razonables, es decir, a la gente que procura comportarse bien. Pero ese tipo de hombres son precisamente los que no necesitan acudir a clases de ética. Son otros los individuos que deberían asistir: aquellos que suelen encontrarse en lugares de mala muerte y no en un curso de fil sofía de la moral. Con todo, Aristóteles, que era muy consciente del problema, dictó de hecho esas lecciones, y lo hizo ante ese público de ciudadanos virtuosos. Al hacerlo, nos mostró que su interés no era tanto evitar que la gente se comportara mal, sino más bien producir una reflexi n acerca de la excelencia humana, cosa que sí interesa a ese público de buenas personas.

Aunque, como señalé, en la *Ética a Nicómaco* ya se ha escrito lo más importante, los profesores siempre creemos que puede ser de utilidad para los alumnos contar con una introducción a estos temas. Quienes hayan intentado escribir una, se habrán dado cuenta de que quizá eso no sea verdad. En todo caso, lo que me movió a escribir estas páginas es que había algunos libros introductorios muy buenos (como el de Lorda), pero que, por diversas razones, no tocaban algunas materias importantes. El lector advertirá que si aquí se tratan esos temas, es en la misma medida en que no se abordan otros. No todos tenemos las mismas ideas acerca de qué es importante, y es bueno que así sea, de lo contrario no necesitaríamos del diálogo.

Existen muchas éticas. En las páginas que siguen se muestra *una* de ellas. En sentido amplio, podríamos decir que es aquella representada por la Tradición Central de Occidente. Prefie o no darle ningún nombre determinado, aunque el título "Tradición Central" no sea muy atractivo en estos tiempos y varios lectores del manuscrito hayan sugerido cambiarlo.[3] En todo caso, este es un libro escrito por lo que C. S. Lewis llamaba "an old Western man", es decir, por un hombre que piensa que la herencia ética de Occidente es importante y no resulta sensato dejarla a un lado, menos cuando ni siquiera se la conoce, como sucede con muchos que la consideran superada. Si nuestros contemporáneos leyeran a Chesterton, aparte de gozar con una pluma ingeniosa, podrían descubrir que el ideal democrático de nuestros tiempos no excluye, sino que exige, tomarse muy en serio la tradición, que "no es más que la democracia proyectada en el tiempo":[4]

> Aceptar la tradición tanto es como conceder derecho de voto a la más oscura de las clases sociales: la de nuestros antepasados; no es más que la democracia de la muerte. La tradición se rehúsa a someterse a la pequeña y arrogante oligarquía de aquellos que, sólo por casualidad, andan todavía por la tierra. Todos los demócratas niegan que el hombre quede excluido de los derechos humanos generales por los accidentes del nacimiento; y bien, la tradición niega que el hombre quede excluido de semejantes derechos por el accidente de la muerte. Nos enseña la democracia a no desdeñar la opinión de un hombre honrado, así sea nuestro caballerizo; y la democracia también debe exigirnos que no desdeñemos la opinión de un hombre honrado, cuando ese hombre sea nuestro padre. Me es de todo punto imposible separar estas dos ideas: democracia y tradición. Me parece evidente que son una sola y misma idea.[5]

No siempre resulta fácil decir quién pertenece y quién resulta ajeno a esta tradición. Pero todos estamos de acuerdo en que Aristóteles, Cicerón y Tomás de Aquino están en el tronco de ella, mientras que Hume, Marx o Freud pretenden romper con esa herencia intelectual. Hay casos más difíciles de defini .

---

3   Sobre el uso de esta expresión, tomada de I. Berlin. Cf. R. P. George, *Making Men Moral. Civil Liberties and Public Morality*, Oxford, Clarendon Press, 1993, p . 19, not a 2.

4   G. K. Chesterton, *Ortodoxia*, México, Fondo de Cultura Económica, 1987, p . 88.

5   G. K. Chesterton, *Ortodoxia*, pp. 89-90.

Sin embargo, pienso que Kant, por ejemplo, mantiene sus tesis fundamentales, particularmente en filosofía moral, no obstante recurrir a fundamentaciones muy diferentes de las que hasta entonces había utilizado la filosofía clásica. En todo caso, esto daría para un análisis que es ajeno a este texto.

Por más que aquí sólo se muestre *un* modo de entender la ética, hay en muchos casos implícita una discusión con otras posturas, aunque no se mencionen. El objetivo que se persigue es poner de relieve ciertos problemas, más que información acerca de autores y corrientes filosófica. En efecto, si no se tienen presentes los problemas que mueven a filosofar, la filosofía misma se entenderá como una sucesión de refutaciones. Y no es así: espero haber aprendido al menos eso de mis maestros. La filosofía se parece mucho más a una conversación sobre ciertos grandes temas, donde las diferencias normalmente se refieren a matices. Lo que ocurre es que en la filosofía los matices son muy importantes. A veces, son todo.

El plan del libro es muy sencillo: se ocupa de los que, a mi juicio, son los temas fundamentales de la ética: el fin del hombre, las virtudes, la ley, la conciencia, y otros. Aunque no siempre se diga, lo hace de la mano de algunas grandes obras y se refiere constantemente a ciertas creaciones artísticas, particularmente literarias. No es sólo un motivo pedagógico el que me llevó a elegir este estilo de presentar los argumentos, sino que responde a ciertas convicciones filosóficas, que no es el caso desarrollar aquí.

En buena medida, este libro pretende ser una respuesta al relativismo. Pienso que, al menos desde Platón, toda la ética occidental tiene ese mismo carácter. Pero no se agota ahí: también es el esfuerzo por mostrar un ideal de excelencia humana que permita entender que el hombre es un ser esencialmente moral y que la moral, lejos de coartarlo, es condición de su plenitud. En este sentido, este libro no sólo tiene enfrente a los relativistas, sino también a otro género de personas: los que sueñan con un mundo en el que la noción de deber esté ausente, donde no exista nada que limite el propio querer. Pienso que esta situación no sólo es utópica, sino también indeseable. Si por un accidente los hombres perdieran la conciencia de alguno de los diez mandamientos y, por tanto, pudieran transgredirlos de buena fe, su existencia no sería mejor. Más bien sería bastante desgraciada. Chesterton dice algo parecido:

> El tono de las sentencias de las hadas es siempre este: "puedes vivir en un palacio de oro y de zafi o *si* no pronuncias la palabra *vaca*"; o bien: "vivirás feliz con la hija del rey *si* no le enseñas nunca una *cebolla*". La visión depende siempre de un veto. Todas las cosas enormes y delicadas que se te conceden dependen de una sola y diminuta cosa que se te prohíbe.[6]

Hay que agregar, sin embargo, que esa condición no es caprichosa: aunque no todos lo sepan, las prohibiciones morales son una salvaguardia de los aspectos básicos del desarrollo humano. Pensar que viviríamos mejor sin este o aquel mandamiento implica que no se conoce suficien emente lo que es el hombre y lo que le hace bien. Por eso un autor ha caracterizado la moral simplemente como el "arte de vivir".[7] De ordinario, las señales de la ruta sólo incomodan a quien no tiene interés de llegar vivo a destino alguno. Pero aunque las prohibiciones tengan un sentido y sean importantes para tutelar el bien humano, apenas constituyen una pequeña parte de la ética. Un papel mucho más destacado lo ocupan, por ejemplo, las virtudes, es decir, las diversas manifestaciones de la excelencia humana.

El lector echará en falta algunos temas, como el análisis detallado del acto humano o de la libertad, que son muy importantes, pues constituyen el fundamento de la ética, pero que, a mi juicio, es mejor tratar de modo sistemático en un libro de teoría de la acción o de antropología fil sófica. Esta decisión es, naturalmente, muy discutible. Tanto como la contraria.

Entre la antropología fil sófic y la ética hay estrechas relaciones. De una parte, si sabemos cómo *es* el hombre, entenderemos mejor cómo *debe* comportarse y cuáles son las maneras adecuadas de tratarlo. Pero al hombre no lo conocemos como se accede a un objeto inerte, que está simplemente

---

6   G. K. Chesterton, *op. cit.*, p. 105.

7   J. L. Lorda, *Moral: el arte de vivir*, Madrid, Palabra, 1996.

situado frente a nosotros. El ser del hombre se muestra en la acción. Por eso, desde otra perspectiva, la ética también se halla antes que la antropología y ayuda a su constitución. El hombre es un ser activo, y lo conocemos en la medida en que lo vemos actuar.

Este libro está dirigido, en primer lugar, a los alumnos universitarios y a otras personas que deseen acercarse a los temas fundamentales de la ética. Sin embargo, aunque casi no se señalen autores y discusiones especializadas, también quiere ser una conversación con los estudiosos de la fi osofía práctica. Probablemente no sea una buena costumbre el conversar con dos tipos de interlocutores al mismo tiempo, pero a veces no hay más remedio que hacerlo. En todo caso, los especialistas notarán que evito entrar en debates propios de entendidos, porque me interesa presentar el tronco de la Tradición Central y no describir cada una de sus ramas.

i
El desafío del relativismo ético y el origen de la filosofía moral

*La nobleza y la justicia que la política considera
presentan tantas diferencias y desviaciones,
que parecen ser sólo por convención y no por naturaleza.*

Aristóteles

§ 1. La generalidad de las personas comparte la idea de que la ética tiene que ver con los criterios acerca de lo bueno y lo malo. Pero este acuerdo, aunque importante, nos deja abiertas al menos dos cuestiones decisivas. La primera es que supone que a nosotros nos interesa distinguir entre lo bueno y lo malo. Con cierto cinismo podríamos preguntar: "¿y por qué ser bueno?" En un libro de Michael Ende, unos brujos cantan una canción aprendida en su infancia: "Cuando el niñito decapitó a la ranita, se sintió muy contento. Porque hacer el mal es mucho más bonito que el estúpido bien".[1] En el caso de estos brujos, entonces, resulta claro que ni siquiera se preguntan si conviene ser bueno. Vamos a dejar esta cuestión para más adelante,[2] pero podemos anticipar algo si tenemos en cuenta que preguntar acerca de por qué ser bueno es otra forma de la pregunta: ¿para qué la ética?

La segunda cuestión que está detrás de ese aparente acuerdo acerca de qué cosa es la ética, se refie e a cómo obtenemos los criterios acerca de lo bueno y lo malo. Porque no obtenemos nada con querer ser buenos si no sabemos cómo serlo. Algunos piensan que no es posible obtener criterios

---

1   M. Ende, *Der satanarchaeoluegeniallkohoellische Wunschpunsch*, Stuttgart, Thienemann, 1989, p. 173. Traducción mía. Para la versión castellana véase M. Ende, *El ponche de los deseos*, Madrid, SM, 1997, p . 126.

2   Cf. § 12.

absolutos, objetivos, independientes de las preferencias personales. Otros estiman que sí, al menos en cierta medida. Comencemos por la primera de esas cuestiones: ¿por qué es necesaria la ética? La segunda, es decir, cómo accedemos a esos criterios, la dejaremos para más adelante.[3]

La ética: búsqueda de los criterios de lo bueno

§ 2. A diferencia de los animales, los seres humanos no alcanzamos nuestros fine espontáneamente. Queramos o no, tenemos que proponernos ciertos objetivos y buscar los medios más adecuados para conseguirlos. Pero tanto en los fine como en los medios hay una variedad importante. No todos son equivalentes ni nos hacen incurrir en los mismos costos. En el hombre, entonces, existe un grado de ambigüedad que no se da entre los animales, que se limitan a seguir el instinto más fuerte. Esto hace que la vida humana esté llena de problemas y explica que algunos intenten simplifi arla, hacerla más semejante a la existencia aparentemente plácida de los animales y nos inviten a seguir nuestros deseos, a hacer lo que queramos. Serrat plantea el problema, cuando le pregunta a su ejecutivo de película: "¿No le gustaría, acaso, vencer la tentación sucumbiendo de lleno en sus brazos...?". Y Lord Henry da la respuesta, cuando aconseja a Dorian Gray:

> Se nos castiga por nuestros rechazos. Todos los impulsos que pretendemos estrangular permanecen en nuestra mente y nos envenenan [...]. La única forma de librarse de una tentación es entregarse a ella. Si uno se resiste, el alma enferma al ansiar aquello que se ha prohibido a sí misma, deseando lo que sus monstruosas leyes han convertido en monstruoso e ilegítimo.[4]

---

3   Cf. §§ 4-15; 89-110.

4   O. Wilde, *El retrato de Dorian Gray*, Madrid, Anaya, 1989, p . 30.

Sin embargo, a pesar del consejo de ese noble libertino, no parece posible, y quizá ni siquiera deseable, escapar de esa complicación. Si nos invitan a dejarnos simplemente llevar por nuestras apetencias, nos estarán haciendo un fla o favor. ¿Sabemos siempre lo que apetecemos? Nuestros deseos no son unívocos. Deseamos muchas cosas a la vez y con frecuencia esos deseos son incompatibles entre sí. Hay deseos cuya consecución impide la satisfacción de otros o causan la ruina del hombre. Por algo decía Heráclito que "no es mejor para los hombres que se les dé lo que desean".[5] En ocasiones, ni siquiera podemos decir cuál es el deseo más fuerte. Es más, incluso para seguir ese deseo más fuerte tenemos que *decidirnos* a hacerlo, pues siempre está presente la posibilidad de actuar de otra manera. Y ese factor de decisión no proviene de aquellos deseos que compartimos con los animales. Le guste o no, el hombre está condenado a remitirse a una instancia superior a los deseos o impulsos. O, siguiendo una terminología más clásica, se hace necesario admitir algún tipo de deseo que no compartimos con los animales, un deseo *racional.*

Esa instancia superior de carácter racional tiene en cuenta los impulsos pero no está determinada por ellos. Si lo estuviese, no tendríamos ningún problema. Para algunos, esto sería una situación ideal: descubrir un día que, al igual que los animales, no tienen problemas. Pero, en realidad, lo que les interesa no es carecer de problemas, sino *saber* que no los tienen. Esto nos conduce de nuevo a esa instancia superior a los deseos, nos lleva a la razón. Si lo fundamental fuese no tener problemas, todos envidiarían a las personas que, como consecuencia de un accidente, han quedado en estado vegetal, con una vida sin conciencia. Con todo, los hombres prefie en una vida consciente, aunque no sea sencilla. Por eso, sólo de manera poética podía decir Rubén Darío:

> Dichoso el árbol, que es apenas sensitivo,
> y más la piedra dura, porque ésa ya no siente,
> pues no hay dolor más grande que el dolor de ser vivo,
> ni mayor pesadumbre que la vida consciente.[6]

5   B 110, *Los filósofos presocráticos*, Madrid, Gredos, 1981.

6   "Lo fatal", en *Poesía*, Madrid, Alianza Editorial, 1977, pp . 94-95.

La verdad es que ningún hombre en su sano juicio querría volverse piedra inanimada, pues sería algo todavía peor que la muerte.

Si no nos basta con dejarnos llevar por los deseos o impulsos, quiere decir entonces que debemos acudir a una instancia superior. Tenemos que decidir qué es lo que vamos a hacer y qué medios utilizaremos para llevarlo a cabo. Sin embargo, para elegir hay que recurrir a ciertos criterios, pues de lo contrario seguiríamos recluidos en el campo de la pura sensación. La búsqueda de esos criterios y la reflexi n sobre los mismos tiene que ver con eso que llamamos "ética". Probablemente haya éticas mejores y peores, más o menos profundas, pero no existe la posibilidad de prescindir de la ética, ya como disciplina sistemática, ya como un conjunto de conocimientos, sean intuitivos o elaborados, que se van transmitiendo de generación en generación. Incluso las personas sólo medianamente sensatas coinciden con John Stuart Mill cuando dice:

> Es mejor ser un ser humano insatisfecho que un cerdo satisfecho; mejor ser un Sócrates insatisfecho que un necio satisfecho. Y si el necio o el cerdo opinan de un modo distinto es a causa de que ellos sólo conocen una cara de la cuestión. El otro miembro de la comparación conoce ambas caras.[7]

Por su lado, el hecho de disponer de ciertos criterios de juicio, el tener delante ciertos modelos de conducta que se considera conveniente seguir, signific para el hombre un importante ahorro de tiempo. En efecto, a la hora de elegir, el ciudadano común no necesita realizar una larga deliberación para obtener los criterios de lo bueno y de lo malo. Le basta atender a lo que ha visto y le han enseñado sus mayores. Dicho con otras palabras: normalmente su reflexi n se referirá más bien a cómo aplicar esos criterios al caso que enfrenta, pero no a determinar esos criterios, que le son provistos por la enseñanza de sus mayores. Esto, naturalmente, sólo vale para los casos habituales, pues hay situaciones en que el ser humano se ve enfrentado a la posibilidad o necesidad de poner en duda los criterios morales que

---

7   *El utilitarismo*, Madrid, Orbis, 1980, p . 141.

ha recibido a través de la educación o de los modelos sociales, pues descubre o cree descubrir que no son acertados. Puede advertir, por ejemplo, que la práctica de la esclavitud no es tan buena como le parece a sus coetáneos. Que es buena para algunos pero no para todos. Entiende que, de poder elegir, nadie querría que una parte de los habitantes de su país fuesen esclavos, si no está seguro de si va a quedar él fuera de esa desgraciada condición. Es lo que le ocurrió a John Newton (1725-1807), un marino que se había dedicado largos años al tráfi o de esclavos, cuando empezó a ponerse en el lugar de sus pobres pasajeros. Entonces se transformó en un activo promotor de la abolición de la esclavitud y se hizo famoso por su canción "Amazing grace", donde expresa su pesar por su comportamiento anterior.

Aludir a una ética, implica aceptar la idea de una cierta igualdad entre los hombres, al menos proporcional. Es lo que hacemos cuando nos ponemos en el lugar del otro, como en el ejemplo del juicio que se formula sobre la esclavitud. No pretendemos que nos den lo mismo que al resto de los hombres en benefici s o cargas, pero sí que nos reconozcan lo que nos corresponde de acuerdo con nuestros méritos, función o necesidades.

Aunque la palabra "ética" está etimológicamente vinculada con el vocablo *éthos*, que en griego signific "costumbre", vemos que en ella podemos descubrir algo más que costumbres. A primera vista, los hombres buenos son aquellos que siguen las costumbres de sus mayores. Pero esto no basta, porque a veces esas costumbres no son acertadas, como sucedía, por ejemplo, con la práctica de ofrecer sacrifici s humanos. Con todo, en principio parece razonable aplicar una presunción en favor de la bondad de las costumbres de nuestros antepasados. Lo contrario llevaría, entre otros inconvenientes, a tener que rehacer la sociedad por entero en cada cambio generacional. Sin embargo, esa es una presunción que admite prueba en contrario. Y a veces, como en el caso de la esclavitud, una persona honrada debe rebelarse ante una determinada práctica social. Lo decisivo, entonces, no es la tradición, sino la verdad: "La tradición –decía Mahler– es la transmisión del fuego y no la adoración de las cenizas".[8]

---

8 Citado en P. Bade, *Gustav Klimt*, Nueva York, Parkstone International, 2011, p . 72.

Además, tampoco basta con reducir la ética a las costumbres, porque estas distan de ser uniformes: dentro de una misma sociedad las hay mejores y peores. Por tanto, se hace necesario discernir entre unas y otras, y eso supone acudir a ciertos criterios que son distintos de las costumbres mismas. También podríamos responder que no se trata de seguir cualquier costumbre, sino sólo las de los hombres *buenos*. Esa es probablemente una buena respuesta, pero deja pendiente el problema de cómo determinar quiénes son esos hombres buenos.

¿Qué entendemos por ética?

§ 3. La reflexi n objeto de este libro supone una mínima clarificaci n de lo que entendemos por "ética". Se trata de una palabra que signific muchas cosas. Podemos decir, por ejemplo, que "no compartimos la *ética* de los esclavistas", su modo de actuar. También podemos afirma que "la esclavitud es una práctica *éticamente* reprobable". Por último, podemos usar esa expresión en un sentido derivado, y preguntarnos, por ejemplo, "¿qué quieren decir los autores que, como Kant, piensan que la esclavitud implica tratar a un hombre simplemente como medio, es decir, desconocer su dignidad?". En este caso, estamos reflexi nando sobre una *teoría ética*; se trata de una reflexi n acerca de una reflexi n.

Tenemos, entonces, al menos tres sentidos en los que podemos usar la voz "ética". En el primer caso, el de la ética de los esclavistas, se usa la palabra "ética" como sinónimo de "costumbres". Este uso del lenguaje es muy antiguo y se ajusta a la etimología de la palabra: *éthos*, como queda dicho, en griego, signific *costumbre*, es decir una práctica social, y *éthos* (que deriva, según Aristóteles, de la palabra anterior) atiende al *carácter* de un sujeto. En esta primera acepción, habría éticas buenas y malas. Así, aunque suene a paradoja, podríamos decir, por ejemplo, que la ética de los terroristas es completamente inmoral.

Por otra parte, en el segundo caso, cuando afirmam s que la esclavitud es éticamente reprobable, entendemos por ética *una refl xión racional y sistemática acerca de lo bueno y lo malo.* De esta manera, podemos decir que la ética clásica considera que la mentira es siempre mala. Este uso de la palabra es el más importante en el contexto de este libro. Es lo que algunas veces se llama ética "prescriptiva" o "normativa". En este sentido, la ética es una disciplina práctica, que tiene entre sus objetivos el evaluar la acción, ya sea para aprobarla o censurarla, ya se refie a a lo que se ha hecho o a lo que se va a hacer. Una ética puede ser normativa aunque utilice un lenguaje preponderantemente descriptivo, como sucede en la *Ética a Nicómaco.* Allí Aristóteles, aunque está lejos de establecer un conjunto de reglas morales, no se limita a recoger un catálogo de las prácticas de los hombres, sino que nos proporciona elementos que nos permiten discernir y estar en condiciones de juzgar si acaso unas costumbres son mejores que otras. Nos pone delante casos como el de Pericles, conocido por su prudencia,[9] y Sardanápalo, famoso por sus excesos y vicios.[10] Si bien no siempre lo dice expresamente, parte de la base de que sus oyentes, personas bien educadas, serán capaces de saber cuál de esos modelos es digno de ser seguido.

Por último, también podemos hablar de una "metaética", es decir, de una disciplina que estudia *las aÁrmaciones por medio de las cuales decimos que algo es bueno o malo,* o, más precisamente, el lenguaje ético. Este tercer sentido es una reflexi n acerca del sentido indicado en segundo lugar. Así, cuando estudiamos qué entiende Francisco de Vitoria por guerra justa, no estamos diciendo nada acerca de si nosotros somos pacifista , belicistas o partidarios de la guerra justa. Simplemente estamos haciendo, como se dijo, una reflexi n sobre una reflexi n. Eso es metaética. Se puede referir no sólo al uso del lenguaje al interior de una teoría, sino también al sentido que se le da a las palabras de contenido ético en la conversación ordinaria de las personas. También es posible intentar una descripción de estas prácticas. Es lo que hacen los antropólogos con los usos de ciertos pueblos primitivos. El fruto de sus trabajos bien podría llamarse "ética descriptiva", donde la palabra "ética"

---

9   *Ética a Nicómaco,* VI 5, 1140b7-8.

10   *Ética a Nicómaco,* I 4, 1195b22.

sigue siendo utilizada en este primer sentido.[11] En este trabajo se usan como sinónimas las expresiones "ética" y "moral". Hay buenas razones para hacerlo, comenzando por la etimología, pues la palabra *mos* (de la que deriva nuestra "moral") significa en latín lo mismo que *éthos* en griego. Con todo, algunos autores prefieren distinguirlas, y reservan la voz "moral" para el primer nivel de significación que señalamos, es decir, la hacen sinónima de "costumbres", y guardan el uso de la voz "ética" para referirse la llamada "filosofía moral", que incluye el segundo e incluso el tercer sentido de la palabra "ética".[12]

Con todo, aunque esas distinciones puedan tener cierta importancia, lo decisivo es saber lo siguiente: ¿estamos tan ligados a nuestras costumbres que somos incapaces de reflexionar críticamente acerca de ellas? ¿Toda comparación entre los comportamientos de diversas sociedades se hace sólo a partir de las categorías del propio sistema, de modo que nuestros juicios morales carecen de valor universal? O, por el contrario, somos capaces de establecer, con cierta base racional, que algunas conductas son dignas y presentan un mayor valor que otras. Dicho con otras palabras, ¿contamos con criterios racionales para trazar las fronteras entre lo humano y lo inhumano?

Una cierta relatividad acompaña a la ética

§ 4. Tenemos, entonces, que aunque no hemos dado una respuesta a la pregunta de por qué ser buenos, sí hemos dado algunas pistas para contestar una pregunta que está conectada con la anterior: ¿por qué necesitamos la

---

11 Lo que se diga en el campo de la metaética podrá tener consecuencias en el terreno de la ética normativa. Si se analiza, por ejemplo, la ética emotivista y su tesis de que los juicios morales, como "el homicidio es malo", en el fondo sólo significan cosas como "no me gusta el homicidio", se puede sacar la conclusión, en el ámbito de la ética normativa, de que no cabe aceptar una fundamentación objetiva de la ética ni tampoco se admitirá la existencia de normas morales de carácter absoluto. También se da una relación entre los dos primeros sentidos de la palabra "ética". Así, el hecho de que las costumbres de los pueblos sean muy diversas (constatación que hace la ética descriptiva) puede llevar a algunos a deducir de allí el relativismo moral, es decir, una determinada postura en el campo de la ética normativa.

12 Tampoco faltan autores que llaman "ética" a la reflexión acerca de lo bueno y lo malo que se realiza con las solas fuerzas de la razón, y "moral" a la que recurre no sólo a la razón humana, sino que se apoya también en la revelación divina. En fin, hay también autores que señalan otros criterios para distinguir ambos conceptos, pero no parece necesario detenerse más en este asunto.

ética? Puesto que nuestra conducta no está determinada por los instintos, requerimos ciertos criterios racionales para determinar lo bueno. Nos queda todavía la segunda cuestión: ¿cómo obtenemos esos criterios de lo bueno y de lo malo? Esta es una pregunta importante y difícil de responder. Por eso, nos limitaremos a tratar de contestar parcialmente esa pregunta, dejando su núcleo para más adelante.[13] La parte que intentaremos abordar es si acaso los criterios de lo bueno y de lo malo son relativos. Esta cuestión ha motivado innumerables discusiones entre los estudiosos. Ya su sólo planteamiento suscita muchos problemas. Veamos, para comenzar, algunos de ellos, de índole terminológica, que hacen difícil llevar a cabo esta discusión.

Podríamos, en efecto, plantear la discusión diciendo que unos admiten una ética *objetiva* y otros, en cambio, una *subjetiva*. Sin embargo, toda ética tiene que tener una fuerte dimensión subjetiva: en efecto, si las normas o principios que la componen no están en el sujeto, ¿cómo podría ponerlos en práctica? Además, a diferencia de las leyes físicas, las normas morales deben ser adoptadas por cada sujeto, e incluso podríamos decir, con Popper, que uno responde de las normas morales por las que ha decidido guiar su conducta, lo que nuevamente refuerza el carácter subjetivo de la ética.[14] Por último, la realización habitual de determinados actos de acuerdo con esos criterios origina un cierto modo de ser en el sujeto, unos estilos de conducta que tradicionalmente se han denominado "virtudes". Pero éstas son esencialmente subjetivas, en cuanto no hay virtud que no esté en un hombre determinado. Cuando decimos que los alemanes son ordenados, lo que estamos diciendo es que en ese país hay muchas personas que dejan las cosas en su sitio, llegan a la hora y cumplen lo que han anunciado. Todo esto tiene que ver con características de los sujetos y no con una abstracta objetividad. Sin embargo, por otra parte, esas características no son caprichosas y, en ese sentido, podemos decir que tanto la ética como las virtudes son también objetivas. A nadie medianamente sensato se le ocurriría decir que son ordenados los hombres que no saben dónde están sus propias cosas,

---

13   Cf. Cap. VIII.

14   K. R. Popper, *La sociedad abierta y su enemigos*, Barcelona, Paidós, 1982, traducción de la segunda edición revisada, Londres, 1945, Cap. V.

que agendan dos reuniones a la misma hora o que se demoran en encontrar en su armario un calcetín del mismo color del que tienen en la mano. En suma, en cuanto reside en un sujeto, la virtud del orden es subjetiva, pero qué signific ser ordenado parece ser algo ciertamente objetivo. Parte de la confusión deriva del hecho de que algunas personas piensan erróneamente que "subjetivo" es lo mismo que "relativo", o incluso que es lo mismo que "caprichoso" o "arbitrario". Dicho con otras palabras, el término "subjetivo" signifi a a veces "relativo al sujeto" y otras "fundado por el sujeto", y no es acertado confundir ambos usos. Pero este es un problema de ciertas personas, y no tenemos por qué hacer nuestra esa confusión.

§ 5. Para evitar las dificultade que se producen cuando se discute si la ética es subjetiva u objetiva, algunos prefie en la disyuntiva que se da entre una ética *absoluta* y una *relativa*. Parece que esta división es un poco menos mala, pero dista de evitar numerosos inconvenientes. De partida, toda ética supone que sus criterios deben ser aplicados a los casos concretos. Y nadie o casi nadie pone en duda que los casos concretos son muy diferentes entre sí. Se hace necesario interpretar y aplicar los principios o criterios a la situación que se tiene enfrente. Pero como las situaciones son cambiantes, las respuestas también lo serán. Así, un principio se aplicará de una manera en una parte y de diferente forma en otra. Esto no sucede porque se haya malentendido el principio o porque haya cambiado, sino porque las circunstancias son distintas.[15] Vemos entonces que hay una importante dosis de relatividad en la ética, aun en el caso de que se admita que los principios mismos no cambian.

Por otra parte, el término "absoluto" tampoco es muy afortunado. Es cierto que hay autores muy importantes que sostienen que existen normas morales de carácter absoluto, es decir que no admiten excepciones, pero esos autores enseñan al mismo tiempo que esas normas son muy pocas, de modo que incluso en el caso de los llamados absolutistas morales su absolutismo es bastante limitado y modesto. Jamás dirían que *toda* la ética es absoluta. Todo esto, aparte de la circunstancia retórica de que, en nuestra época, llamar a

---

15   Cf. § 102.

alguien "absolutista" puede ser muchas veces una forma de descalifica lo sin necesidad de utilizar argumentos. En suma, aunque todos los autores coinciden en reconocer a la ética una dimensión que es relativa, no todos pueden ser calificad s de relativistas.

No faltan, por último, quienes prefie en distinguir las éticas, a grandes rasgos, entre autónomas y heterónomas. Las primeras ponen el origen y el valor de las normas morales en el propio sujeto. Las segundas lo colocan fuera de él, ya sea en un cierto orden cósmico, en la voluntad divina o en otra realidad que no depende de la voluntad individual. Nuevamente nos hallamos ante criterios de clasiÀcación que no hacen justicia a la realidad de la ética. De una parte, una ética absolutamente autónoma parece ser una contradicción en los términos. Si el sujeto se obliga sólo porque él quiere y en la medida y por el tiempo que él quiera, sin más determinaciones, entonces no se está realmente obligando. Por su lado, una ética completamente heterónoma tampoco parece reunir las condiciones de una ética, que es tal precisamente porque pone en juego la libertad del hombre. Como se dijo, tanto el acoger como el seguir un principio ético son actos libres y, por tanto, también responsables. Pero el principio se *reconoce*, no se crea. El fundamento último del mismo no puede ser la voluntad y menos el capricho individual. Una ética acertada sólo podrá ser aquella que acoja, a la vez, la dimensión de autonomía y la de heteronomía.

El problema del relativismo es también complejo y muy interesante. Más que intentar ahora una caracterización exacta de las diversas posturas que pretenden explicar la naturaleza y permanencia de las normas éticas, vamos a hacer un poco de historia, confiand en que el recurso al pasado ayude a dar un poco más de luz sobre el problema de la real o supuesta relatividad de la ética, y a clarifica qué alcance tiene esa relatividad. O sea, vamos a ver cómo surge el problema del relativismo.

El relativismo

§ 6. Una de las épocas más interesantes de la historia es el siglo de Pericles (v a. C.). En una ciudad relativamente pequeña, Atenas, se produjo una notable conjunción de escultores, arquitectos, dramaturgos, fil sofos, gobernantes y hombres de ciencia. Tuvo lugar entonces una discusión de gran riqueza, cuyos términos en buena medida han marcado la historia del pensamiento. El crecimiento económico y cultural de esa ciudad impulsó a muchos de sus ciudadanos a viajar y conocer otros pueblos y lugares. Al hacerlo, pudieron constatar las enormes diferencias que existían entre lo que los atenienses consideraban como bueno o malo, y los criterios que se seguían en otras partes.

El contraste entre las costumbres propias y ajenas es importante, y sólo se da cuando una sociedad se abre y entra en contacto con las demás. En efecto, mientras una sociedad se halla replegada en sí misma, la diferencia entre lo que se acostumbra y lo que es bueno resulta casi imperceptible. La razón por la que no se roban las gallinas del vecino parece ser casi la misma que la razón que lleva a saludarlo todas las mañanas al encontrarlo en el camino: siempre se ha hecho así. Dejar de saludar al vecino o quitarle las gallinas son dos maneras de ofenderlo. Por otra parte, las formas de saludar o de ofender están caracterizadas tradicionalmente, es decir, se actúa de acuerdo con lo que siempre se ha hecho, lo mismo que los criterios acerca de la propiedad y su adquisición. Sabemos que las gallinas son del vecino porque son descendientes de gallinas que eran suyas y admitimos que quien es dueño de lo principal, la gallina, se hace dueño de lo accesorio, los pollos. También sabemos que se saluda diciendo "buenos días", quitándose el sombrero o dando la mano. Ambos criterios de conducta se hallan en el mismo terreno de lo acostumbrado. En *El violinista en el tejado*, llevada al cine por Norman Jewison en 1971, Tevye, el lechero protagonista central de la obra, explica que todas las conductas de su comunidad se apoyan en tradiciones cuyo origen muchas veces resulta desconocido: "Tradiciones, tradiciones… gracias a nuestras tradiciones hemos podido guardar el equilibrio durante años y años". Las tradiciones constituyen para este hombre sencillo una fuente de identidad: "gracias a nuestras tradiciones cada quien aquí sabe lo que es y lo que Dios espera de él".

El conocer las costumbres de otras sociedades, lleva a reflexionar de inmediato acerca del valor de las propias prácticas. Se plantea entonces si acaso todas las normas que se siguen en una sociedad tienen simplemente el valor de aquella que indica que se saluda dando la mano derecha, es decir, si todas las normas son meramente convencionales. Bien podemos concebir un pueblo en donde se salude con la mano izquierda, o no con las manos, sino haciendo una reverencia, como los japoneses. ¿Sucede lo mismo con el resto de las normas? Además, se presenta el problema de cómo podemos juzgar si las costumbres de los otros pueblos son mejores o peores. Naturalmente, no podemos tomar como criterio de juicio nuestras propias costumbres. Los atenienses no pueden decir que las costumbres funerarias de los egipcios son peores porque no corresponden a las que se practican en Atenas, eso sería una gran ingenuidad. Otro tanto, con los modos de adquirir la propiedad o de llevar a cabo la guerra.

Si las propias costumbres fueran el criterio último de juicio, entonces no habría posibilidad de entendimiento, pues bien podrían decir los otros pueblos exactamente lo contrario, o sea, sostener que son los otros los que están equivocados porque "no hacen las cosas como nosotros las hacemos". El caso más típico es el que relata Swift en el viaje de Gulliver al país de los enanos. Allí se habla de la guerra que enfrentaba a Lilliput y Blefuscu, los grandes imperios del país de los enanos. La contienda versaba sobre el modo correcto de quebrar los huevos que se van a comer. Las palabras de su gran profeta Lustrog eran muy claras: "Que todo creyente verdadero quiebre los huevos por el extremo conveniente". Ahora bien, en Blefuscu se quebraban por el extremo más ancho, mientras en Lilliput por el más estrecho, lo que había derivado en una guerra muy sangrienta.[16] El argumento de los liliputenses era que en su reino se hacía así, que curiosamente coincidía con el modo de argumentar de sus enemigos.

---

16   J. Swift, *Gulliver's Travels*, vol. I, Londres, Jones & Co., 1826, pp . 48-50.

Parece difícil encontrar unas costumbres que sirvan de criterio para todos, porque éstas no existen en abstracto, sino que siempre son las costumbres de un pueblo determinado. De ahí, entonces, que algunos piensen que tratar de encontrar cosas que son buenas o malas en sí mismas, y no sólo "buenas para mí" o "buenas para ti", es tanto como intentar saltar sobre la propia sombra. No se puede. Las normas morales, entonces, dependerían radicalmente del lugar y la cultura en donde se halle el sujeto en cuestión. Esta es la conclusión a la que llegaron muchos de los que pertenecían a ese grupo de intelectuales que llamamos "sofistas .

§ 7. Los sofista eran los representantes más típicos de lo que se ha denominado la ilustración ateniense del siglo v a. C. Se caracterizaban por su confianz en la ciencia y la técnica, por su talante democrático e igualitarista, por sus concepciones evolucionistas en materias biológicas, y muy particularmente por su relativismo moral y por su rechazo a la religión tradicional. Varios de ellos pusieron de manifies o una distinción que desde entonces sería patrimonio de toda la historia de la fil sofía, a saber, la que se da entre naturaleza (*phýsis*) y convención (*nómos*). Sostuvieron que no cabría hablar de cosas justas o injustas por naturaleza, sino que, en el campo de la ética, todos los criterios son convencionales.

El desafío de los sofista suscitó una reacción intelectual de gran envergadura, cuyas figu as más conocidas son Sócrates, Platón y Aristóteles. Desde distintos puntos de vista, estos autores procuraron desarrollar teorías éticas que no estuvieran afectadas por el relativismo. En particular, pensaron que existe una medida para juzgar entre las diversas culturas y prácticas humanas. Esa medida es la naturaleza (*phýsis*), pero sobre este tema volveremos más adelante.[17]

---

17   Cf. Cap. XII de este libro.

La comparación entre culturas

§ 8. El relativismo admite diversas formas. Una de ellas consiste en sostener que lo bueno y lo malo dependen completamente del sujeto. Cuando Glaucón relata a Sócrates la historia de Giges, el pastor que, gracias al anillo que lo torna invisible, se transforma en tirano, le pone delante el siguiente problema:

> Si existiesen dos anillos de esta índole y se otorgara uno a un hombre justo y otro a uno injusto, según la opinión común no habría nadie tan íntegro que perseverara firmemen e en la justicia y soportara el abstenerse de los bienes ajenos, sin tocarlos, cuando podría tanto apoderarse impunemente de lo que quisiera del mercado, como, al entrar en las casas, acostarse con la mujer que prefirie a, y tanto matar a unos como librar de las cadenas a otros, según su voluntad, y hacer todo como si fuera igual a un dios entre los hombres. En esto el hombre justo no haría nada diferente del injusto, sino que ambos marcharían por el mismo camino. E incluso se diría que esto es una importante prueba de que nadie es justo voluntariamente, sino forzado [...]. En efecto, todo hombre piensa que la injusticia le brinda muchas más ventajas individuales que la justicia, y está en lo cierto, si habla de acuerdo con esta teoría.[18]

Esta es, por decirlo así, una forma extrema de relativismo, que piensa que el bien y el mal se determinan, en último término, de acuerdo con el capricho individual: lo bueno, en suma, es lo que *a mí* me parece bueno. Lo dice Trasímaco, en *La República*: "La injusticia, cuando llega a serlo suĀcientemente, es más fuerte, más libre y de mayor autoridad que la justicia; y como dije al comienzo, lo justo es lo que conviene al más fuerte, y lo injusto lo que aprovecha y conviene a uno mismo".[19]

---

18 *La República*. II 360b-d.

19 *La República*. I, 344c.

Son pocos los que sostienen este relativismo. Lo más habitual es una forma moderada, que afirm que los criterios morales dependen de la cultura, del medio social, de la época en que se vive o de otras causas semejantes. Como se ve, no es un relativismo radical, porque admite que, dentro del ámbito de que se trata, existen parámetros que son comunes para todos los que participan de ese ámbito (incluso podría considerarse como una forma de objetivismo, en la medida en que se aceptara la validez universal del principio "se debe seguir las prácticas de la propia sociedad"). No debe entenderse, entonces, como una consagración del capricho individual. Lo que niega es, simplemente, que existan principios morales de valor universal o supracultural. Además, muchas veces el relativismo se conecta con el empeño por mostrar que la diversidad supone un valor para la humanidad, es decir, algo positivo, y que los pueblos mantienen legítimamente costumbres muy distintas.

Hay que admitir, por tanto, que los relativistas ponen de relieve un hecho importante: no hay un modo unívoco de ser humanos. La excelencia personal conoce manifestaciones muy diversas. Sócrates, Tomás Moro, Juana Inés de la Cruz, Chesterton, Gertrud von Le Fort y Teresa de Calcuta son personas que alcanzaron un alto grado de excelencia humana, pero no cabe duda de que fueron muy distintas. Sin embargo, de allí derivan una conclusión muy discutible, el relativismo, es decir, la negación de la existencia de normas morales que posean un valor universal.

§ 9. Aunque importante, el tema de los principios supraculturales no es sencillo. De partida, si por "principios supraculturales" se entienden criterios de acción que no están incluidos en ninguna cultura, la conclusión obvia es que no existen tales principios. Pretender algo así sería como intentar que hubiese un lenguaje que no fuera ni castellano ni alemán, ni latín, sino lenguaje puro. Esto no es posible. El lenguaje vive en un idioma, aunque sea éste muy rudimentario. Algo parecido pasa con los principios morales. Resulta notorio que ellos siempre residen en una cultura determinada. La pregunta es si todo su valor deriva del hecho de que esa cultura los acepte o si, por el contrario, tienen una validez supracultural.

Quienes admiten esos principios supraculturales no sostienen, tampoco, que hay ciertos principios que de hecho son necesariamente reconocidos por todas las culturas. Puede que los haya, pero eso sólo implicaría una constatación fáctica, se trataría de la circunstancia meramente empírica de que una convicción o costumbre está muy extendida, y no afectaría ni a su validez ni a la obligación moral de seguir esos principios. Además, todos conocemos el caso de culturas que ignoran algunas cosas tan elementales como no hacer trabajar a los menores de edad en tareas que afectan su integridad física, o que los sacrifici s humanos no son una manera adecuada de rendir culto a la divinidad. De hecho, las culturas presentan diferencias muy importantes. Ya lo vieron los sofista , y es algo que está al alcance de nuestros ojos. La duda es si esas diferencias impiden realizar juicios acerca de determinadas prácticas que se dan en culturas distintas de la propia. De este modo, cuando decimos "los sacrifici s humanos son malos", sólo estamos diciendo: "Los aztecas realizan sacrifici s humanos, nosotros no; mirados desde nuestra cultura los sacrifi ios humanos son inaceptables. Por tanto, si los aztecas quisieran incorporarse a nuestra cultura, no podrían continuar con esas prácticas". Parece claro que queremos decir mucho más que eso. Pero si existen esos criterios universales de valoración, entonces podemos juzgar el valor de las prácticas vigentes en diversas sociedades, incluida la nuestra. De lo contrario tendríamos que limitarnos simplemente a constatar diferencias, como se constata que los loros son verdes y los cisnes, por lo general, blancos. Es preciso, además, tener en cuenta que en la tarea de comparar culturas hay que adentrarse en ellas. Salvo en el caso de prácticas muy chocantes y crueles, es posible que un juicio negativo sobre una cultura sea sólo la consecuencia de no conocer las razones que están detrás de ella. Así, cabe que dos prácticas a primera vista muy diferentes no sean más que aplicación de un mismo principio. Yendo atrás en la historia, el propio Heródoto, un relativista, se ocupa especialmente de hacer notar las divergencias de las costumbres de diversos pueblos respecto de las que practican los griegos. Así señala:

Si a todos los hombres se les diera a elegir entre todas las costumbres, invitándoles a escoger las más perfectas, cada cual, después de una detenida reflexi n, escogería para sí las suyas; tan sumamente convencido está cada uno de que sus propias costumbres son las más perfectas. [...] Y que todas las personas tienen esa convicción a propósito de las costumbres, puede demostrarse, entre otros muchos ejemplos, en concreto por el siguiente: durante el reinado de Darío, este monarca convocó a los griegos que estaban en su corte y les preguntó que por cuánto dinero accederían a comerse los cadáveres de sus padres. Ellos respondieron que no lo harían a ningún precio. Acto seguido Darío convocó a los indios llamados Calatias, que devoraban a sus progenitores, y les preguntó, en presencia de los griegos, que seguían la conversación por medio de un intérprete, que por qué suma consentirían en quemar en una hoguera los restos mortales de sus padres; ellos entonces se pusieron a vociferar, rogándole que no blasfemara. Esta es, pues, la creencia general; y me parece que Píndaro hizo bien al decir que la costumbre es reina del mundo.[20]

Con esto parece mostrarse que no hay cosas que sean justas por naturaleza. Sin embargo, el ejemplo puesto por Heródoto cuando narra la historia del rey Darío y las diversas formas de tratar a los padres difuntos, no es suÃciente para justificr el relativismo moral. Como lo ha señalado Guthrie, tanto quienes comían como quienes cremaban a sus progenitores "coincidían en el principio moral fundamental de que los padres deben ser honrados en vida y en muerte: la disputa giraba solamente en torno a los medios para realizarlo".[21] La historia que nos narra Heródoto es dramática no porque las dos partes estén en desacuerdo, sino precisamente porque están absolutamente de acuerdo en que existe el principio "hay que respetar a los muertos" y que éste tiene un carácter sagrado. El problema se da porque, en opinión de cada grupo étnico involucrado, este principio que ambos comparten resulta violado por el proceder del otro.

---

20 Heródoto, *Historia*, III [Talía], 38, Madrid, Gredos, 2000, p. 87.

21 Heródoto, *Historia*, III [Talía], 38, Madrid, Gredos, 2000, p. 87.

El ejemplo muestra que no es fácil emitir un juicio de comparación y que, junto con diferencias muy chocantes, hay también coincidencias de fondo entre las culturas. Además, nos hace ver que no basta con que las partes coincidan en aceptar el mismo principio, pues hay realizaciones de él que son mejores o más acertadas que otras. Es el caso de la superioridad que nos parece advertir entre expresar el respeto por medio de la cremación o mediante comerse los cadáveres. Pero esta materia entra ya en las cuestiones éticas particulares y, por tanto, va más allá de lo que estamos tratando.

§ 10. Por otra parte, sin pretender negar las diferencias, también es conveniente preguntarnos por el valor y alcance de dicha variedad, que quizá sea menor de lo que se piensa. En efecto, Robert Spaemann ha hecho ver que la alegada diversidad de opiniones éticas se funda en un equívoco. Es verdad que nos llaman la atención las diversas concepciones morales de los pueblos, como les sucedió, por ejemplo, a los españoles al ver que los aztecas ofrecían sacrifi ios humanos. Pero esa diversidad nos sorprende precisamente porque es excepcional. No nos llama la atención, en cambio, el amplio campo en que las diversas culturas convergen. En la generalidad de los pueblos se considera que los padres tienen ciertos deberes respecto de los hijos y que los hijos los tienen en relación con sus progenitores; todos están convencidos de que la valentía debe ser una cualidad del guerrero y la imparcialidad debe presidir las decisiones de un buen juez.[22] Esto no signiﬁca negar que existan comportamientos divergentes, sino sólo reconocer que las personas razonables estarán de acuerdo en estimar que esas conductas son reprobables, si bien su acuerdo se referirá sólo a cosas fundamentales, como, por ejemplo, considerar que la traición no es buena o que no representa un ideal de vida el dedicar la propia existencia a la explotación de menores. Todo esto tiende a relativizar un tanto la alegada diversidad, a ponerla en su sitio y a no utilizarla como una premisa capaz de fundamentar conclusiones como la del completo relativismo moral.

---

22   Cf. R. Spaemann, "Was ist philosophische Ethik?", en *Ethik-Lesebuch. Von Platon bis heute*, Munich, Piper, 1987, pp . 13 ss.

Puntos débiles del relativismo

§ 11. Decíamos que el relativismo mitigado sostiene que los criterios morales dependen radicalmente de la cultura o el medio en que se vive. En esto hay mucho de verdad, porque la educación recibida y los ejemplos de los demás influyen en el hecho de que *cumplamos* o no con ciertas normas morales. Sin embargo, está lejos de solucionar el problema del alcance y valor de las normas éticas. Esto sucede, entre otras razones, porque las costumbres de una sociedad distan de ser uniformes, de modo que mal podrían decirnos que una persona correcta es la que guía sus actos por las pautas morales vigentes en su comunidad. Particularmente en nuestros días, resultaría una ingenuidad apelar a las prácticas o convicciones sociales cuando vemos que tenemos diferencias muy importantes en nuestros juicios acerca de lo que es la familia, de las obligaciones de padres e hijos, del papel de los padres y el Estado en la tarea educativa, del aborto, el divorcio y la eutanasia, etc. Por eso, si alguien dijese que en una materia hay que comportarse del modo que establece la sociedad o la cultura, uno de inmediato podría contestar: ¿a qué sociedad y a qué cultura se refiere?, ya que en los pisos de un mismo edificio o en un mismo curso de una universidad podemos encontrar actitudes y diferencias morales tan importantes como las que se daban entre las culturas (aparentemente más homogéneas) de la Antigüedad. Además, el recurso a los usos sociales o culturales deja en pie la cuestión de *por qué* estamos obligados a seguirlos. Es muy bueno que una cultura recoja ciertos principios morales, que los exprese en su arte y ponga como modelos sociales a quienes mejor los han encarnado, pero resulta difícil lograr una unidad de juicio en esas materias y, aunque se lograra, su fuerza obligatoria no parece derivar del simple hecho de que la mayoría, o los más influyentes, los proclamen. Si me dicen "usted debe seguir las normas vigentes en su sociedad porque la mayoría sostiene que usted debe seguir las normas que dicta la mayoría", se estaría incurriendo en una petición de principio bastante elemental. El relativismo mitigado, entonces, no logra dar un fundamento suficiente para la existencia de las normas morales y su obligatoriedad.

§ 12. Aunque el relativismo extremo está menos difundido, es posible que tenga más fuerza desde el punto de vista intelectual. Al menos no se ve enfrentado a las múltiples objeciones que derivan del hecho de tener que seguir los criterios vigentes en una sociedad. Más coherente, entonces, resulta negar la existencia de esos principios intersubjetivos y decir que nuestras opiniones morales dependen simplemente de nuestros intereses. Es lo que hace el relativismo radical. A eso probablemente apunta Glaucón cuando, como vimos, tras narrarle a Sócrates la historia de Giges, le plantea la objeción que ha oído a los sofista , que dice que nadie es justo de manera voluntaria, sino sólo por temor al castigo, y que de poseer el mágico anillo todos nos comportaríamos de la misma manera.[23] Según esta postura, si apelamos a normas morales es porque, en ese momento, ellas resultan útiles para nuestra conveniencia. Dados ciertos intereses, elegimos o creamos los principios que los justifi an. Pero los principios son solamente un disfraz que hace mejor parecidos a los intereses.

Este argumento tiene fuerza retórica, pero juega con un concepto unívoco de interés. Como, hagamos lo que hagamos, siempre tendremos un interés de por medio (de lo contrario no podríamos actuar), es fácil decir entonces que las acciones se llevan a cabo no por motivos morales, que en realidad no existen, sino por interés. Pero los intereses pueden ser tan distintos como alcanzar la vida eterna, servir a los desamparados o lograr el dominio político del planeta, y esta heterogeneidad de los motivos es tal que no basta con incluirlos bajo la genérica alusión al interés para dar por solucionado el problema.

La reducción de la moral al interés olvida el hecho de que nosotros muchas veces decidimos en contra de nuestros intereses, porque pensamos que no es justo satisfacerlos. Así, pagamos los impuestos o realizamos ciertas actividades de solidaridad, aunque nos quiten tiempo y dinero. Alguien podría decir que aunque sacrificam s nuestro interés económico, sin embargo estamos buscando otro interés, de naturaleza distinta. Pero esto parece que es jugar con las palabras, pues si realmente es tan distinto entonces no podemos decir simplemente que actuamos por interés. Tendríamos que

---

23   *La República*, II 360b-c.

emplear palabras distintas para designar esas motivaciones tan heterogéneas y, en esa misma medida, ya no cabría aplicar el principio general de que es el interés lo que nos mueve. Y si no son tan distintos, entonces es efectivo que sacrificamo nuestro interés por otras cosas que nos parecen más valiosas. Del hecho de que los hombres tengan intereses, que actúen *con* interés, no se puede deducir que actúen *por* interés. No se puede negar por principio la posibilidad de que los hombres actúen buscando primeramente el bien en sí y no el bien para sí mismos. La circunstancia de que piensen que la búsqueda del bien en sí pueda, a mediano o largo plazo, traer consigo un estado de bienestar mayor que el que se conseguiría con un modo de vida egoísta, no cambia el centro de la cuestión. Si los hombres están hechos para los grandes bienes, es razonable que su consecución traiga consigo un mayor desarrollo humano y consecuentemente una mayor felicidad. Pero esta felicidad viene por añadidura, de manera indirecta.

Supuestos del relativismo

§ 13. Detrás del relativismo moral parece haber dos afirmaci nes que no son acertadas. La primera es que, del hecho de que las opiniones morales sean diferentes, cabe sostener que la moral es relativa. Sin embargo, no hay una relación estricta entre ambas cosas. Es perfectamente posible que las opiniones sean relativas y la moral no, ya que son dos cosas distintas, correspondientes, respectivamente, al campo del conocimiento y al del ser. Así pasa, por ejemplo, con las opiniones acerca de la astronomía (ámbito del conocimiento), que han cambiado mucho a lo largo de la historia, mientras que las órbitas de los planetas y su relación con el Sol han permanecido inalterables (ámbito del ser). Así, la cuestión de si existen o no distintas opiniones éticas se sitúa en el campo del *conocimiento*, mientras que la pregunta acerca de si los principios morales son o no relativos está en el orden del *ser*. No cabe pasar de uno a otro campo sin tomar ciertas precauciones. Alguien podría decir que el ejemplo de la astronomía no es adecuado, pues los juicios sobre esta disciplina son juicios de hecho, o sea, objetivos, mientras que los que se refie en a materias morales son juicios de valor y, por tanto, subjetivos y relativos. Pero, sin perjuicio de las limitaciones del ejemplo, esa radical diferencia de estatutos es precisamente lo que el relativismo debe demostrar, y no cabe darla *a priori* por probada.

La segunda convicción que subyace al relativismo es sorprendente. Consiste en suponer que la reflexi n ética tiene que ser una tarea sencilla. En efecto, ¿cómo justifi ar que alguien se extrañe de la diversidad de opiniones éticas y derive de allí el relativismo? Sólo cabe explicarlo porque parte de la base inconsciente de que la ética debe ser algo sencillo, fácil de conocer y explicar. Al relativismo le sucede lo que a la zorra de la fábula, que como no puede alcanzar las uvas, termina por decretar que están verdes. Si partiera de un supuesto distinto, es decir, si pensara que el conocimiento de lo bueno y lo malo es una tarea lenta, laboriosa y que requiere el trabajo conjunto de muchos, entonces las variaciones le parecerían explicables.[24] Es más, se sorprendería del hecho de que, a pesar de las notables dificultade de esa tarea intelectual, se produjeran tantas coincidencias.

Exigencias del diálogo

§ 14. Como se dijo antes, los animales no tienen el problema de poner límites a sus acciones. Las fronteras de lo que puede hacer un león están dadas sólo por el alcance de sus fuerzas, y por las circunstancias de hecho que lo rodean. Si fracasa en su intento de cazar una gacela, tampoco se reprocha nada. Aparte de la molestia de tener el estómago vacío, está en perfecta paz consigo mismo, porque carece de una instancia que le permita desdoblarse, observarse desde afuera y someterse al propio juicio o al de los demás para descubrir dónde estuvo la falla en su conducta. El león no se reprocha ni pide disculpas por sus fracasos en la caza ni se pregunta cómo podría haberlo hecho mejor. Los hombres, en cambio, requieren justificarse, ya sea ante los demás, ante Dios o ante sí mismos. Necesitan encontrar razones de por qué

---

24   Cf. § 98.

han hecho o van a hacer algo, y de ordinario no basta con que digan simplemente que eso es lo que quieren. Desde el momento mismo en que los hombres distinguen entre el bien y el mal, y reconocen que está a su alcance el hacer el primero y omitir el segundo, son conscientes también del carácter dialógico de la moral, es decir, de la necesidad de dar razones que sean aceptables para las otras personas.

Cada vez que los hombres dialogan están suponiendo que existe una fuente externa a sus deseos y preferencias que permite contrastar si lo que dicen es acertado o no.[25] La misma actividad científic carecería de sentido si no se piensa que existe alguna verdad a la que podemos aproximarnos, aunque nunca lleguemos a poseerla plenamente. Sucede algo semejante al caso de la curva asintótica, que nunca llega a tocar la recta, pero sólo podemos llamarla así si sabemos que existe una recta a la que se aproxima gradualmente sin llegar a alcanzarla. Otro tanto sucede en materias morales. Si no se supone la existencia de una verdad, el diálogo carecería de sentido, sería mera propaganda para convencer a otro o, en el mejor de los casos, algo parecido a un recíproco análisis de las preferencias de cada uno, donde los interlocutores se limitan a señalar cuáles son las emociones o movimientos del espíritu que les parece que están experimentando en ese momento.

Por otra parte, los seres humanos no sentimos la necesidad de justifica cualquier cosa, sino sólo aquellas que nos parecen relevantes. No justificamo por qué nos pusimos primero el calcetín del pie izquierdo hoy en la mañana. Y lo relevante o irrelevante no lo determinamos nosotros caprichosamente, sino que depende de ciertas circunstancias externas, que constituyen como el horizonte donde nuestras acciones se observan y adquieren significad . Es posible que en algún caso sea relevante el ponerse primero el calcetín izquierdo, por ejemplo, porque es parte de una obra de teatro destinada a mostrar el papel del lado izquierdo en la vida de los hombres. Pero, nuevamente, eso no es algo que se determine caprichosamente o que dependa de cada individuo en particular. Si nosotros fuésemos capaces de dar, de modo pleno y absoluto, el significad último de nuestros actos y establecer

---

25 Para lo que sigue, Cf. Ch. Taylor, *La ética de la autenticidad*, Barcelona, Paidós, 1994, pp . 67-76.

su valoración definit va, entonces el diálogo perdería toda su razón de ser. Es lo que le ocurre a Alicia, en su encuentro con Humpty Dumpty:

> Cuando yo uso una palabra, dijo Humpty Dumpty en un tono bastan-te despectivo, signific exactamente lo que yo quiero que signifique, ni más ni menos.
> La cuestión es, dijo Alicia, si *puede* hacer que las palabras signifique tantas cosas diferentes.
> La cuestión es, dijo Humpty Dumpty, quién es el amo, eso es todo.[26]

En este caso, las relaciones de comunicación se transforman en relaciones de dominación. Ya no hay auténtico diálogo.

§ 15. Cuando discutimos con otra persona porque nos ha hecho algo malo, no estamos diciendo simplemente que no nos gusta lo que hizo, sino que afirm - mos que ha incumplido un principio que él mismo conoce ("no mentir", "no robar" u otro por el estilo) y que, además, puede cumplir, pues no se reprochan acciones que están más allá de las fuerzas humanas. Y la respuesta de la otra persona normalmente no va en la dirección de negar la norma. Más bien, "casi siempre trata de demostrar que lo que ha estado haciendo no va contra la norma, o que, si lo hace, hay una excusa especial para ello".[27] Lo mismo sucede con experiencias como la indignación moral. Si no existen algunos criterios intersubjetivos de valoración, y si no admitimos la posibilidad de conocerlos, la indignación moral tiene tanto alcance como la decepción del veraneante cuando se levanta y ve que el día está nublado.

Es un hecho que no termina de sorprender el que, en nuestra época, muchas personas adhieran al relativismo moral y, al mismo tiempo, defie - dan con ahínco la existencia de ciertos derechos que consideran inalienables o reprochen con todas sus fuerzas determinadas prácticas o situaciones que lesionan la dignidad humana. Esto muestra que, en el campo de la praxis,

---

26 L. Carrol, *Through the looking-glass, and what Alice found there*, Chicago, Homewood Publishing Company, 1902, p . 95.

27 C. S. Lewis, *Mero cristianismo*, Santiago, Andrés Bello, 1994, p . 17.

estamos suponiendo ciertos parámetros que no dependen de lo que diga la legalidad vigente o la voluntad de los poderosos. Cuando los hombres exigen un respeto *absoluto* para ciertos atributos o prerrogativas de la persona, no siempre son conscientes de que un respeto absoluto requiere, al mismo tiempo, de un fundamento que tenga el mismo carácter. Las razones por las que puede producirse esa disociación entre lo que se niega en teoría y lo que se admite en la práctica son muy variadas y no es del caso tratarlas aquí. Sin embargo, a buena hora se produce esa incoherencia, porque, aunque el reflexi nar sobre el fundamento teórico de las acciones tiene importancia, lo decisivo en el campo de la ética es *lo que se hace* aquí y ahora.

En suma, aunque la difusión del relativismo sea explicable por diversos factores, entre los que se cuenta el desconcierto que produce la diversidad de opiniones éticas, hay buenas razones para no caer en él. Entre ellas, algunas de carácter negativo, como la dificultad del relativismo para fundamentar la obediencia a las leyes, y otras de índole positiva, como el hecho de que una serie de actividades nuestras, entre ellas el diálogo y la exigencia de un respeto absoluto de ciertos derechos humanos, suponen la existencia de una verdad a la que se trata de acceder.

ii
El conocimiento en la ética

A la naturaleza le gusta ocultarse.

Heráclito

El emotivismo

§ 16. La difusión del relativismo ético va acompañada de algunas actitudes y propuestas filosóficas que le sirven de fundamento. Una de ellas es el emotivismo ético. No se trata de una teoría más en la historia del pensamiento, sino que tiene gran importancia en la actualidad. En efecto, mientras en otras épocas los hombres estaban convencidos de la capacidad de la razón para alcanzar la verdad, los nuestros son tiempos escépticos. El problema que está detrás del emotivismo ético es el saber si los juicios morales son (o pueden ser) juicios racionales. También podríamos plantearlo preguntándonos si cabe encontrar una verdad en el campo moral. La cuestión es importante, porque todos hacemos muchas veces juicios de alabanza y de reproche; decimos que hay cosas que están bien y otras que están mal; afirmamos que ciertas conductas deben ser permitidas; que otras deben ser exigidas y otras prohibidas. ¿Qué fundamento tienen estas afirmaciones?

Algunos autores piensan que los juicios morales no son juicios racionales, sino sólo emotivos. Es decir, cuando afirmamos que "la tortura es mala" en realidad lo que estamos diciendo es "no me gusta, me desagrada la tortura". ¿Por qué empleamos esa forma de hablar? Según ellos, la respuesta es muy sencilla: porque, dotadas de universalidad, nuestras afirmaciones tienen más peso persuasivo. Esto se ve en la vida diaria, en materias como la comida, la música o el deporte. En vez de decir *"no me gustan* las berenjenas" el niño prefie e afi mar "las berenjenas *son malas*". Puede que ocasionalmente estén mal preparadas, pero él emplea esa expresión aun en los casos en que están bien cocinadas, ¿por qué? porque cuando dice que ese plato no le gusta todos pensaremos que es un caprichoso, mientras que en el segundo caso hará recaer la responsabilidad sobre su madre, que las preparó. El traducir las afirmaci nes de gusto en afirmacione universales, dicen los emotivistas, es un recurso retórico muy útil cuando se trata de persuadir, pero no parece tener un fundamento racional. Por eso, dicen, deberíamos ser precavidos y, cuando escuchamos afirmaci nes del tipo "esto es malo", tendríamos que traducirlas por "a ese sujeto no le gusta esa cosa". Con todo, el emotivismo nos enseña que tenemos que tener esa precaución no solo cuando una persona habla de comida o de música, sino siempre que utilice un lenguaje práctico, es decir, cada vez que se refie a a acciones que pueden o deben ser realizadas u omitidas, como el caso de la tortura señalado más arriba. Como dice Spinoza, todos tenemos la experiencia de que no hay menos diferencia entre los cerebros que entre los paladares, lo que muestra que no es la comprensión racional la que fundamenta nuestros juicios morales, como sucede en las matemáticas, sino simplemente nuestra fantasía.[1]

§ 17. La propuesta del emotivismo es sugerente. Se apoya básicamente en la tesis de David Hume según la cual la razón no cumple una función práctica, sino sólo científica o sea, teórico-especulativa. Esta razón es capaz de constatar cómo son las cosas, por ejemplo, en la astronomía, o realizar cálculos matemáticos u operaciones lógicas, pero no tiene nada que decir en el mundo de la acción, en el campo del deber. Por lo mismo, la razón es incapaz de percibir la distinción entre el vicio y la virtud, puesto que, según esta postura, no son propiamente objetos de su conocimiento. En efecto, en ninguna parte del mundo que nos rodea vemos algo así como un vicio: nuestra mirada nos muestra árboles, nubes, casas o montañas; también nos hace ver gente que se lleva a la boca y traga ciertos objetos en mayor o menor cantidad, pero en ningún caso nos hace ver un objeto llamado "vicio" o "virtud",

---

1   Cf. B. Spinoza, "Ética", en *Obras completas. Ética y tratados menores*, Madrid, Ediciones Ibéricas, 1971, pp. 130-131.

glotonería o templanza. ¿O es que alguien ha encontrado un vicio en un laboratorio o con un telescopio? Lo dice Hume con toda claridad, cuando trata de probar que "la moralidad no es objeto de la razón":

> Pero ¿es que puede existir dificultad alguna en probar que la virtud y el vicio no son cuestiones de hecho cuya existencia podamos inferir mediante la razón? Sea el caso de una acción reconocidamente viciosa: el asesinato intencionado, por ejemplo. Examinadlo desde todos los puntos de vista posibles, a ver si podéis encontrar esa cuestión de hecho o existencia a que llamáis *vicio*. Desde cualquier punto que lo miréis, lo único que encontraréis serán ciertas pasiones, motivos, voliciones y pensamientos. No existe ninguna otra cuestión de hecho incluida en esta acción. Mientras os dediquéis a considerar el objeto, el vicio se os escapará completamente. Nunca podréis descubrirlo hasta el momento en que dirijáis la reflexi n a vuestro pecho y *encontréis allí un sentimiento de desaprobación que en vosotros se levanta* contra esa acción. He aquí una cuestión de hecho: pero es objeto del sentimiento, no de la razón. *Está en vosotros mismos, no en el objeto.*[2]

De ahí a la radicalización de la distinción, propia del relativismo, entre juicios de hecho (los relativos a objetos externos) y juicios de valor (referidos a nuestras reacciones sobre determinadas cosas o conjunto de cosas) no hay más que un paso. El excluir del quehacer científi o las afirmaci nes relativas al campo de la libertad, el emotivismo parece permitir que nuestro lenguaje sea mucho más preciso, aun a costa de que renunciemos a las pretensiones de alcanzar una verdad en el ámbito de la ética. Según esta postura, en el terreno práctico, la actividad de nuestra razón se limita a poner los medios para conseguir determinados fine que no son racionales: es la esclava de las pasiones. Sin embargo, si se admite esa propuesta las consecuencias son particularmente inquietantes. Vamos por partes.

---

2 Cf. D. Hume, *Tratado de la naturaleza humana*, Madrid, Tecnos, 2002, pp. 632-633. Énf asis añadido.

Cuando alguien dice que las berenjenas son malas en vez de decir que no le gustan, no nos preocupamos demasiado. Del hecho de que diga una cosa semejante no se deriva nada de gran importancia. Procuraremos no ofrecerle ese plato cuando venga a nuestra casa; quizá nos dejemos llevar por su ejemplo y no compremos esas verduras, en fin, nada excesivamente grave. A nadie se le ocurriría prohibir las berenjenas porque alguno o muchos sostengan que son malas. Sin embargo, en el terreno moral parece que el panorama es distinto. En muchos casos, cuando decimos que un acto (por ejemplo, la explotación de menores) *es malo*, lo que estamos intentando, además de transmitir una información, es que, en casos especialmente graves, se prohíba ese tipo de acciones o, al menos, que no se promueva como un modelo social deseable. Sin embargo, si los juicios morales fueran sólo juicios emotivos, cuando decimos que la explotación de menores es mala lo que estaríamos diciendo es únicamente que no nos gusta o que nos repugna esa práctica. Podemos usar palabras todavía más fuertes y decir que nos horroriza e incluso afirma que todas las personas que conocemos comparten esa opinión, pero siempre nos mantendremos en el terreno de los gustos y las emociones. Es decir, nuestros juicios sobre lo bueno y lo malo no tendrían un estatuto mayor que nuestros juicios sobre lo dulce y lo amargo. El problema está en que, si esto es así, nos quedamos sin título alguno para pretender que determinadas conductas sean exigidas o prohibidas en la sociedad. Sólo a un tirano se le ocurriría imponer una cuestión de gusto. ¿Con qué título podríamos nosotros pretender prohibir la explotación de menores u otras cosas semejantes? Si los juicios morales no son juicios racionales, no hay modo de salir de este atasco. Podríamos decir que esa prohibición se fundamenta en la ley y ésta, a su vez, es expresión de la mayoría, pero con eso no hacemos más que volver al problema de siempre: ¿y por qué tengo que hacer lo que quiere la mayoría? Probablemente haya que hacerlo en ciertos casos, pero la razón no puede ser "porque la mayoría así lo quiere" ya que incurriríamos en una petición de principio. Tampoco podemos decir "porque la mayoría *tiene la fuerza* para hacer cumplir su voluntad" porque en este caso no habría más obligación de obedecer a la mayoría que la de entregarle la billetera al asaltante que nos dice: "La billetera o la vida". Del sólo hecho de que uno o muchos opinen algo no se deriva obligación alguna para el resto de los individuos. Otra solución consistiría en afirma que es más eficien e y progresa más una sociedad donde los menores no son explotados, pero ¿por qué estamos obligados a ser eficien es y progresar? Como se ve, el problema sigue siendo el mismo y las respuestas de ese tipo son igualmente insatisfactorias.

§ 18. Si los juicios morales pueden llegar a ser juicios racionales la situación es muy distinta, pues en este caso no estaremos imponiendo simplemente nuestro gusto, sino aplicando un criterio que es aceptable por cualquier individuo razonable, y que se nos aplica también a nosotros mismos. Nótese que se han hecho dos precisiones importantes. La primera es que se dice que los juicios morales *pueden* ser juicios racionales. No signifi a que siempre lo sean: habrá que esforzarse para que adquieran ese carácter, lo que supone diálogo, experiencia, reflexi n y estudio.[3] Lo segundo es que se habla de la aceptabilidad de esos criterios por parte de un individuo *razonable*, es decir, de una persona que conduce su vida conforme a las exigencias de la razón, y no alguien que se limita a emplear esta facultad de manera puramente calculadora, como un instrumento para conseguir la pronta satisfacción de sus intereses, al estilo de Ronald Arthur Biggs, el jefe de la banda que en 1963 asaltó el tren postal de Glasgow-Londres en una operación que, por el monto de lo robado y su cuidadosa planificaci n, fue llamada "el robo del siglo".

Lo dicho no signifi a que el criterio, de hecho, sea aceptado por todos: basta que la norma sea *aceptable*, es decir, que sea justificabl racionalmente. En cambio, el mero recurso del consenso mayoritario no es sufi iente como criterio de validación, ya que las normas pueden ser aprobadas por individuos abusadores, explotadores o especuladores. El criterio para medir la adecuación de una norma es, entonces, el juicio de un individuo razonable, no cualquier juicio. El consenso que aquí resulta relevante no es el de carácter

---

3   Cf. § 13.

fáctico, pues éste puede ser fruto del capricho o la manipulación, sino el consenso *racional*.[4]

Razón práctica

§ 19. Que los juicios morales sean juicios racionales depende del carácter mismo que se le reconozca a la razón. Si la razón humana se limita simplemente a constatar estados de cosas y a calcular, es decir, a realizar operaciones de adición y sustracción o a efectuar conexiones lógicas entre determinadas proposiciones, entonces la razón nada tiene que ver con la dirección de la acción humana para buscar la excelencia del sujeto que actúa; o sea, los juicios morales no pueden tener una fuente racional, porque el uso de la razón estaría restringido al campo teórico. Simplemente se limitaría a constatar cómo son las cosas. En esa línea, David Hume decía, como se señaló más arriba, que "la distinción entre vicio y virtud, ni está basada meramente en relaciones de objetos, ni es percibida por la razón".[5]

Si la razón se ocupara de constatar sólo lo que es, la acción que nos disponemos a realizar le resultaría, en cierto modo, ajena. En efecto, nuestra acción no es una cosa dada, un objeto que puede contemplarse y describirse, sino algo *por hacer*. Tampoco es el resultado unívoco de un mero cálculo, sino que es el fruto de una elección precedida de razón. Ahora bien, si la razón, junto con esa función teórica o especulativa, puede *guiar* la conducta, es decir, puede referirse a lo bueno y lo malo, entonces desempeña un papel fundamental en la ética. En su famosa tesis xi sobre Feuerbach, Marx reprocha que "los fil sofos se han limitado a interpretar el mundo de diversas maneras: de lo que se trata es de transformarlo". Esta acusación no es del todo aplicable al caso de Aristóteles quien, junto con una fil sofía de carácter teórico o contemplativo, reconoce otra de índole práctica, dirigida precisamente a la transformación del mundo (aunque en un sentido muy distinto del

---

4 Cf. R. Spaemann, *Crítica de las utopías políticas*, Pamplona, EUNSA, 1980, pp . 191 y ss

5 D. Hume, *Tratado de la naturaleza humana*, Madrid, Tecnos, 2002 (ed. de F. Duque), p. 634.

esperado por Marx). Esta división del saber fil sófi o entre uno de carácter especulativo y otro de índole práctica, corre paralela, en el caso de Aristóteles, a la distinción entre la función teórica y la función práctica de la razón. La primera constata y su campo es el ser de las cosas. Es propia, por ejemplo, de la geometría o la astronomía. En efecto, un astrónomo estudia una galaxia no para cambiar las órbitas de sus planetas o modifica la de alguna otra forma, sino sólo por saber. En cambio, el campo de la razón práctica es el deber ser. Así, un juez investiga una causa no por mera curiosidad, sino para descubrir al delincuente y enviarlo a la cárcel.

§ 20. La discusión acerca de si los juicios morales son juicios racionales está relacionada, entonces, con la cuestión de si existe una razón práctica. Quienes sostienen su existencia no pretenden afi mar que el hombre tiene dos razones. Es la misma y única razón que en algunos casos se refie e, para decirlo en terminología actual, al mundo del *ser* y otros al del *deber ser*. Es decir, a veces formula juicios del tipo "A *es* B" (típicos de la física, la química, la metafísica o las matemáticas), y otros juicios del tipo "A *debe ser* buscado (o evitado)" o "hay que hacer A" (que son característicos de disciplinas como el derecho o la política). Los primeros son teóricos, los segundos prácticos. La razón práctica puede decir de la teórica lo que Lía de Raquel en *La divina comedia*: "Ella se satisface con mirar, yo con obrar".[6] Una dificultad que históricamente ha existido para aceptar una razón práctica es que ésta no tiene el grado de exactitud y precisión de la razón especulativa. Muchas veces tiene que contentarse con razonamientos probables o con proceder sobre la base de la experiencia o de los consejos ajenos. Por otra parte, al referirse a un objeto que es cambiante (en este caso el bien, o sea, lo que hay que hacer) debe conformarse con decir las cosas en general y dejar a cada sujeto la tarea de aplicar, con su propia razón, esos criterios generales al caso particular. Esto se ve claro en campos como el derecho o la política. Cuestiones como si en el Parlamento debe existir una o dos Cámaras, la determinación de qué casos pueden o deben ser conocidos por la Corte Suprema de un país,

---

6   *La divina comedia.* Purgatorio, Canto XXVII.

o el alcance de la propiedad intelectual, requieren decisiones de gran complejidad, en las que hay que sopesar muchas razones a favor y en contra, pero que tienen gran importancia, y admiten soluciones mejores o peores, y muchas veces permiten más de una solución legítima.

§ 21. Una de las características fundamentales de la razón que opera en el derecho, la política y la economía es la referencia a los fine . En cada decisión política subyace la idea de que hay un estado de cosas que se quiere conseguir o evitar, algo que se busca cambiar o preservar: cuando vamos a votar, buscamos deshacernos sin derramamiento de sangre del gobierno de turno, que nos parece malo, o mantenerlo en el poder por unos años más. Es decir, cada decisión política supone una valoración, una idea de lo mejor y lo peor. No existe una política neutral, desde el momento en que, en esas decisiones, se están persiguiendo como fine cosas que podrían ser de una u otra manera. Si se las busca, es porque se las considera mejores que sus contrarias, y se piensa que se pueden dar razones para justifica esa solución. Toda decisión de este tipo supone, entonces, "una idea acerca de lo bueno" y apunta a conseguirlo como un fin [7]

Como la racionalidad muchas veces se identifi a con la exactitud y certeza que parecen proporcionar los métodos de la ciencia, es comprensible que algunos hayan negado el carácter racional de esa dimensión práctica de la razón. Sin embargo, es muy importante mantener la posibilidad de que la razón se refie a no sólo al mundo cuantitativo sino también al cualitativo, a lo bueno y lo malo e, incluso, a lo hermoso y lo feo. En efecto, la decisión de si se instala una turbina en una catarata para producir electricidad es ciertamente una decisión racional. Pero no se toma simplemente calculando los litros por segundo y la energía que pueden producir. Aquí la última palabra la tiene la política, que bien podrá decidir (racionalmente) que es un disparate afear cierto paisaje para obtener electricidad. Si no cabe entablar una discusión racional sobre estas materias, entonces sólo cabe la imposición, que aunque no sea violenta no por eso deja de tener un carácter

---

7   Cf. L. Strauss, *What is Political Philosophy? And Other Studies*, Chicago, University of Chicago Press, 1959, p. 10.

forzado. Por eso, la racionalidad puramente calculadora no es suficiente a la hora de configurar la vida humana: la química nos enseña cómo se prepara el cianuro, pero nada nos dice acerca de qué hacer con él una vez que lo tenemos en un frasco.

§ 22. La llamada Tradición Central de Occidente ha sostenido siempre la capacidad de la razón humana para conocer la verdad, incluso en el orden práctico. Es decir, considera que la actividad de la razón no se agota en la mera descripción de hechos, en los cálculos matemáticos o en las operaciones lógicas. También sostiene que el hombre puede vivir según la razón, es decir, que no se halla plenamente determinado por el ambiente, las pasiones u otros de los muchos factores que influyen sobre él.[8] De otro modo, sería muy discutible la legitimidad de contar con un ordenamiento penal y de sancionar a los delincuentes. En efecto, poner a un criminal entre rejas es algo muy distinto a encerrar un perro agresivo en la perrera, pues envuelve un reproche a su conducta. Para encerrar por muchos años a una persona en una cárcel no basta con decir que *no nos gusta* lo que hizo. En la base de la convicción que posee esa tradición en orden a que somos capaces de someter nuestros actos a la guía de la razón, está la idea de que el hombre no es reducible a la materia, es decir, que de alguna forma es inmortal y que, además, está abierto a la trascendencia.

Si esto es así, entonces la razón humana puede incluso juzgar e imperar algo contrario a lo que resulta apetecible. El hombre que vive conforme a la razón puede hacer frente a la dificultad cuando todos huyen, puede vencer el miedo, la ira y la comodidad, porque piensa que ese comportamiento, aunque incómodo, es el más digno y adecuado. Es la situación de Tomás Moro en la Torre de Londres, que, ante la perspectiva de ser decapitado por seguir su conciencia, podía afirmar que nos hallábamos ante un caso en que un hombre puede perder la cabeza y no obstante no sufrir ningún daño.

---

8   Cf., por ejemplo, H.-G. Gadamer, "Problemas de la razón práctica", en *Verdad y método II*, Salamanca, Ediciones Sígueme, 1992, p . 314.

Modo de decidir y modo de justificar

§ 23. Con todo, queda por señalar qué papel desempeña específic mente la razón en el ámbito de la praxis y de qué modo lo hace. Mostrar que en el campo teórico es necesario un ejercicio de la razón no es difícil. De hecho, nadie duda de que actividades como calcular, derivar y constatar son propias de esa facultad humana. Aristóteles hace un completo análisis del modo en que discurre la razón cuando presenta su célebre silogismo teórico (del griego *syllogismós*, razonamiento),[9] entendiendo por éste el razonamiento en el cual, a partir de dos proposiciones que operan como premisas o antecedentes, se llega a una tercera proposición que es consecuencia de las otras dos. Así, por ejemplo, si digo que "todos los hombres son mortales" (premisa mayor) y luego que "Sócrates es un hombre" (premisa menor), concluyo entonces que "Sócrates es mortal". Pero, naturalmente, con esto se señala sólo el modo en que discurre el pensamiento, es decir, la racionalidad teórica, pero no apunta a la influenci que la razón ejerce sobre las acciones o, dicho de otro modo, cómo un juicio moral puede ser racional.

Decir que un juicio moral es un juicio racional, no signific que, de hecho, para su obtención se haya seguido explícitamente un silogismo demasiado complicado. Para que un juicio sea racional, basta con que proceda de principios racionales y se refie a circunstancias fácticas que han sido bien comprendidas. Por eso, si bien en ocasiones, podrá seguirse un razonamiento silogístico para llegar a la formulación de un determinado juicio moral, en la mayoría de los casos, en cambio, se llega a la solución moral de modo mucho más directo e intuitivo. Sería, de hecho, inviable que antes de hacer cualquier cosa tuviésemos que detenernos a identifica unas premisas y concluir lógicamente algo a partir de ellas. El hombre que está moralmente bien dispuesto, simplemente "ve" lo que debe hacer aquí y ahora, y consiguientemente actúa. No obstante, una vez vista esa solución será posible justifica -la racionalmente. De hecho, lo hacemos cuando, en algunas circunstancias, nos hallamos en la necesidad de dar cuenta de nuestros actos, explicando por

---

9   Cf. por ejemplo, *Primeros analíticos*, 24b18-22; *Tópicos*, 100a25-29.

qué actuamos de una determinada manera. En *Un juez rural* (1924), una novela de Pedro Prado, se cuenta la historia de Esteban Solaguren, un magistrado de enorme sabiduría, muy conocido por sus decisiones justas. En una noche de insomnio, en la que no acierta cómo resolver un caso donde hay razones para fallarlo en uno y otro sentido, el juez se cuestiona el valor del razonamiento silogístico para la actividad judicial. Él es consciente de que no es cuestión de derivar a partir de ciertas premisas, porque las premisas mismas deben ser elegidas, y según el material del que se parta, así será el resultado:

> —Pensar, derivar, obtener una conclusión ¡oh! Sócrates... —murmuraba para sí Solaguren—. El pensamiento es como el agua: dame un ligero desnivel, y llevo el pensamiento donde tú quieras. Creemos juzgar por riguroso razonamiento lógico y no hacemos sino rellenar a posteriori el espacio que media entre el caso que se nos presenta a examen y nuestra intuición inmediata sobre él. Se engaña o miente quien cree construir razonamientos como algo ajeno a la conclusión espontánea que entrevió desde el primer instante. No por quedar oculta a los que no saben observarse, desde el primer momento, ella deja de estar menos presente. Después, para fingi una aparente continuidad que dé vigor a lo que decimos, o que nos libre de culpa por las consecuencias al parecer deducidas, rellenamos el espacio en blanco con huecas trabazones lógicas.[10]

Puede que este juez exagere, pero en todo caso conviene tener presente que no hay que confundir *el modo en el que tomamos* racionalmente una decisión con *el modo de su justifi ación*. La exigencia de proceder a partir de premisas verdaderas y de circunstancias de hecho adecuadamente conocidas, siguiendo uno o varios silogismos bien realizados, es necesaria en el orden de la justificaci n. Pensar, en cambio, que todo conocimiento moral se adquiere silogísticamente es una pretensión que no parece corresponder a la realidad de nuestra diaria actuación moral. Parte importante de nuestras elecciones buenas no están precedidas de un proceso explícito de deliberación:

---

10   Prado, *Un juez rural*, Santiago, Andrés Bello, 1983, pp . 25-26.

las hacemos porque estamos habituados a realizarlas. Si alguien nos pregunta por qué pagamos en la caja del supermercado el queso que minutos antes hemos tomado de un estante, nos sorprenderíamos un poco ante esa pregunta, pues no se nos ha pasado por la mente otra posibilidad. Esto no impide que posteriormente seamos capaces de dar argumentos que expliquen nuestro proceder, en el hipotético caso de que alguien nos pregunte por las razones que nos movieron a pagar el queso que habíamos decidido comprar. Pero una señal de que una persona ha alcanzado cierto grado de excelencia moral consiste, precisamente, en que ya no necesitará grandes razonamientos para hacer lo bueno.

El silogismo práctico

§ 24. Para poder aplicar la noción de silogismo al campo moral, Aristóteles se vio forzado a realizar una profunda transformación de la misma, de la que salió la idea de un silogismo práctico. Ya vimos que, en el momento en que estamos inmersos en la acción, de poco nos sirven razonamientos del tipo "todos los hombres son mortales, Sócrates es hombre, Sócrates es mortal". Este tipo de silogismo puede ser útil para desarrollar la ciencia ética en general, en la medida en que nos permite razonar sin incurrir en contradicciones, pero no para dar origen a acciones concretas y determinadas. Esto porque las premisas que componen tal silogismo son de índole teórica, se limitan a constatar estados de cosas, pero en la vida moral no se trata de saber por saber, sino de saber para actuar.

El carácter práctico de esta otra forma de silogismo viene dado por la introducción de un factor nuevo, que no tiene que ver directamente con el conocimiento, sino con el deseo, ya que Aristóteles era muy consciente de que, para explicar la génesis de la acción intencional, no basta con señalar que el agente se encuentra persuadido de que debe actuar de una determinada forma. Si esas buenas razones no van acompañadas por el deseo, no tendrán una verdadera injerencia en la praxis. Así, en su *De motu animalium*,[11] Aristóteles pone el siguiente ejemplo: Si, por un lado, "deseo beber" (premisa mayor), y, por otro, constato que "esto es agua" (premisa menor), se sigue, como conclusión, la "acción de beber". Como se ve, lo peculiar de este silogismo es que la conclusión no consiste en un juicio, ni siquiera en un juicio sobre materias prácticas, sino en una acción.[12] Por eso es práctico. Y puede serlo porque de las dos premisas sólo una, la menor, es teórica ("esto es agua"), mientras que la otra es desiderativa ("deseo beber"). La mayor se re ere al n (beber) y está puesta por el apetito, la menor dice relación con los medios (el agua) y está puesta por la percepción, la representación o el intelecto, según dice Aristóteles.[13] La intervención del deseo es lo que explica el movimiento que da origen a la acción, porque el intelecto, por sí solo, es incapaz de mover, a menos que se le presente un fi que está puesto por el deseo.[14] Inversamente, el deseo por sí solo tampoco es capaz de mover, si no tiene la capacidad cognitiva al lado, que le informe que precisamente el objeto X puede satisfacer ese deseo. En suma, para que se dé la acción, debe haber una conjunción de la premisa mayor (que expresa el contenido del deseo, formulable en términos de un juicio normativo) y la menor, que es descriptiva y da información acerca de los medios conducentes al fi puesto por el deseo, o sea, del objeto capaz de satisfacer el deseo. En efecto, si el apetito dice "debes beber" pero el sujeto es incapaz de identifica algo como bebida, entonces el deseo no puede ser satisfecho y la acción de beber no se llevará a cabo. Así, mediante este esquema, Aristóteles expone el mecanismo motivacional de nuestras acciones.

Nada impide, por supuesto, que podamos justifica en términos más universales las acciones ya realizadas, propias o ajenas. En ese caso llegaríamos a establecer el o los principios que están detrás de ellas, cosa importante, pero eso no es lo mismo que determinar lo que mueve al agente en

---

11 *De motu animalium*, 7, 701a32-33.

12 Para la importancia del silogismo práctico: A. Vigo, "Razón práctica y tiempo en Aristóteles. Futuro, incertidumbre y sentido", en *Estudios aristotélicos*, Pamplona, EUNSA, 2006, pp. 279-300, a quien sigo de muy cerca en todo este § 24.

13 *De motu animalium*, 701a35-37

14 Cf. *Ética a Nicómaco*, VI 2, 1139a35 s.

el caso concreto, a saber, la combinación entre un elemento desiderativo y uno cognoscitivo. En suma, la sola refl xión intelectual no basta para actuar: sin la intervención del deseo, como se dijo, la acción humana sería imposible. De ahí la importancia de la enseñanza aristotélica acerca del silogismo práctico, pues explicita el modo en que concurren los elementos racional y desiderativo, que hacen posible la acción. No es casual, entonces, que las personas que han tenido determinadas lesiones en la región lóbulo frontal del cerebro, donde está el fundamento orgánico de las emociones, se muestren incapaces de tomar decisiones, a pesar de que su razón funcione perfectamente y sean capaces de describir con detalle los cursos de acción que tienen ante sí. Su imposibilidad de involucrarse emocionalmente con una de las alternativas que se les presenta hace que queden sumidas en la perplejidad o tomen decisiones manifiestamen e absurdas.[15]

El intelecto especulativo se hace práctico por su referencia a un fi que debe conseguir. Es decir, mientras la razón especulativa se reĀere fundamentalmente al presente, la razón práctica está esencialmente abierta al futuro, apunta a conseguir un bien. Pero aquí el deseo de ese bien no es un deseo cualquiera, sino que ha de estar acompañado y dirigido por el intelecto, pues de lo contrario se contentaría con un bien aparente. Así, para muchas personas el solo hecho de conseguir lo que han deseado por largo tiempo (fama, riquezas) puede ser el comienzo de su ruina, porque hay formas racionales y formas no racionales del deseo. El mundo de la praxis, entonces, no es ajeno a la racionalidad. Por eso Aristóteles[16] puede caracterizar a la elección del hombre como un "intelecto desiderante" o un "deseo intelectivamente mediado".[17]

Como se dijo antes, la mayoría de las veces este silogismo no corresponde a un razonamiento que realizamos de modo explícito, reparando en cada una de sus premisas. Esto se debe a otro elemento con un papel trascendental en nuestra praxis y constituye una gran ayuda para actuar, a saber, los

---

15   Cf. A. Damasio, *El error de Descartes*, Santiago, Andrés Bello, 1996, pp. 55 ss.

16   *Ética a Nicómaco*, VI 2, 1139b4 s.

17   Cf. A. Vigo, "Razón práctica...", p. 291.

hábitos, que en el caso de ser buenos los llamamos "virtudes". Debido a su importancia, más adelante serán analizados detalladamente.[18] Pero aun en aquellas situaciones en las que decidimos, por así decirlo, intuitivamente, o sea, movidos por una virtud, estamos haciendo uso igualmente de nuestra racionalidad práctica. Es decir, esa acción es tanto o más racional que aquella que realizamos después de una detenida reflexi n. Esta idea es expresada por Aristóteles con mucha claridad cuando dice que el virtuoso no actúa simplemente "según la recta razón", sino "acompañado de recta razón",[19] porque lo que la virtud ha hecho en él es justamente enderezar el deseo de acuerdo con lo que la razón juzga como bueno, de modo que su deseo es ahora un "deseo racional" (*boúlesis*). Dicho de otro modo, en el caso del virtuoso existe una suerte de connaturalidad entre los elementos racional y desiderativo que concurren en la acción, una armonía entre cabeza y corazón que Aristóteles denomina "verdad práctica",[20] cuya posibilidad sería, lógicamente, inexistente si, como sostiene el emotivismo, la razón no tuviera una injerencia real en nuestra praxis.

Consecuencias pedagógicas

§ 25. Como corolario de lo anterior, podemos añadir que la cuestión de si existe un orden moral no creado por nosotros, capaz de actuar como punto de contraste de la validez de nuestras afirma iones y actitudes no es poco importante, entre otros campos, por las consecuencias que tiene en el terreno de la educación. El grueso de la Tradición Central de Occidente, al admitir la existencia y cognoscibilidad de ciertos principios de justicia suprapositivos, es decir, criterios de conducta cuyo valor no depende de la ley o el consenso vigente, pensó siempre que era posible distinguir entre lo bueno y lo malo,

---

18   *Vid. infra*, capítulos VI y VII.

19   *Ética a Nicómaco*, VI 13, 1144b26-28.

20   *Ética a Nicómaco*, VI 2, 1139a22-31.

y que esa distinción no estaba puesta sólo por la voluntad humana, aunque esa voluntad desempeñe un papel fundamental en la ética.

Cuando el que educa es una persona que reconoce la existencia de principios de justicia suprapositivos, cuyo valor no depende del acuerdo humano, no sólo está transmitiendo lo que considera mejor, sino que pone al alcance del alumno ciertos parámetros que le permiten evaluar la conducta del propio maestro. En este sentido, la actividad pedagógica así entendida es algo particularmente exigente.

¿Qué ocurre si no existen tales criterios, o qué pasa si el educador no los admite? C. S. Lewis, en *La abolición del hombre*, ha llamado la atención acerca de las consecuencias que derivan del relativismo ético en el campo pedagógico. Para decirlo brevemente, la principal es que la educación se transforma en manipulación. En efecto, la antigua educación formaba; la relativista simplemente condiciona.[21] Inevitablemente, quien educa sobre una base relativista estará haciendo del otro alguien semejante a sus gustos o intereses, cosa que no sucedía en el caso de la Tradición Central, donde el maestro alcohólico puede dictar a sus alumnos una clase sobre la templanza, aunque eso signifique que sus estudiantes vayan a tener una pésima opinión sobre él. Así, quien educa sobre el trasfondo de la ley natural, entrega al alumno la posibilidad de contar con criterios de juicio que permitan dejar mal parado al maestro; al mismo tiempo, muchas veces transmitirá criterios que no coinciden con los gustos e "intereses" del educador. Podría pensarse que la educación relativista es plausible en la medida en que lo que se busca con ella es conseguir conductas que favorezcan el bien social; sin embargo, esta afirmación supone una obligación de perseguir ese bien, o una necesidad de adaptarse a las convenciones sociales, pero no parece que esa obligación y necesidad estén suficientemente justificada desde posiciones relativistas.

El tema de la educación nos lleva también a otra distinción importante, la que se da entre la *forma de adquirir* un conocimiento y el *fundamento* del mismo. De ordinario adquirimos el conocimiento de las normas morales en el contexto de una comunidad educativa, como la familia o la

---

21   C. S. Lewis, *La abolición del hombre*, Madrid, Encuentro, 1990, p . 26.

escuela. El hecho de que hayamos debido aprenderlas de alguien en algún momento de nuestras vidas lleva a algunos a pensar que las normas morales mismas se fundamentan en ese proceso de aprendizaje, es decir, son un simple producto social y se fundan en el consenso. Pero, ¿no sucede lo mismo en otros terrenos? Así, también adquirimos las reglas matemáticas en la familia o en la escuela. Sin embargo, a nadie se le ocurriría afi mar que esas instituciones *fundan* las matemáticas. Ellas únicamente son relevantes a la hora de adquirir determinados conocimientos; la *fundamentación* de los mismos, en cambio, va por otro lado.

En suma, la superación del emotivismo exige entender que la razón, además de constatar, tiene una vertiente práctica. O sea, es capaz de guiar la acción humana hacia lo que plenific al hombre. De este modo, cabe afi - mar que los juicios morales son, o pueden ser, juicios racionales, y que, por tanto, la ética es posible.

iii
¿Existe un fin del hombre?

Actos del hombre y actos humanos

§ 26. En la vida hay cosas que nos ocurren y otras, en cambio, que nosotros hacemos. Así, entre las primeras, crece nuestro pelo, late nuestro corazón y nuestro cuerpo secreta adrenalina cuando se enfrenta a un peligro grande y sorpresivo. Estos fenómenos pertenecen al género de lo que meramente nos sucede, sin que intervenga nuestra voluntad. Se trata de acciones y reacciones que no dependen de nosotros, sino que son simple expresión de nuestra biología. Junto a éstas, hay otro grupo de cosas que son las que de hecho hacemos, aunque también podríamos no hacerlas, por ejemplo, leer estas páginas o llamar a alguien por teléfono. Estas últimas son propiamente actividades *nuestras*, mientras que las primeras simplemente suceden *en nosotros*. Los medievales llamaban a unas —las que se producen por intervención de la libertad— "actos *humanos*", y a las otras "actos *del hombre*". Ambas actividades son muy importantes, pero unas —los actos humanos— son exclusivas nuestras, mientras que las otras las tenemos en común con el resto de los animales. Se trata de una distinción importante: únicamente somos responsables de los actos que podemos llamar humanos, pues sólo en ellos nos proponemos un fi y elegimos los medios para alcanzarlo. En otras palabras, somos responsables de estos actos porque depende de nosotros llevarlos a cabo. En los actos del hombre también existe una finalidad, pero no es puesta por nosotros. Por eso resulta ridículo tratar mal a una persona por factores como la raza o el lugar de su nacimiento, que no dependen de ella. El derecho y la moral se preocupan sólo de aquello que es fruto de la libertad.

Necesidad de un fin

§ 27. Detrás de cada acto humano, entonces, podemos reconocer un fin. Existe, en principio, una coherencia entre lo que hacemos y lo que en último término perseguimos. Sin embargo, vemos que los hombres persiguen cosas muy diversas, basta pensar en Nerón, Carlomagno, Stalin, Homero Simpson o Teresa de Calcuta. ¿Son equivalentes todas sus aspiraciones? ¿Da lo mismo dedicar la vida al servicio de los demás o a su explotación? Por otra parte, ¿hay un fin que sea común a todos los hombres, o cada uno debe buscar hacer en la vida lo que le parezca? En realidad, siempre hacemos lo que nos parece, pero ¿da lo mismo eso que elijamos hacer? A primera vista, si todos tenemos un único fin se corre el riesgo de introducir una monótona uniformidad en la vida humana. Sin embargo, pensar que no hay un fin común a los hombres tiene también grandes inconvenientes, como el de basar la unidad del género humano en la sola pertenencia biológica a una especie. Esto llevaría a prescindir de un fundamento más profundo, como podría ser la existencia de una naturaleza humana, que permita explicar antropológicamente la igualdad fundamental de los miembros de nuestra especie. Más de alguno podría pensar que el solo hecho de tener en común con sus vecinos una determinada condición biológica no constituye una razón para sentirse especialmente obligado para con ellos. Por lo mismo, desde el punto de vista político, puede resultar muy peligroso que algunos hombres decreten que otros no tienen el mismo fin que ellos y, por tanto, no son acreedores de los mismos medios —incluido el respeto por la propia dignidad— para lograrlo.

Para intentar responder en alguna medida a esas preguntas es necesario hacer antes algunas constataciones elementales. La primera es que todo lo que se hace, sea o no importante desde el punto de vista ético, se hace por un fin. Es imposible encontrar un acto humano que no esté dirigido a un fin cada vez que hacemos algo lo hacemos *por algo*. Este fin es cierta cosa que consideramos buena desde algún punto de vista, es decir, se trata de un bien. Por eso, el personaje Sócrates en el *Gorgias* dice que "es en vistas del bien que todas las cosas son hechas por aquellos que las hacen [...]. Deseamos los bienes: las cosas que no son ni buenas ni malas o que son malas no las deseamos".[1] Esta es una idea importante. Aunque los hombres seamos falibles, no podemos errar en creer que hacemos algo en vistas del bien, si bien podemos equivocarnos al pensar que eso es realmente bueno para nosotros, como Gollum, en *El Señor de los Anillos*, que a fuerza de abusar del anillo que lo tornaba invisible había terminado por perder hasta su apariencia física original. Es el caso de alguien que, aun creyendo estar buscando su propio bien, hace lo que, en realidad, no le conviene. En cierto modo, esa persona no hace lo que en el fondo quiere. La distinción entre el bien real y el aparente es el problema fundamental que nos afecta a los seres humanos. Tener conciencia del fin es propio de los seres racionales y tiene que ver con el tema de la responsabilidad, que veremos más adelante.[2] Ante cada uno de nuestros actos, un observador podría preguntarnos el porqué —o, más precisamente, por el *para qué*— y nosotros deberíamos ser siempre capaces de dar una respuesta. Si no pudiésemos dar una explicación, sería señal de que no se trató de un acto humano, sino sólo del hombre, como lo que realiza un sonámbulo o un hipnotizado. Tampoco basta con responder "porque tuve ganas", ya que eso significaría que hemos tratado un acto humano como si fuese sólo un acto del hombre, es decir, algo que no se halla sometido a nuestra razón. Y no sería verdad. Tenemos que ser capaces de dar razones que expliquen el fin de nuestra conducta y, para hacerlo, no basta con cualquier razón, sino que se requiere que sea aceptable.

§ 28. Aunque todo lo que hacemos lo hacemos *por algo*, es interesante constatar que ese algo o fin no siempre constituye la razón última de nuestro actuar. A lo mejor alguien lee estas páginas para conocer la materia de una prueba y obtener una buena nota. Pero la búsqueda de una buena calificación en un

---

1   *Gorgias*, 468b7-c6, Cf. también *Ética a Nicómaco*, I 1, 1094a1-3.

2   Cf. §§ 131-2, 144.

curso está lejos de constituir el objetivo fina de la existencia. Alcanzar una buena nota es un fin, pero no un fi final, sino un fi subordinado a otros propósitos. Con todo, no parece posible que sólo existan estos fine que son, a la vez, medios para otra cosa. Si cada cosa que buscamos la buscamos en función de otra, y ésta de otra, y así hasta el infini o, o sea, si no existiera en el orden de nuestras motivaciones un fi que deseáramos por sí mismo y al que, por tanto, se dirigieran, en último término, todas nuestras decisiones, es altamente probable que éstas serían muy aleatorias. Consiguientemente, nuestras acciones apuntarían en direcciones diversas y hasta opuestas entre sí. Esto es propio de una persona de la cual decimos que vive *desorientada*, cuya vida se asemeja a la situación de un navegante que no es capaz de distinguir la posición del oriente y, entonces, boga sin rumbo fij . Ya Aristóteles advirtió que una regresión al infini o en los fine de nuestras acciones haría vano y vacío nuestro deseo.[3] Y en otro pasaje dice que no organizar la vida en vistas de un fi autosuficien e es signo de gran insensatez.[4] En todo caso, aun la persona desorientada, que no parece estar apuntando a una meta específica, debe estar buscando algo, aunque sea inconscientemente, como puede ser un bienestar mal entendido. Debe existir, entonces, algún fi que no esté subordinado a otro, es decir, que tenga el carácter de último. No parece difícil identifica lo, al menos en un sentido amplio, porque lo que todos los hombres buscan, de muy diversos modos, claro está, es la felicidad. Es imposible encontrar un hombre que no quiera ser feliz. Sobre esto no deliberamos, ya que es un fi que nos está dado por la naturaleza.

El contenido de la felicidad

§ 29. El problema, entonces, no reside en la identificaci n de aquello que, en último término, mueve nuestros afanes, sino en saber en qué consiste, de hecho, ser feliz. Porque, aunque todos estamos de acuerdo en que queremos

---

3   Cf. *Ética a Nicómaco*, I 2, 1094a18-22.
4   Cf. *Ética Eudemia*, I 2, 1214b6-11.

ser felices, no todos coincidimos en el contenido concreto de la felicidad. Unos, en efecto, la buscan en el dinero, otros en los honores y los de más allá en el placer o en otras cosas. Resolver esta cuestión no es poco importante, a menos que se quiera pasar la vida diciendo, como Mick Jagger:

> "I can't get no satisfaction,
> I can't get no satisfaction.
> 'Cause I try and I try and I try and I try.
> I can't get no, I can't get no".

La pregunta que nos hacemos coincide, en el fondo, con la cuestión de los modos de vida: ¿son todos los géneros de vida equivalentes o hay unos preferibles a otros? Para saber si la forma de vida de Martin Luther King es preferible a la de Pol Pot o la de Yoda a la de Darth Vader nos ayudará mucho saber cuál es el fi del hombre, su función esencial,[5] pero esa no es tarea fácil, porque los hombres tienen opiniones muy distintas acerca de qué constituye, en último término el sentido de sus vidas. Para identifica ese fi último Aristóteles nos propone una estrategia, a saber, determinar primero cuáles deberían ser sus características: lo menos que podemos pedirle al fi último es que sea exclusivo del hombre y buscado por sí mismo, es decir, que no sea un medio para conseguir otra cosa. Además, es necesario que sea estable y autosuficie - te, o sea, que, suponiendo que las necesidades más elementales están satisfechas, eso que buscamos nos haga plenos.[6]

Si tenemos en cuenta esa sugerencia aristotélica, en algún caso resultará relativamente fácil descartar ciertas cosas como representativas del último fin, o sea, de la felicidad. No parece que el dinero o el poder lo sean, ya que, en el fondo, no se buscan por sí mismos, sino con vistas a otras cosas. La historia del legendario rey Midas es muy ilustrativa de por qué la riqueza no puede ser el fi del hombre. Consiguió de Dionisio el don de transformar en oro todo lo que tocara, para descubrir después que hasta los alimentos

---

5   *Ética a Nicómaco*, I 6, 1097b22-25.

6   *Ética a Nicómaco*, I 7, 1097b6-21.

se transformaban en ese metal, de modo que no podía ni siquiera cubrir sus necesidades más elementales. También el poder se quiere en virtud de otras cosas, de manera que no puede ser un fin final, aparte del hecho de que no siempre acarrea el bien de quien lo consigue.

Otro tanto parece suceder con la fama, que, aparte de inestable, está más en los que la dan, en el público, que en el individuo famoso. Además, uno puede ser famoso por causas muy diversas, y no todas buenas. Así, Jack el Destripador es conocido en todo el planeta como uno de los mayores asesinos de la historia, pero nadie diría que esa fama le permitió alcanzar la excelencia humana. Uno también puede ser famoso por las desgracias que le han ocurrido, como Príamo, el rey de Troya, que vio morir a cada uno de sus numerosos hijos y fue degollado por Neoptólemo, hijo de Aquiles, junto al altar de Zeus.

En cambio, hay otros candidatos que sí parecen representar con más fuerza el papel de la felicidad. Así, desde siempre ha habido hombres que la han buscado en los placeres. Esta actitud hedonista está hoy particularmente difundida y, aunque sólo sea por su "popularidad" deberíamos tomar muy en serio al placer como candidato para ocupar el contenido de una vida feliz. Además, está claro que, en principio, el placer se busca por sí mismo y no en vistas de otra cosa. Así, no tendría sentido preguntarle a una persona que está gozando intensamente para qué goza, ya que lo que busca con lo que está realizando es precisamente eso, gozar.

§ 30. ¿Es el placer el fin de la vida humana? Aunque los hedonistas dicen que sí, el grueso de la tradición filosófica responde negativamente a esa pregunta, comenzando por Aristóteles, que lo excluye por el hecho de que lo compartimos con los animales, de modo que no es propio sólo del hombre. Pero, ¿significa esto que el placer debe estar ausente de una vida lograda? Nuevamente la respuesta debe ser negativa. No sería razonable pensar que el placer es una suerte de obstáculo para la vida moral, algo que sería mejor que no existiese. El placer es muy importante, pero eso no lo transforma de inmediato en el motivo último de toda nuestra actividad.

¿Cómo podemos saber que el placer no es lo mismo que la felicidad? Robert Nozick pone un ejemplo que puede ayudarnos a entenderlo.[7] Imaginemos que vamos a un laboratorio y, en una sala, vemos a un hombre en una camilla. Está dormido y tiene conectados diversos electrodos en su cerebro, que activan los centros neuronales donde se reciben las distintas sensaciones. A través de impulsos eléctricos se van provocando alternativamente los placeres más variados. El hombre de la camilla no deja de sonreír. No hay gozo que no experimente. Pero, si a una persona que pensara que el placer es el fi de la vida, le ofrecieran pasar el resto de sus días en la situación de ese individuo, seguramente se negaría de manera tajante. Esa negativa nos hace ver que el placer no es suficien e, al menos el placer físico, para dotar de sentido a la vida. No basta con gozar si no *se sabe* que se goza. Eso muestra que hay un nivel superior al placer y que, por tanto, el fi del hombre se vincula al ejercicio no de las potencias sensoriales sino de las facultades superiores del hombre, es decir, la inteligencia y la voluntad. Por eso, cabe pensar que el placer intelectual es más valioso que el mero placer físico. Pero, aun así, tampoco parece ser el placer intelectual nuestro último fin. Cualquier amigo nuestro se ofendería enormemente si supiera que lo que buscamos no es simplemente conversar con él, sino el placer que la conversación nos produce. Incluso una persona que no se conformara con los placeres animales y dedicara su vida a buscar los placeres más elevados terminaría degradándose. En efecto, esa actitud la llevaría a instrumentalizar todas las relaciones humanas, incluida la amistad, entendiéndolas sólo como productoras de placer. De este modo, le sería imposible alcanzar la excelencia humana, ya que no experimentaría el valor de la gratuidad, que parece ser un componente importante de la misma.

En el libro I de la *Ética a Nicómaco*, Aristóteles desarrolla una serie de interesantes argumentos para mostrar que la felicidad sólo puede darse en el ejercicio de la función más propia del hombre, a saber, la racionalidad. No puede darse en la actividad puramente nutritiva ni en la sensitiva, que compartimos con las plantas, la primera, y los animales, la segunda; en

---

7   *Anarchy, State and Utopia*, Oxford, Blackwell, 1974, pp . 42-45.

tanto la felicidad es un fenómeno propiamente humano, debe encontrarse en una actividad propia nuestra, es decir, que se vincule con la racionalidad. Con esto no se quiere decir que la felicidad se dé en la medida en que utilicemos sólo nuestra racionalidad y dejemos de lado las demás dimensiones de nuestra existencia, como las pasiones, los deseos o los instintos. Más bien consiste en ser capaz de vivir –con todas las dimensiones señaladas– conforme a la razón, de tal modo que ésta guíe a las demás potencias,[8] y no por un momento, sino a lo largo de la vida entera. Por eso, el bien del hombre debe ser una actividad de su alma conforme a la virtud, ya que, como veremos en el próximo capítulo, la virtud hace que las potencias inferiores se subordinen a la recta razón de modo permanente. Propio de la virtud es, además, ser un hábito, y por lo tanto, algo estable, cosa que no sucede con el placer, que va y viene, y muchas veces no depende del sujeto sino de circunstancias externas a él. Ahora bien, como esta forma de vida virtuosa se ajusta a la constitución racional del ser humano, no debe extrañarnos que, al mismo tiempo, sea placentera. De hecho, el placer que siente el virtuoso (más estable que el placer meramente sensible) es, de algún modo, un indicador de que, por así decir, estamos hechos para la virtud, aunque pueda requerir esfuerzo alcanzarla.

Aristóteles distingue entre hacer las cosas "por" placer y "con" placer. El placer es una señal de que hemos alcanzado una cierta felicidad, pero no constituye la felicidad misma. El hacer todo por placer es lo típico del hedonista, pues se deja arrastrar por éste y da muestras de tener "un ánimo absolutamente servil".[9] En cambio, para Aristóteles, la vida virtuosa va acompañada de placer, es una de sus notas distintivas, pero no porque el placer lo domine, sino porque es consecuencia de su virtud.

§ 31. Que el placer no sea lo decisivo se muestra en que hay muchas cosas que las haríamos aunque no se derivase de ellas placer alguno, ni sensible ni espiritual. Por ejemplo, una madre es capaz de levantarse a altas horas

---

8   *Ética a Nicómaco*, 1144b26-28.

9   *Ética Eudemia*, I 5, 1215b34-35.

de la noche y trasnochar para velar por su hijo que está enfermo, cosa que probablemente no le reporta ningún placer, sino un fuerte dolor de cabeza al día siguiente. Además, el hecho de experimentar o no placer en un caso determinado depende del talante moral de cada uno. Un hombre corrompido goza con cosas que a una persona correcta le causarían desagrado.[10] Al complacerse en el mal, ese hombre se degrada, se hace peor. El fi último, entonces, no puede ser el placer sin más, que puede acompañar tanto los actos buenos como los malos; o sea, que puede contribuir tanto a la plenitud como a la degradación del hombre. "Así, el placer propio de la actividad honesta será bueno, y el de la mala, perverso".[11] Esta ambigüedad del placer, es decir, su capacidad de originarse tanto en el bien como en el mal, es otro argumento para excluirlo a la hora de considerar el contenido último de la felicidad humana.

La diferencia entre ambas perspectivas se observa también en su relación con el bien de los demás. En el caso del Estagirita, la armonía entre lo que hacemos y lo que hace plenos a los otros resulta menos problemática que en otros autores que piensan que el logro del bien de uno, por ejemplo, del que manda, se realiza siempre a costa de otros, de los que obedecen. En la perspectiva aristotélica, lo bueno para mí será al mismo tiempo bueno para los otros, al menos en cuanto al bien moral. Dicho con otras palabras, mi desarrollo personal no supone la degradación de las demás personas. Esto suena bastante optimista. En efecto, cuando decimos que hay que llevar una vida conforme a la razón, no sólo estamos señalando que hay que actuar con la razón, dirigidos por ésta. Estamos también apuntando a que sólo ese tipo de vida se ajusta a las exigencias derivadas de la vida social, es decir, sólo la razón es universalizable.

Cuando se afirm la existencia de un fi de la vida humana, no se está diciendo que cada hombre esté explícitamente pensando en alcanzar ese n en cada uno de sus actos libres. Más bien sucede al contrario. Si lográramos conocer qué busca una persona y por qué lo hace podríamos reconstruir la

---

10 *Ética a Nicómaco*, X 3, 1173b20-31.

11 *Ética a Nicómaco*, X 5, 1175b28-9.

dirección general de su vida y decir, o identifica , qué es lo que en realidad esa persona persigue. El último fi permanece normalmente implícito, pero sin referencia a él la vida perdería orden y se disolvería en el caos de unas acciones inarticuladas porque no tenderían, en su conjunto, a ningún objetivo: "es un signo de gran demencia", dice Aristóteles, "el no ordenar uno su vida en relación con un fi ".[12]

Hacia la contemplación

§ 32. El hecho de que el genuino fi del hombre sea uno solo —por ejemplo, la vida virtuosa— no supone establecer una uniformidad entre las personas, pues su realización admite formas infinitamen e variadas. Por otra parte, no se debe concebir el logro del fi de una manera estática. Nadie puede decir que en un determinado momento ya alcanzó la felicidad de manera defin - tiva. Si la felicidad no se logra con una vida puramente sensorial, sino que reside en la virtud, quiere decir entonces que siempre admite nuevas expresiones, pues la virtud es esencialmente dinámica, y debe ejercitarse en las circunstancias concretas que nos presenta la vida, que son distintas en cada caso. Tampoco cabe pensar que los bienes exteriores sean absolutamente indiferentes para el logro de la felicidad. Al menos en la perspectiva de Aristóteles, no cabe ejercitar la virtud sin ciertas condiciones materiales, aunque la felicidad no coincida con ellas. ¿Cómo puede ser generoso con los bienes corporales quien carece de ellos?, ¿qué participación en la contemplación de las verdades de la ciencia puede tener quien está de continuo afectado por jaquecas? Toda la reÁexión aristotélica está teñida de gran realismo, y su esfuerzo se dirige a apartarse tanto de las posturas hedonistas, que reducen la vida humana al logro del placer, como de aquéllas de corte espiritualista, que no toman en cuenta la importancia de los bienes exteriores para una vida lograda. En suma, en ciertas circunstancias excepcionales el hombre sabio y virtuoso "se verá imposibilitado de hecho de ser feliz allí donde

---

12 *Ética Eudemia*, I 2, 1214b10-12.

deba padecer infortunios verdaderamente grandes, que de hecho le impidan ocuparse adecuadamente de las actividades propias de la vida feliz",[13] pero eso no lo torna en verdaderamente infeliz, porque sabrá llevar esos infortunios de manera noble y nunca obrará contra la virtud.

Si la vida virtuosa presenta formas muy diversas, podremos preguntarnos si alguna de ellas es particularmente digna de ser elegida. Ya al comienzo de la *Ética a Nicómaco*, Aristóteles había reivindicado el valor de la vida política. Pero, junto con esa vida de índole activa, existen otras formas de existencia, vinculadas a la contemplación, que también parecen importantes y muy nobles. Para resolver la cuestión de la prioridad que se da entre las distintas formas de vida virtuosa, Aristóteles se retrotrae a lo que había dicho acerca de las características de la genuina felicidad. Ésta debía ser el fruto de la actividad más excelente; además debía ser constante, placentera, autárquica, buscada por sí misma y radicada en el ocio (que, para él, es algo muy distinto de la mera pasividad, sino que se acerca más a lo que entendemos por trabajo intelectual). Cuando se habla de autarquía no se pretende aludir a un estado de absoluta independencia de las condiciones materiales, sino más bien a aquello que permite alcanzar la plenitud personal una vez que las necesidades inmediatas están satisfechas.[14] Todo esto se cumple especialmente en lo que él llama la vida contemplativa, en la que se busca satisfacer las inquietudes de nuestra racionalidad y está centrada "en la sabiduría y en la contemplación de la verdad".[15] Aunque esta forma de vida supone tener otras necesidades resueltas, es la que más se basta a sí misma y la que produce el mayor agrado.

Con todo, atendida la condición humana y su existencia en un mundo marcado por la contingencia, no resulta posible pensar en un estado puro de contemplación de la verdad, el bien y la belleza. Se trata de una aspiración,

---

13   A. Vigo, *La concepción aristotélica de la felicidad. Una lectura de Ética a Nicómaco* I y X 6-9, Santiago, Universidad de los Andes, 1997, p . 76. Cf. *Ética a Nicómaco*, I 10, 1100b30-33.

14   A. Vigo, *La concepción aristotélica de la felicidad. Una lectura de Ética a Nicómaco* I y X 6-9, Santiago, Universidad de los Andes, 1997, p. 50. "No debe confundirse el vivir bien con las cosas sin las cuales no es posible vivir bien", *Ética Eudemia* I 2, 1214b16-17.

15   *Ética Eudemia*, I 4, 1215b2-3.

de algo a lo que se tiende, pero que debe ir necesariamente acompañado por expresiones de vida activa. Además, como enseña Platón en *La República*, el que contempla no se queda en admirada visión de la verdad, sino que baja a la caverna, donde el resto de los hombres se halla entre sombras y apariencias, y les transmite lo que ha contemplado.[16] El bien es difusivo: quien ha alcanzado las formas superiores de la excelencia procura hacer mejores a sus congéneres, no puede ser un egoísta. Y para esto requiere la vida política, comunicarse con los demás.

Por último, tampoco cabe prescindir de la vida política, caracterizada por "las bellas acciones",[17] porque ésta permite que subsistan las condiciones que hacen posible la contemplación. El recto orden político es, como toda creación humana, inestable, y está siempre amenazado por los males de la anarquía, la tiranía y las diversas formas de injusticia. Quien pretenda dedicarse única y exclusivamente a la contemplación, corre el riesgo de quedarse sin pan ni pedazo. La tranquilidad y la paz deben ser defendidas, porque si no existe una adecuada ordenación de la convivencia no habrá arte, ni será posible filsofar, ni se podrá conversar tranquilamente con los amigos.

En cierta forma, se hace necesario alcanzar una contemplación que sea compatible con los diarios afanes de la vida política, aunque esto no parezca fácil. Aristóteles es consciente de esa dificultad, derivada tanto del hecho de que la razón es sólo una parte del hombre —aunque la más alta— como por la circunstancia de que la contemplación más elevada sólo ocupa una parte de nuestro tiempo. Pero vale la pena intentar esa forma de vida que, en cierta medida, excede lo humano, pues se desarrolla dentro de lo que en el hombre hay de más divino:

> Si pues, la mente es divina respecto del hombre, también la vida según ella será divina respecto de la vida humana. Pero no hemos de seguir los consejos de algunos que dicen que, siendo hombres, debemos pensar sólo humanamente y, siendo mortales, ocuparnos sólo de las cosas

---

16   *La República*, VII 514a-521b .

17   *Ética Eudemia*, I 4, 1215b3-4.

mortales, sino que debemos, en la medida de lo posible, inmortalizar-nos y hacer todo esfuerzo para vivir de acuerdo con lo más excelente que hay en nosotros; pues, aun cuando esta parte sea pequeña en volumen, sobrepasa a todas las otras en poder y dignidad.[18]

La razón humana, por tanto, no está cerrada sobre sí misma, sino abierta a una realidad que la excede, y que le permite adquirir su plenitud, abriéndose a su contemplación. Por eso, en la *Ética Eudemia* se dice: "El principio de la razón no es la razón, sino algo que le es superior; ahora bien, ¿qué podría ser superior a la ciencia y a la inteligencia sino Dios?".[19]

En suma, la existencia de un fi de la vida humana permite que ésta mantenga una dirección, tenga un sentido. Todos están de acuerdo en que, de haberlo, este fi es la felicidad, aunque hay discrepancias acerca de qué es lo que realmente nos hace felices. El bien constitutivo de la felicidad humana debe ser propio del hombre y, más específi amente, de lo más alto que hay en él, la razón. Lo que llamamos vida virtuosa no es más que una vida conforme a la razón. Lejos de ser uniforme, reviste formas muy diversas y su cumbre es la contemplación.

---

18 *Ética a Nicómaco*, X 7, 1177b30-1178a2.

19 *Ética Eudemia*, VIII 2, 1248a28-29.

iv

La cuestión de
las virtudes morales

El honor es el premio de la virtud.

Cicerón

§ 33. Los actos que el hombre realiza repercuten en su modo de ser. Como nuestro ser es moldeable, se va definiend con el tiempo, a través de lo que hacemos. Una anécdota real ilustrará lo que se viene diciendo: hace tiempo, un empresario con buenas intenciones y poca formación intelectual me decía: —"¿Se ha fijad usted en que, en la vida, los malos siempre triunfan? Eso se debe a que emplean métodos de acción mucho más efica es. Los buenos, en cambio, tradicionalmente hemos estado muy restringidos en nuestra capacidad de reacción, de ahí que los malos siempre nos saquen ventaja. ¿Sabe usted, entonces, lo que tenemos que hacer los buenos para derrotarlos? Los buenos tenemos que actuar como los malos, hacer las mismas cosas que ellos, y así los venceremos". Efectivamente, parece ser que si utilizamos sus mismos métodos podemos combatirlos mejor, ser efi aces. Pero, ¿no estaremos incurriendo en costos demasiado grandes? En efecto, ¿por qué los malos son así?, ¿será por sus genes, su raza, su nación o porque actuaron mal? Si es por condiciones objetivas, la solución es muy simple: eso es lo que creyeron Stalin, Hitler y muchos otros tiranos, que pensaban que bastaba con eliminar ciertos grupos humanos, a los que atribuían toda la maldad, para obtener el mejoramiento del mundo. Hoy nos damos cuenta de que las cosas no eran así. Parece ser que los malos *no nacieron malos*, sino que *se hicieron tales*. ¿Y cómo se volvieron malvados? Precisamente haciendo cosas malas. Es lo que le ocurrió a Michael Corleone, el hijo predilecto de don Vito, aquel que estaba destinado a no involucrarse en los turbios negocios de la mafia y, en definitiva, a limpiar el honor de la familia. En *El Padrino II* (1974) se cuenta lo que sucedió con su vida cuando empezó a hacer el mal. Esto es impresionante: lo que hagamos (o dejemos de hacer) dejará inevitablemente una huella en nosotros, para bien o para mal.

Si el empresario de la anécdota quería combatir a los malos, lo hacía porque pensaba que era malo ser malo. Pero si los malos se hicieron malos haciendo el mal, y yo quiero combatirlos con sus mismas armas, entonces yo me estaré volviendo malo. Mataré a los malos haciéndome yo mismo un malvado. Daría para una buena novela: un hombre que logra eliminar a todos los malos del mundo y que, al final, descubre que su tarea ha sido en vano, porque él es el último de ellos. Sólo le quedaría la posibilidad del suicidio. No parece ser muy buen negocio.

Somos libres para elegir, pero no para evitar que caigan sobre nosotros las consecuencias de nuestros actos. Por eso, aunque, como Giges o Gollum, pudiéramos tener un anillo capaz de hacernos invisibles y realizar el mal impunemente, ese anillo no podría evitar que nuestros actos nos configuren de una determinada manera: elegir es elegirse. Hoy, sin embargo, son muchos los que quieren escapar a esta ley ineludible. Pensemos, por ejemplo, en prácticas tan elementales como la multiplicación de productos dietéticos, que permiten gozar de la comida sin pagar los costos de la gordura. O de otras más delicadas, como las conductas anticonceptivas, que desvinculan el ejercicio de la sexualidad de sus consecuencias procreativas. Sin embargo, aunque los avances de la técnica permitan evitar o disminuir las consecuencias visibles de nuestras acciones, ninguna tecnología logra borrar la huella que dejan en nuestra persona. Sólo cambia que en la actualidad se puede ser glotón sin parecerlo. En *Un mundo feliz* (1931), Aldous Huxley describió una sociedad donde existe una perfecta disociación entre los actos y las consecuencias. Un mundo, por ejemplo, en el que la sexualidad no está "amenazada" por la procreación, que se realiza de manera técnicamente perfecta, en laboratorios especializados. Pero en este mundo se ha perdido cualquier asomo de dignidad humana, y el vacío que de allí deriva sólo puede ser ocultado con crecientes dosis de *soma*, un fármaco que produce el bienestar independientemente de lo que uno sea o haga.

Diversidad de las potencias

§ 34. Si buscamos el fundamento antropológico de esta moldeabilidad humana tenemos que decir que en el hombre hay potencias o capacidades unívocas y otras que son bi o multidireccionales. Así, el ojo se dirige a ver, el oído a oír y el corazón a latir, es decir, se orientan en una sola dirección. Podemos tener mejor o peor fortuna y, según eso, dichos órganos funcionarán mejor o peor. Puede que, quizá con una dieta adecuada y evitando agentes externos dañinos, logremos que esas potencias mantengan sus capacidades por largo tiempo. Pero no podemos lograr que hagan otra cosa. A lo más podremos cerrar los ojos o taparnos los oídos para no ver ni oír, pero eso no consigue cambiar el hecho de que esas capacidades están unívocamente orientadas, sin necesidad de entrenamiento previo.

En cambio, hay capacidades en el hombre que pueden dirigirse a objetos muy diversos o incluso contradictorios. Con nuestra voluntad, por ejemplo, podemos querer u odiar, preferir al candidato socialista o al conservador, seguir al Barça o al Madrid. También los productos de la inteligencia gozan de esta ambigüedad: la medicina, el derecho, la política y la tecnología pueden ser utilizados con nes muy diversos e incluso contradictorios. En el "Canto al hombre", uno de los pasajes más interesantes de *Antígona*, se destaca esta ambigüedad de la técnica. La tecnología permite al hombre dominar el mundo, pero no es capaz de ordenarse unívocamente hacia el bien, sino que a veces se dirige también hacia el mal. El hombre,

> poseedor de una sabiduría superior a la esperable, la capacidad de urdir técnicas, *unas veces al mal, otras al bien, la encamina*. Entretejiendo las leyes de la tierra y la justicia de los dioses a la que ha prestado juramento engrandecerá la ciudad; privado de ella quedará aquel que, en virtud de su osadía, se entrega a lo que no es bueno. ¡Que no se siente a mi lado ni sea de mis mismos pensamientos quien hiciera tales cosas![1]

---

1 Sófocles, *Antígona*, vv. 364-375 (B uenos Aires, Biblos, 1987). Énf asis añadido.

Las capacidades multidireccionales son aquellas donde entra en juego la libertad humana. En ellas cabe conseguir una habituación, mediante el ejercicio. Así, con el debido entrenamiento, la facultad respectiva tenderá a dirigirse en un solo sentido, como el tirador experto que siempre da en el blanco. De esta manera, a través del ejercicio se reinstala en esa facultad una cierta unidireccionalidad. Así, el hombre que ha adquirido la virtud de la justicia tenderá espontáneamente a dar a cada uno lo suyo, como si la voluntad sólo se dirigiera en ese sentido, y ya no pudiera orientarse a hurtar, demorar el pago de las deudas o lesionar los derechos ajenos. Para un hombre justo resulta desagradable la sola idea de hurtar en una tienda o quedarse con unos billetes de más cuando el cajero se equivoca al darle lo que corresponde. Por eso los antiguos decían que los hábitos constituyen una suerte de segunda naturaleza.

Los hábitos son una ayuda

§ 35. Nos vemos forzados a elegir. Tener que tomar miles de decisiones durante el día podría parecer angustioso. Afortunadamente no sucede así. No estamos obligados a comenzar el día decidiendo: ¿apago o no apago el despertador?, ¿lo hago con la mano derecha o con la izquierda?, ¿con qué dedo?, ¿me levanto o no me levanto?, etc. No tenemos que tomar todas estas decisiones porque ya poseemos un hábito en estas materias, que nos permite hacerlas de modo espontáneo, y concentrarnos sólo en algunas decisiones que parecen más importantes, por ejemplo, qué tipo de trabajos realizaremos hoy.

Los hábitos son una gran ayuda para nuestra vida: consisten en decisiones ya almacenadas, acumuladas a fuerza de haberlas realizado muchas veces. Así, al tener algunos problemas elementales ya resueltos, podemos concentrar nuestros esfuerzos en las decisiones más relevantes. Los hábitos, cuando son constructivos, multiplican la capacidad de acción. Es decir, las buenas decisiones previas aumentan nuestra capacidad actual de decidir y mejoran la calidad de los resultados que se consiguen. En cambio, cuando alguien no se ha preocupado de formar hábitos (por ejemplo, estudiar, ser puntual, etc.) pierde mucho tiempo durante el día. Esto en la economía y en la política es fatal: si un empresario o un político tienen que dar una gran batalla todos los días para levantarse, están dando una ventaja muy grande al competidor. Y lo que se dice para la economía y la política vale para toda suerte de actividades.

La niñez y la juventud son importantes, entre otras razones, porque en ellas es más fácil adquirir hábitos. Nos guste o no, hay que reconocer que no cualquiera puede decidir cualquier cosa. Es necesario un trabajo previo, tanto individual como social. El mayor o menor apoyo que hayamos recibido en estas instancias elementales, como la familia o la escuela, explica buena parte de nuestras fortalezas y limitaciones futuras. Pero, como hay hábitos que ayudan (virtudes) y otros que perjudican la actividad del hombre (vicios), es muy importante asimilar los que sean convenientes. Para quien ya haya adquirido un vicio, lograr el hábito contrario le supondrá un esfuerzo mayor. De modo, entonces, que la mejor forma de prepararnos para escoger bien en el futuro consiste en elegir bien en el presente, consiguiendo un modo de vida tal que espontáneamente tendamos a actuar de manera razonable. La vieja fábula de la cigarra, que se dedica todo el verano a cantar, y la hormiga, que trabaja haciendo acopio de provisiones para el invierno, se aplica también a la educación. De ordinario, quien no adquiera hábitos adecuados en su niñez y juventud se encontrará inerme ante las dificultade de la vida, lo mismo que la cigarra frente a la llegada del invierno en la fábula de Esopo.

La virtud es atrayente

§ 36. Los hábitos son de gran utilidad. No se trata de una simple costumbre, como la de tomar el té a las 5 de la tarde, sino que constituyen disposiciones estables del carácter. Ahorran tiempo y esfuerzos. Incluso permiten hacer con gusto ciertas cosas que al principio eran dificu tosas. Una señal de que se ha adquirido un hábito es que resulta relativamente fácil y placentero realizar acciones que antes resultaban difíciles y tediosas. El caso típico es el estudio. Llega un momento en que estudiar produce un auténtico placer. Quien examine el equipaje de un profesor universitario cuando sale de vacaciones se sorprenderá al encontrar allí un buen número de libros. Y no precisamente novelas livianas. ¿Cómo puede suceder que aquello que los malos alumnos detestan sea elegido como compañía para el descanso de un académico? La diferencia está en que el profesor ha desarrollado un hábito, que le permite gozar con el cultivo de su inteligencia. Cuando alguien logra realizar los actos de la virtud, pero sólo después de una lucha, es decir, de forma no espontánea, es señal de que todavía no es virtuoso, sino sólo continente, como veremos.[2] La forma superior de ejercitar la virtud, que va más allá de la mera continencia, la hace particularmente atractiva, digna de ser imitada. Los grandes líderes que nos muestra la historia son seguidos por los demás hombres justamente porque encarnan un ideal de excelencia que los hace capaces de buscar metas altas superando, a veces, grandes dificu - tades. Y para eso se requiere el señorío sobre uno mismo que otorga la virtud, que resulta atrayente porque es plenitud, excelencia, desarrollo de las propias facultades, multiplicación de capacidades. En suma, el virtuoso reflej la variada plenitud a la que está llamado el ser humano:

> Así es, señor don Quijote —respondió don Antonio—; que así como el fuego no puede estar escondido ni encerrado, la virtud no puede dejar de estar conocida.[3]

§ 37. Es importante darse cuenta de que no perdemos libertad al adquirir una virtud, en el sentido de transformarnos en una suerte de autómatas, sino que nos ponemos en condiciones de actuar más y mejor. Una concepción un tanto ingenua de la libertad podría llevar a olvidar el hecho de que ella no existe en el vacío, sino que requiere ciertas capacidades que la hagan posible. Verlo de otro modo supone olvidar que la libertad humana puede crecer. No es simplemente una facultad vacía de elegir cualquier cosa, porque, en realidad, quien no está bien pertrechado de hábitos, gustos, experiencia y

---

2   Cf. *infra* § 44.

3   *Don Quijote*, II, LXII.

educación, es muy poco lo que puede elegir. Su libertad se agotará en la decisión acerca de la marca de colonia que comprará en una multitienda. Esas personas no logran organizar su vida, más bien son los acontecimientos los que las moldean. Son existencias meramente reactivas, a las que se aplica lo que John Lennon dice en una canción: "Life is what happens to you while you are busy making other plans".[4] (En realidad, en esta frase de Lennon hay más fil sofía de la que parece, pues no resulta posible experimentar la vida en directo, sino sólo a través de esas pequeñas o grandes acciones que constituyen su trama diaria.) Si el hombre se deja guiar por la razón en cada una de esas acciones, entonces el resultado será una vida coherente. Si no, la existencia personal será el simple fruto de ciertos acontecimientos que sencillamente "le pasan" al sujeto.

Para elegir bien tenemos algunas ayudas: la experiencia, los consejos, la ley y, fundamentalmente, los modelos: muchas veces actuamos en casos difíciles pensando: ¿qué habría hecho tal persona (alguien que nos parece un modelo de hombre) en este caso? Naturalmente, esto supone que debemos elegir bien nuestros modelos. Unos preferirán seguir a don Juan o a Garfiel y otros a Pericles, Tomás Moro o Teresa de Calcuta. Como se ve, la elección es de la máxima importancia y buena parte de la tarea educativa consiste en proponer los modelos adecuados.

Desde hace siglos estas capacidades estables de elegir bien se llaman "virtudes". Son nuestras fortalezas; nos permiten ser personas emprendedoras que aprovechamos los recursos al máximo y abiertas a las necesidades de los demás. También, como se ha dicho, hay disposiciones estables para elegir mal. Los vicios se vuelven contra el hombre, hacen que su actuar sea torpe y que no logre utilizar los recursos de que dispone para alcanzar una vida lograda.

---

4   "Beautiful Boy" ("Darling Boy"), en *Double Fantasy* (1980).

Adquisición de la virtud

§ 38. La virtud no es algo que uno tenga con el nacimiento. Enseña Aristóteles que poseemos sólo una aptitud natural para adquirir las virtudes, pero el conseguirlas de hecho es una tarea que hay que realizar.[5] Y como es bien sabido, las virtudes se adquieren por repetición de actos. Así, "nos hacemos constructores construyendo casas y citaristas tocando la cítara".[6] De igual manera sucede en el campo ético, donde "practicando la justicia nos hacemos justos, practicando la templanza, templados, y practicando la fortaleza, fuertes".[7] Este proceso se resume en una fórmula aristotélica, que dice: "Lo que hay que hacer sabiendo, lo aprendemos haciéndolo".[8] Hay cosas que no se pueden hacer a menos que se sepa hacerlas, como tocar la cítara o caminar, pero no es posible saberlas si antes no se realizan. Probablemente a eso apuntaba Novalis, el romántico alemán, cuando decía: "Nosotros sabemos sólo en tanto que hacemos".[9]

En todo caso, parece darse una paradoja: no se puede hacer si no se sabe, y no se sabe si no se hace. Sin embargo, no hay contradicción, porque al principio se realizan los actos propios del hábito, pero sin tenerlo, sino imitando a un maestro o con alguna guía externa. Con el paso del tiempo, si se realizan los actos adecuados y de la manera correcta, se origina un hábito virtuoso. Entonces, lo que antes se hacía con dificultad, gracias al apoyo de otros comienza a hacerse de modo espontáneo y placentero. Si no se llevan a cabo de esta manera, estaremos en presencia, por ejemplo, de un acto justo, pero no de la virtud misma de la justicia. Así, no todo el que da a otro lo que le pertenece es justo, ya que puede hacerlo por casualidad o forzado

---

5   *Ética a Nicómaco*, II 1, 1103a24-26.

6   *Ética a Nicómaco*, II 1, 1103a33-34.

7   *Ética a Nicómaco*, II 1, 1103a34-1103b2.

8   *Ética a Nicómaco*, II 1, 1103a32. La traducción de Sinnott dice: "Las aprendemos haciendo lo mismo que se debe hacer después de haberlas aprendido; por ejemplo, se llega a ser constructor de casas construyendo casas".

9   Novalis, "Fragmentos", en *La cristiandad o Europa-fragmentos*, Madrid, Instituto de Estudios Políticos, 1977, p. 133.

por la coacción; sólo es justo quien da a cada uno de modo estable lo que le corresponde, sin vacilaciones.

Las virtudes se adquieren por repetición de actos y se pierden por la realización de actos contrarios a la virtud. No se pierden, en cambio, por la sola falta de ejercicio. En principio, Robinson Crusoe no es menos justo por haber pasado largo tiempo en su isla sin compañía de algún ser humano. Cuando aparece Viernes y puede empezar a practicar la justicia (que exige la presencia de otra persona) su virtud está intacta. Salvo que exista una alteración somática. Lo mismo le sucederá a quien, como Rip van Winkle, se quede dormido durante veinte años. Cuando despierte, descubrirá que el mundo está muy cambiado, pero si Aristóteles tiene razón, él debería seguir siendo el mismo. En el caso de Rip, el personaje del relato de Washington Irving, durante su sueño se produjo nada menos que la independencia de Estados Unidos.[10]

§ 39. Las virtudes morales, entonces, se adquieren eligiendo, actuando. Esto es común también para otros hábitos o capacidades que no tienen un contenido inmediatamente moral: son las virtudes intelectuales, que nos permiten conocer mejor, dominar ciertas destrezas o transformar las cosas del modo apropiado. Estas son muy útiles a la hora de determinar lo que podemos hacer, aquello de lo que somos capaces, pero no son decisivas para saber cómo o qué somos. Se puede tener esas capacidades y ser una mala persona. La más conocida es la que los griegos llamaban *technê* y los latinos tradujeron como arte (*ars*): la técnica. En cambio, las otras virtudes, las morales, repercuten directamente en cómo somos. Esto no signifi a que el cultivo de las virtudes intelectuales sea indiferente para la excelencia humana. El hombre bueno pero tonto está muy lejos de representar el ideal de excelencia humana propuesto por la ética de raíz griega. Una cabeza bien formada, cultivada por el teatro, la música y las matemáticas, estará en condiciones de multiplicar sus capacidades de hacer el bien. Ellas no constituyen la bondad de la persona, pero son una ayuda para que esa bondad alcance un mayor esplendor y sea más efectiva.

---

10   *Rip van Winkle*, Filadelfia, David McKay Co., 1921.

El análisis clásico sobre el tema de las virtudes se hizo hace ya muchos años, por parte de Aristóteles, que era especialmente consciente de la gran facilidad que todos tenemos de errar. En efecto, no basta con querer hacer el bien; muchas veces podemos confundirnos y hacer cosas que en un respecto son buenas, por ejemplo, porque halagan nuestra sensibilidad, pero no son buenos de modo absoluto, no nos hacen bien. Así, las virtudes son modos de conductas adecuados, que promueven el desarrollo de una vida lograda y una personalidad armónica. Los vicios, en cambio, la despedazan. Como con frecuencia son contradictorios, tiran desde distintas direcciones y someten al sujeto a una continua agitación. En cambio, quien somete los distintos aspectos de su vida a la guía unitaria de la razón, tiene, por ese mismo hecho, un norte al que apuntan todas sus actividades, de modo que con el paso del tiempo su personalidad se va haciendo cada vez más unitaria. En este sentido, enseña Tomás de Aquino, que si las virtudes son imperfectas pueden estar desconectadas: todos conocemos personas que son generosas pero glotonas, o valientes pero incapaces de controlar su ira. "En cambio, la virtud moral perfecta es un hábito que inclina a realizar bien las obras buenas. Y entendiendo así las virtudes morales, hay que decir que están conexas, como reconocen casi todos", porque no será verdadera laboriosidad, por ejemplo, la de quien no tiene la prudencia necesaria para saber cuándo, dónde y cuánto debe trabajar, "ni la prudencia es verdadera si no es justa, templada y fuerte",[11] y así, con el resto de las virtudes.

Justo medio

§ 40. Aristóteles caracteriza la virtud como "un hábito electivo consistente en un término medio relativo a nosotros, determinado por la razón y por aquello por lo que decidiría un hombre prudente".[12] Si consiste en un justo medio, se trata, por decirlo así, de apuntar en el centro del blanco. La fortaleza, por

---

11   *Suma Teológica*, I-II, 64, 1c .

12   *Ética a Nicómaco*, II 6, 1106b36-1107a2.

ejemplo, se halla alejada de los extremos de la cobardía y la temeridad. Naturalmente, dar con ese medio no es fácil, pero debemos ser conscientes del problema. A esto se agrega también la dificultad de que, atendido el carácter variable del ámbito de nuestra praxis, no se trata de establecer un justo medio matemático, sino prudencial, porque depende en buena medida de las características del sujeto de la acción. Por eso dice que para determinar el justo medio hay que atender no a un criterio cualquiera, sino al juicio del hombre prudente. Así, en el ejemplo puesto por Aristóteles, seis libras de comida es muy poco para alimentar a un atleta experimentado como Milón, mientras que la misma cantidad resulta excesiva para quien se está iniciando en el atletismo.[13] Además, para llevar una vida virtuosa se requiere experiencia. Todo esto nos hace concluir que en moral nunca podemos tener una exactitud demasiado grande, y que en nuestra acción nos vamos corrigiendo, como cuando vemos que nos hemos desviado del rumbo. A veces, nuevas circunstancias exigen nuevas decisiones o descubrimos medios más apropiados para lograr lo que queremos.

No siempre resulta fácil acertar: según nuestro temperamento tenderemos a inclinarnos hacia uno u otro extremo. Aristóteles era consciente de este problema y aconsejaba inclinarse siempre hacia el extremo respecto del que tenemos menor afinidad, igual como uno procura enderezar una vara torciéndola hacia el lado contrario. Todo esto nos muestra que la razón práctica funciona de un modo muy distinto al que es propio de la especulativa. La razón en su uso práctico se acerca a su objetivo gradualmente. El hombre virtuoso sabe que hay ciertas fronteras que no debe transgredir (no debe hacer lo que sabe que está mal), pero dentro de esa amplia gama de bienes disponibles va eligiendo en cada caso lo que le parece más adecuado. Aunque lo más adecuado no siempre es lo mejor desde el punto de vista teórico. Como señala Inciarte, el problema fundamental de la ética no es la elección entre lo bueno y lo malo, sino entre lo mejor y lo peor.[14] Esto no se consigue de una vez por todas, sino que esa capacidad de juicio se va afinando en la misma medida

---

13   *Ética a Nicómaco*, 1105a35-b6

14   Cf. F. Inciarte, "Ética y política en la filosofía práctica", en *El reto del positivismo lógico*, Madrid, Rialp, 1974, p. 213.

en que el sujeto, por haber elegido bien, se va haciendo mejor hombre. Una cierta dosis de ensayo y error es inevitable en la vida moral.

Por otra parte, la virtud consiste en un justo medio sólo cuando se la compara con los extremos viciosos, sin embargo nada tiene que ver con la mediocridad. Así ve Dante el destino de quienes no parecen ni buenos ni malos, cuando Virgilio lo lleva a conocer el Infierno:

> Allí, bajo un cielo sin estrellas, resonaban suspiros, quejas y profundos gemidos, de suerte que, apenas hube dado un paso, sentí asomarse las lágrimas a mis ojos. Diversas lenguas, horribles blasfemias, palabras de dolor, acentos de ira, voces altas y roncas, y chocar de manos entre ellas, producían un tumulto que iba girando siempre por aquel espacio eternamente oscuro, como la arena impelida por un torbellino.
>
> "Y yo, llena el alma de horror, le dije: —Maestro, ¿qué es lo que oigo?, ¿qué gente es esta, que parece anegada en el dolor?
>
> "—Aquí sufren, contestome él, las tristes almas que vivieron sin merecer alabanza ni vituperio, y a quienes está reservada esta triste suerte".[15]

La virtud consiste en un medio sólo cuando se la compara con el exceso y el defecto que se le oponen, "pero es un extremo en lo que tiene de óptimo y de bien, es decir, en la conformidad con la razón".[16] No cabe tampoco imaginar un exceso de virtud, pues los actos del hombre nunca se pueden conformar en exceso a la recta razón, lo que a veces parece una virtud "excesiva" no es una auténtica virtud o simplemente es el fruto de la deformación con que la observa alguien que tiene el vicio contrario, como el glotón que piensa que el templado es un inapetente. Por eso mismo, como la persona que actúa es una, en la medida en que se sujeten plenamente a la razón algunos aspectos de su vida, tenderá a suceder lo mismo con el resto. Existe, como se dijo, una conexión entre las virtudes.

---

15 *La divina comedia*, Infierno, Canto III.

16 Tomás de Aquino, *Suma teológica*, I-II, 64, 1 *ad* 1.

Objetividad de la virtud

§ 41. Al comienzo de estas páginas se dijo que la virtud tenía un componente subjetivo, en cuanto no existe en abstracto, sino que es siempre una cualidad que acompaña a un sujeto determinado, un modo de ser y comportarse aquí y ahora. Sin embargo, los griegos, desde Sócrates a los estoicos, sin desconocer lo anterior, consideraron siempre que las virtudes eran algo objetivo, es decir, cualidades que describen formas de conducta que en sí mismas son correctas. O sea, que la justicia o la moderación no se determinan recurriendo simplemente a lo que a uno le parece. Si así fuese, no podríamos reprochar ninguna conducta.

El modelo de la vida humana, entonces, no es el juego de la Reina en *Alicia en el país de las maravillas*, donde las reglas y criterios cambian según capricho. Somos libres para hacer lo que queramos, pero no para constituir la bondad o maldad de lo que llevemos a cabo.

Pero no sólo sucede que la virtud es, en el sentido antes dicho, algo objetivo. Ella también provee al sujeto de objetividad a la hora de juzgar la realidad. Por eso dice Aristóteles que "las cosas valiosas y agradables son aquellas que le aparecen como tales al hombre bueno".[17] Las diferencias entre las apreciaciones de los hombres se pueden deber a muchos factores, pero en forma muy importante dependen de la disposición de cada uno. Del mismo modo que las temperaturas y los sabores se aprecian de distinta manera según se tenga fieb e o no, otro tanto ocurre en el terreno moral. Por eso, "se considera que lo verdadero es lo que le parece al hombre bueno".[18] Si esto es así, resulta posible que haya individuos que gocen con lo que a él le desagrada, porque no tienen la misma buena disposición de juicio: "y si las cosas que le molestan [al hombre bueno] le parecen agradables a alguien, no es sorprendente, pues en los hombres hay muchas corrupciones y vicios".[19] De este modo, Aristóteles

---

17   *Ética a Nicómaco*, X 6, 1176b25-26.

18   *Ética a Nicómaco*, X 5, 1176a16.

19   *Ética a Nicómaco*, X 5, 1176a20-21.

encuentra otra explicación, que se agrega a las mencionadas,[20] para el hecho de la diversidad del juicio humano en materias morales.

Si el problema básico para el agente moral está en la necesidad de distinguir entre apariencia y realidad, puesto que los hombres nos engañamos con frecuencia, la solución aristotélica no consiste en entregar al hombre ciertas herramientas intelectuales capaces de preservarlo del error, una suerte de método moral, sino en predisponer el propio carácter de una determinada manera, pues, como enseña Heráclito, "los ojos y los oídos son malos testigos para los hombres, si tienen un alma bárbara".[21]

Como puede verse, una vez más la estrategia que sigue Aristóteles para enfrentar al relativismo no consiste en negar que los hombres y pueblos mantengan concepciones muy diversas acerca de lo bueno y lo malo, sino en explicar esa diversidad. Una de las explicaciones reside en el buen o mal talante moral del que juzga, que infl ye en la calidad de su juicio moral.

La referencia a un determinado tipo de hombre como criterio de juicio para determinar lo bueno, se hace presente en la caracterización aristotélica de la virtud moral como un hábito electivo consistente en un justo medio relativo a nosotros.[22] Dicho con otras palabras, de lo que se trata es de alcanzar un hábito que nos lleve a elegir bien en un determinado ámbito de la realidad, ya sea en nuestra relación con los otros, en el modo de enfrentar los peligros o en el comportamiento ante los placeres. Elegir bien, en todos esos casos, es tanto como dar con el justo medio. Pero ese justo medio no se determina externamente, sino que es un medio racional. Debe determinarse racionalmente atendiendo a las características del sujeto y las circunstancias en las que se encuentra. Y quien acierta en esa tarea de determinar el justo medio es el prudente. Nadie puede decir *a priori* si es valiente o temerario quien se interna a la una de la mañana por un barrio dominado por los narcotrafica - tes sin saber antes si se está hablando de un policía o de un turista desaprensivo. Elegir bien, entonces, es elegir tal como lo haría el prudente.

---

20   Cf. §§ 9, 10, 13.

21   Diels-Kranz (DK) B 107.

22   Cf. *Ética a Nicómaco*, II 6, 1106b36-1107a2.

En resumen, el hombre que deja que la razón gobierne sus actos adquiere un modo estable de obrar, que lo impulsa a hacer el bien. Esa disposición es lo que llamamos virtud, que constituye una forma de excelencia humana dentro de un ámbito determinado. Se adquiere por repetición de actos, en un proceso en donde los ejemplos y la educación tienen un papel decisivo. El virtuoso juzga bien en materias éticas y pasa a constituirse en un cierto parámetro de la moralidad.

V

¿Es posible hablar todavía de vicios?

La injusticia más insoportable es la que posee armas,
y el hombre está naturalmente provisto de armas
al servicio de la sensatez y de la virtud,
pero puede utilizarlas para las cosas más opuestas.
Por eso, sin virtud, es el ser más impío y feroz
y el peor en su lascivia y voracidad.

Aristóteles

§ 42. Los estilos de conducta pueden ser tales que no conduzcan al desarrollo y a la unidad del sujeto. Es decir, que lo impulsen a conseguir bienes que son sólo aparentes, que lo destruyen o deterioran y que con frecuencia llevan también a dañar a los otros. En este caso, el individuo queda preso del engaño. Estos modos estables de actuar que inclinan al mal son los vicios. Al igual que las virtudes, se adquieren y pierden por repetición de actos. No se puede decir *a priori* cuáles son el número y la frecuencia necesarios para que den origen a un hábito vicioso. Depende de muchos factores, como las disposiciones del sujeto y la fuerza de atracción de determinados objetos.

En la *Ética a Nicómaco*, junto con las virtudes se analizan los vicios. Por cada virtud hay, al menos, dos vicios, uno por defecto y otro por exceso. Así, a la valentía se le oponen la cobardía y la temeridad. A la generosidad la tacañería y la prodigalidad. Naturalmente no todos los vicios son igualmente perniciosos, y depende del carácter de cada persona a qué vicios está más inclinada. Hay algunos que nos resultan muy poco atractivos, mientras que otras personas están como aprisionadas por ellos. En todo caso, a los vicios más denigrantes no se llega de un día para otro, sino por una sucesión de actos malos. En *Los hermanos Karamazov*, Dimitri destaca la suerte de Aliocha, que no ha subido el primer escalón del vicio. En efecto, si ya se subió el primero, llegar al último es sólo cosa de tiempo.

Al lado de cada virtud siempre hay algunos vicios que quieren desempeñar su papel. Los cobardes, por ejemplo, piensan que los valientes no son tales, sino alocados, temerarios. ¿Y por qué les pasa esto? Porque ellos ven los peligros más grandes de lo que son.[1] No todos juzgan las cosas por igual. En la enseñanza aristotélica resulta claro que el virtuoso es el que juzga bien, el que tiene la recta medida de las cosas. Por eso, él mismo se transforma en canon o medida de la moralidad.[2] La ética aristotélica no se centra en la elaboración de un catálogo de normas, sino en la determinación o bosquejo de lo que signific ser virtuoso. Viendo al virtuoso sabremos nosotros mismos qué tenemos que hacer. En este sentido, Tomás de Aquino dice:

> El que se comporta rectamente en todas las cosas, tiene un juicio recto acerca de lo singular. En cambio, quien sufre falta de rectitud juzga también en forma deÃciente; el que está en vela juzga rectamente de su propia vigilia y de que otros duermen, pero el que duerme no tiene un juicio recto ni de sí ni del que está despierto, de donde las cosas no son como le parecen a él, sino como las ve el que está en vela. Y lo mismo se aplica al sano y al enfermo respecto al juicio de los sabores; y al débil y al fuerte para juzgar de las cargas, y al virtuoso y al vicioso para determinar lo que conviene hacer. Por eso dice el Filósofo en el libro V de la *Ética* que el virtuoso es regla y medida de todo lo relativo a los hombres, porque las cosas humanas son tales en lo singular como el virtuoso las juzga.[3]

Lo más importante en la vida no es conocer los principios, sino saber aquí y ahora lo que debe hacerse. Y hacerlo, porque el que actúa bien o tiene los principios o los adquirirá fácilmente.[4] Pero el conocimiento de las acciones concretas está profundamente afectado por las disposiciones del sujeto. Esto es muy interesante: uno puede ser un buen astrónomo siendo una mala

---

1   Cf. *Ética a Nicómaco*, II 8, 1108b20 ss.

2   Cf. *Ética a Nicómaco*, III 6, 1113a29 ss.

3   *In Ep. I ad Cor.*, c. II, lect. 3, n. 118.

4   *Ética a Nicómaco*, I 4, 1095b7-8.

persona (aunque los astrónomos que conozco son gente excelente). Las integrales, las derivadas y los telescopios son indiferentes al talante del propio corazón. Pero cuando se trata de guiar la propia vida no bastan las neuronas ni la habilidad para calcular. Hay que estar rectamente orientado hacia el bien, pues de lo contrario se verá la realidad de manera distorsionada.

Conocimiento del mal

§ 43. Los vicios son estilos de conducta que nos empujan a elegir el mal. Naturalmente, para que se formen deben ser reiterados, es decir, ir dejando una huella en el sujeto. Con todo, la maldad de un acto no se da sólo por la circunstancia de que contribuya a originar un vicio. Sería tal aunque el sujeto supiese que iba a morir unos segundos después de haberlo cometido.

Relacionada con el tema de la originalidad o individualidad del acto malo está la cuestión de cómo se conoce el mal. Muchos piensan hoy que aquel que nunca lo ha practicado no puede conocer el mal. Por tanto, su conocimiento se hallaría limitado. Sin embargo, una tesis tradicional de la fil sofía moral clásica es que el conocimiento del mal, y por tanto de los vicios, está reservado al que no lo practica. Es decir, sabe mejor lo que es el mal quien no lo ha probado. En efecto, como el mal es negatividad (privación del bien debido), sólo quien no lo ha experimentado tiene plena conciencia del bien al que el mal se opone y, por tanto, de todo lo deficien e que envuelve una acción mala. Por eso Gandalf puede decir que "aquel que quiebra algo para averiguar qué es, ha abandonado el camino de la sabiduría".[5] A primera vista esto puede resultar difícil de entender, porque estamos acostumbrados a pensar en el mal como si fuese una cosa. En realidad no es una cosa, sino la carencia de una cosa. Nosotros hablamos de la ceguera, la sordera o la cojera, como si estas existieran. Sin embargo, hablando estrictamente, la ceguera no existe, lo que existe es una lesión en el nervio óptico, consecuencia de la cual una persona está privada de visión. Con todo, por razones prácticas es mucho más rápido y cómodo hablar

---

5 J. J. R. Tolkien, *El Señor de los Anillos I*, Buenos Aires, Planeta, 2004, p. 349.

de ciegos en vez de "privados de la visión". En el mismo ejemplo, parece relativamente claro que aquel que ve puede entender mejor lo que es la ceguera que el ciego de nacimiento. Y el que ha quedado ciego percibe con gran dramatismo esa negatividad precisamente porque tiene un punto positivo de comparación.

En el campo moral, en cambio, es más difícil de entender la idea de que el mal lo conoce quien no lo ha probado. Los vicios parecen tener mucho más entidad que ciertas privaciones notorias, como la parálisis de un miembro o la sordera. Sin embargo, los vicios y las malas acciones también constituyen una carencia. Es la falta del orden debido en las acciones. Una conducta que, en principio, debería contribuir a la plenitud del sujeto, constituye en realidad un deterioro para el que actúa y para otros hombres. Quien está involucrado en esa conducta difícilmente percibirá su gravedad, porque para esto debería saber cuánto bien está perdiendo, cosa que sólo puede conocer quien está involucrado en la práctica y participación del bien. En *El sobrino del mago*, C. S. Lewis nos habla de un personaje que tiene el privilegio de asistir nada menos que a la creación de Narnia por parte de Aslan. Sin embargo, ni goza ese maravilloso espectáculo ni es capaz de darse cuenta de lo que está sucediendo: "Porque lo que tú ves y oyes -dice el narrador- depende en buena medida de tu situación; también depende de qué clase de persona eres".[6] En este caso era el tío Andrés, un mago cruel y egoísta.

Naturalmente, desde el punto de vista sensorial o empírico no sucede esto: en el terreno de las sensaciones, por lo general, conoce quien practica. Pero un homicidio no consiste en la sensación de matar ni en el olor de la sangre de la víctima, sino en la lesión de la dignidad humana que implica la disposición de la vida ajena. Así, lo propio del hombre es la posibilidad de considerar las cosas más allá del campo sensorial. El hombre puede atender a las cosas en sí mismas, más allá de lo que nos muestra la apariencia sensible. Y en este sentido puede entenderse que esa tesis clásica tiene plena validez. Como dice Bolingbroke, "el conocimiento del bien no hace sino sentir más fuertemente el mal".[7]

---

6   C. S. Lewis, *Las crónicas de Narnia. El sobrino del mago*, Santiago, Andrés Bello, 2005, p. 153.

7   W. Shakespeare, *El Rey Ricardo II*, acto I, escena III.

Tenemos, entonces, una asimetría entre el conocimiento del bien y el del mal. Para conocer el bien hay que practicarlo: "Hay cosas que sólo se entienden cuando se abren o se escriben", dice Marcelo Rioseco en un poema.[8] En cambio, el genuino conocimiento del mal está reservado a quien no lo pone por obra. Por eso Gandalf puede decirle al malvado Saruman: "Temo que nunca llegues a entenderme. Pero yo te entiendo a ti, Saruman, y demasiado bien".[9] En suma, Gandhi conoce mucho mejor lo que es el homicidio que Charles Manson o Drácula, porque entiende el valor de la vida humana, su carácter irrepetible y su infinit dignidad, que es precisamente lo que el homicida pretende destruir.

Incontinencia: la voluntad débil

§ 44. Aunque en las películas clásicas del oeste la diferencia entre buenos y malos estaba muy clara, la realidad es un poco más compleja, como se ha encargado de mostrarlo el cine posterior. Los hombres no nos dividimos simplemente en virtuosos y viciosos, pues existe un amplio campo intermedio, donde se sitúan otros tipos morales. En este sentido, una situación de particular interés está dada por la incontinencia. El incontinente sabe lo que está bien, pero no lo hace. Su voluntad es débil, se deja llevar por las pasiones y se inclina fácilmente a un bien que es aparente, o persigue el bien de modo desordenado. Esta fi ura nos muestra el dramatismo de la vida moral; en ella no basta con saber teóricamente, sino que hay que predisponerse a elegir el bien mediante un entrenamiento adecuado. Un lugar clásico de la literatura para observar el conflic o entre lo que se sabe que no hay que hacer y lo que efectivamente se hace es *El jugador*, de Dostoievski. Y muchos siglos antes, hizo decir Ovidio a Medea: "Si yo pudiera sería más dueña de mí, pero me arrastra, contra mi voluntad, una fuerza insólita, y una cosa me persuade el deseo y otra la razón: veo lo mejor y lo apruebo, pero sigo lo peor".[10]

---

8   "Salir a la intemperie", en M. Rioseco, *2323 Stratford Ave.*, Santiago, Uqbar Editores, 2012, p . 10.

9   J. R. R. Tolkien, *El Señor de los Anillos II. Las dos torres*, Buenos Aires, Planeta, 2004, p . 240.

10   Ovidio, *Metamorfosis*, VII, 8 21.

Más cercano a nosotros, hay un tango de Carlos Gardel donde se describe la penosa situación del hombre que sabe que no debe apostar en la hípica, pero que tiene un deseo que es más fuerte que él:

"Por una cabeza
de un noble potrillo
que justo en la raya
afl ja al llegar.
Y que al regresar
parece decir,
no olvidés hermano,
vos sabés no hay que jugar.
[...] Basta de carreras,
se acabó la timba,[11]
¡un final reñido
yo no vuelvo a ver!
Pero si algún pingo[12]
llega a ser fij [13] el domingo,
yo me juego entero,
¡qué le voy a hacer!...".[14]

En cierto modo, la incontinencia es contraria al vicio, "porque la incontinencia es contraria a la propia elección, y el vicio está de acuerdo con ella",[15] aunque las acciones que derivan de uno y la otra sean semejantes, pues en ambos casos son malas. El incontinente tiene claro el fin, sabe lo que es bueno, lo que no es poco. A diferencia del intemperante o licencioso, sabe que está mal, por ejemplo, perseguir el placer de modo desordenado, pero la pasión lo vence y termina actuando de manera contraria a su convicción. El desorden

---

11   En lunfardo: juego.

12   En lunfardo: caballo.

13   En lunfardo: dato seguro.

14   C. Gardel-A. Le Pera, "Por una cabeza" (1935).

15   *Ética a Nicómaco*, VII 8, 1151a7 ss.

de sus deseos lo hace sumergirse en el presente y actuar de manera diferente al modo de vida que ha proyectado. Este desfase lo hace sufrir, una vez que vuelve la calma. El intemperante o vicioso, en cambio, hace el mal sin tener remordimiento de conciencia alguno, porque se ha acostumbrado a realizarlo. Mientras que el vicioso goza con el mal, el incontinente no se siente cómodo al realizarlo.

Sin perjuicio de lo que veremos más adelante cuando hablemos de ciertas ignorancias que son inculpables, el incontinente tiene una cierta superioridad moral respecto del intemperante o vicioso, al menos en cuanto está más cerca de poder arrepentirse y llegar a practicar el bien. Aunque su voluntad no sea buena, su inteligencia todavía no ha sido corrompida por la familiaridad con el mal. De ahí que Aristóteles diga que el incontinente "es mejor que el licencioso y no es malo sin más, puesto que en él se salva lo mejor, que es el principio".[16] El principio, tratándose de las acciones, es el fin. Lo que produce el vicio en el hombre es llevarlo a perder de vista la meta, el fin, a confundir el bien real con el aparente. La virtud, en cambio, "hace pensar bien sobre el principio".[17] El incontinente "se parece a una ciudad que decreta todo lo que se debe decretar y que tiene buenas leyes, pero no usa ninguna de ellas".[18]

La estructura de la acción del incontinente también puede explicarse recurriendo al modelo aristotélico del silogismo práctico, pero en él el proceso de decisión es más complejo que cuando se trata del virtuoso y el vicioso.[19] Pensemos en un diabético: en el caso del hombre moderado, la premisa mayor dice "deseo abstenerme de lo dulce", la premisa menor señala "esta torta es dulce" y la conclusión dice: "Me abstengo de este dulce" (es decir, "no como el dulce", porque la acción que constituye la conclusión del silogismo es, en este caso, una omisión). Pero si el diabético es un vicioso, su deseo será exactamente el contrario, pues dice "deseo probar el dulce", la premisa menor es la misma, "esta torta es dulce", y la conclusión vuelve a ser la contraria, pues

---

16   *Ética a Nicómaco*, VII 8, 1151a24-25.

17   *Ética a Nicómaco*, VII 8, 1151a18-19.

18   *Ética a Nicómaco*, VII 10, 1152a19 21.

19   Cf. A. Vigo, "Razón práctica...", texto que se sigue de cerca.

dice "pruebo esta torta" (es decir, "como lo dulce"). El incontinente, en cambio, come la torta no obstante saber que es diabético, y que eso le supondrá un severo perjuicio para su salud y una negación de sus proyectos racionales de cuidado corporal. Si no tuviese ese trasfondo de racionalidad entonces no estaríamos ante un incontinente sino ante un intemperante.

La figu a del incontinente está muy cerca de la del continente. En ambos casos hay una lucha a la hora de actuar, sólo que tratándose del continente termina ganando el bien. Es este sentido, desde el punto de vista del resultado (la acción buena), el continente se parece al virtuoso, pero está lejos de serlo, porque su voluntad aún es débil y no tiene esa connaturalidad con el bien que caracteriza el accionar del virtuoso. A nadie se le ocurriría poner como modelo de excelencia al hombre que no roba unos chocolates en el supermercado después de una titánica lucha interior. A lo más celebraremos su meritorio triunfo, pero no lo consideraremos un ejemplo digno de ser imitado.

Explica Tomás de Aquino que, en el caso del continente y del incontinente, concurren cuatro premisas a la hora de razonar, en vez de las dos que, como se vio antes, están presentes en el caso del virtuoso y el vicioso. Los deseos del continente y el incontinente distan de ser pacífi os. Por una parte desean apartarse de lo que afecte su salud, que en el caso del diabético de nuestro ejemplo está representado por lo dulce, pero al mismo tiempo desean los placeres, en este caso lo dulce. Otro tanto sucede con la premisa fáctica. Ellos perciben que esto es dulce, pero lo perciben de modo ambivalente, es decir, se les presenta como algo dañino y placentero a la vez. En el caso del continente logrará en definit va resistir a su deseo desordenado y terminará por decidir igual que lo haría el virtuoso, aunque después de una lucha. El incontinente, en cambio, decidirá como el vicioso, con la diferencia que esa decisión es conflict va, ya que se realiza contrariando lo que sabe que es bueno. Veamos lo que dice el Aquinate:

Debe considerarse que en el incontinente la razón no está totalmente vencida por la concupiscencia como para no tener en universal verdadera ciencia. Sea pues el caso que de parte de la razón se proponga una única proposición universal prohibiendo gustar desordenadamente los dulces, como si dijera que "ningún dulce puede ser gustado fuera de hora.

Pero de parte de la concupiscencia se ponga que "todo lo dulce es deleitable", lo cual es buscado por sí mismo por la concupiscencia. Y porque la concupiscencia en lo particular liga a la razón, no es asumido bajo la razón universal que dirá que "esto todavía está fuera de hora", sino que es asumido bajo lo universal de la concupiscencia, que dirá que "esto es dulce". Y así se sigue la conclusión de la operación. Y en este silogismo que hace el incontinente hay cuatro proposiciones, como se dijo.[20]

¿Conexión de los vicios?

§ 45. Un problema que aparece es el de la conexión de los vicios. Si los vicios y las virtudes fuesen simplemente cosas que uno tiene, no habría ningún inconveniente en afirma que hay una completa independencia entre ellos, del mismo modo que uno puede tener el refrigerador lleno de comida, la cuenta corriente vacía y una interesante colección de monedas del siglo xviii. Estas cosas se pueden poseer en mayor o menor medida sin que haya vinculación entre ellas. Es decir, observando la cuenta corriente de una persona no se puede adivinar la cantidad de monedas antiguas que posee. En cambio, en el caso de los vicios, resulta difícil imaginar que un hombre completamente corrompido en un aspecto de la personalidad pueda alcanzar un alto grado de desarrollo humano en otro, salvo que se trate de habilidades técnicas. No parece probable que alguien profundamente afectado por el vicio de la avaricia pueda ser un gran donante de sangre, por más que la avaricia sólo se refie a al dinero. Pero la conexión de los vicios no es completa, sino sólo indica una tendencia. Por eso, a pesar de no ser ningún modelo, don Corleone, en *El padrino* (1972), es leal y generoso con sus amigos.

---

20   *In VII Ethic*, lect. III, n. 1347.

La causa de que exista una cierta conexión entre los vicios es la unidad de la persona humana. En esta unidad se dan los diferentes hábitos, y a ella se debe el hecho de que los vicios conduzcan con frecuencia a un repliegue del ser humano sobre sí mismo, que lo hace menos sensible a las necesidades de los demás. La existencia de un vicio en una persona debilita los factores de protección que la alejan del mal e, indirectamente, facilita la adquisición de otros vicios. Por otra parte, la notoria presencia de un vicio lleva a deformar la mirada, a alterar el juicio sobre las realidades. Dice Dante que "la mala inclinación de las pasiones" hace "aparecer recta la vía tortuosa".[21] En estos casos, lo que se elige no se elige por su valor, sino por su aptitud para satisfacer ese vicio o apetito desordenado. De ahí que se elija mal. Pero como la persona humana no es absolutamente simple, es posible que haya ciertos desniveles, como en el caso de don Corleone, que, no obstante su maldad, tenía varios rasgos dignos de ser imitados.

En suma, la conexión de las virtudes está dada por la atracción del bien, por la tendencia a seguir la razón y por la creciente armonía que va logrando la persona que se perfecciona con ellas, mientras que la relación entre los vicios es mucho más tenue y lejana. Por tanto, cabe poseer a la vez virtudes (no en grado perfecto) y vicios, siempre que sus objetos no sean incompatibles.

La sociedad y los vicios

§ 46. A la sociedad está lejos de serle indiferente el grado de virtud o de vicio que alcance un sujeto. A mayor nivel moral, menos necesidad de gastar en policías, en medidas extraordinarias de seguridad, en cárceles y en programas de rehabilitación. En muchos casos, ciertas conductas inmorales terminan repercutiendo en la salud. Este mayor gasto, aunque sea en el seno de un sistema privado, acaba también por encarecer el costo de la salud, en cuanto aumenta el promedio de enfermos y, por tanto, afecta el precio de los programas.

---

21   *La divina comedia*, Purgatorio, Canto X.

¿Quiere decir esto, entonces, que el Estado, a través de sus leyes debe reprimir todos los vicios y fomentar todas las virtudes? Este es uno de los temas más interesantes de la fil sofía política y ha recibido respuestas muy diversas a lo largo de la historia. Hoy mismo es objeto de fuertes debates, por ejemplo, a propósito del tratamiento de la venta y consumo de droga, de la legalización del aborto, la pornografía y otras materias. Para darle una respuesta partamos primero del problema de la represión de los vicios. Dice Tomás de Aquino, en un texto muy conocido, que el buen legislador no reprime todos los vicios, sino sólo aquellos que producen un mayor daño al bien común.[22] ¿Por qué esta aparente negligencia? Por muchas razones, entre otras, que no se pueden sancionar todos los vicios sin destruir algunos bienes importantes. Aun en el supuesto de que se pudiera técnicamente descubrir y castigar todos los actos viciosos, eso supondría transformar un Estado en un sistema policial, con un gasto de recursos que bien podrían destinarse a otras cosas y, lo que es peor, destruyendo aspectos importantes de la vida ciudadana, como puede ser el respeto por la intimidad, la presunción de buena fe y una razonable cuota de autonomía sin la cual difícilmente podríamos hablar de una sociedad libre.

§ 47. Otro tanto sucede con la práctica de la virtud. En algunos casos la ley la exige, como en el del médico que está obligado a ayudar en caso de un accidente. También exige actos de justicia, como pagar los impuestos, sin los cuales la sociedad no podría funcionar. Pero, aparte del hecho de que el hombre puede alcanzar un grado ilimitado de perfeccionamiento, lo que haría imposible en la práctica exigir el ejercicio de todas las virtudes, un empeño semejante también perdería de vista la importancia de que el bien se haga libremente. Esto ya es un bien y no de los menores. Lo dicho no excluye que se pueda obligar en ciertos casos a realizar algún comportamiento virtuoso, como vimos antes, pero debe estar justificad por lo que es necesario para el funcionamiento de la sociedad. Esto naturalmente admite muchos grados y no se pueden dar reglas al detalle que valgan para todas las sociedades. En todo caso, nadie debe extrañarse de que los Estados destinen recursos a promover actividades

---

22 *Suma teológica*, I-II, 96, 2c.

que contribuyen a la vida virtuosa. Estas son muy variadas y van desde las que realizan las confesiones religiosas hasta iniciativas educativas, deportivas y culturales. Al destinar recursos a ellas, se está aplicando una cierta "medicina preventiva" que permite en el futuro ahorrarse muchos males. Un Estado que pretenda ser neutro en materia moral y no se preocupe de fomentar el desarrollo ético de los ciudadanos será necesariamente un Estado muy ineficien e, que tendrá que gastar gran cantidad de recursos en paliar males que podrían haberse evitado con una intervención a tiempo.

Resumiendo el contenido de este capítulo, podemos decir que la repetida actuación contraria a las exigencias de la razón da origen a una disposición negativa o viciosa, que facilita obrar mal. Mientras el virtuoso goza en el bien, al vicioso le resultan molestas ciertas formas de bien. En cambio, puede realizar con gran facilidad los actos malos que derivan de su disposición viciosa y gozar con ellos. Aunque la ley haga, en cierta medida, buenos a los hombres, porque los manda llevar a cabo actos que corresponden a ciertas virtudes, no exige el máximo de virtud ni prohíbe todos los actos viciosos, sino sólo aquellos que más directamente dañan al bien común.

vi
Las virtudes
y la racionalidad humana

Uno solo vale para mí como miles, si es el mejor.

Heráclito

§ 48. Aristóteles enfrenta el problema del relativismo y la constante posibilidad de confundir apariencia y realidad, apuntando a mejorar el talante moral del sujeto. Si está bien dispuesto y entrenado, juzgará bien. Si, en cambio, sus disposiciones son malas, difícilmente podrá acertar. Los modos que tiene el hombre de relacionarse rectamente con las cosas externas y con sus diversas capacidades son muy variados. Sin embargo, hay cuatro de ellos que son como la base de todo despliegue armónico de la personalidad. Los llamamos "cardinales" y dan origen a las virtudes de la prudencia, la justicia, la fortaleza y la templanza, que constituyen las formas básicas de la excelencia humana, pues perfeccionan nuestra inteligencia, voluntad y sensibilidad, y les facilitan la práctica del bien.

A. Prudencia

§ 49. En el lenguaje habitual, la voz "prudencia" signific tanto como cautela, precaución. Así, la legislación del tránsito exige que los individuos conduzcan sus vehículos motorizados a una velocidad "razonable y prudente". Prudente, aquí, es quien evita un riesgo. Sin embargo, en el campo de la fil sofía práctica, por muchos siglos, la voz "prudencia" signifió mucho más que el limitado sentido actual. Aún hoy, en alemán, la palabra prudencia (*Klugheit*) tiene mucho más afin dad con la astucia que con una actitud timorata. La prudencia también tiene algo que ver con la experiencia: "Más sabe el diablo por viejo que por diablo", dice el dicho popular. Pero para califica a un político, un juez o un empresario de "prudente" le exigimos más: le pedimos, por ejemplo, que se ocupe de conocer los hechos tal como son; que escuche a las distintas partes involucradas en un problema; que tenga memoria de los acontecimientos pasados; que conozca la ley, y lo que han dicho los entendidos acerca de casos semejantes al que está resolviendo, que pida consejo cuando lo necesite; además que procure juzgar con objetividad o imparcialidad; que sepa prever las consecuencias de su decisión y, muy importante, que no se demore demasiado en resolver los casos. Decir de un juez o de un político que son prudentes es tanto como decir que son razonables.

El prudente, entonces, no es necesariamente un hombre muy inteligente, en el sentido en que pueden serlo un físico o un lógico distinguidos. A un padre de familia, un juez o un gobernante, lo que primero le pedimos es que tenga sentido común, buen criterio. Es decir, que además de querer actuar correctamente, sepa qué debe hacer, aquí y ahora, para decidir bien. Dicho con otras palabras, no nos basta sólo con buenas intenciones y conocimiento teórico: Pericles no fue un buen gobernante por sus conocimientos de matemáticas o fil sofía, sino por un conjunto de otras cualidades. Y esas otras cualidades tienen que ver con lo que buscamos, la prudencia. Así, para fomentar la cultura es posible elevar los impuestos, con el fi de engrosar las arcas del ministerio respectivo, o también, hacer exactamente lo contrario, y desgravar las donaciones que hagan los particulares para fomentar actividades culturales. Ante una situación tal, el gobernante poco saca en limpio con pensar algo tan general como "hay que hacer el bien y evitar el mal". Eso es muy importante y partimos de la base de que quiere hacerlo, pues de lo contrario no diríamos que es un gobernante, sino un tirano. Pero para resolver ese problema, el gobernante debe estar en condiciones de determinar qué es lo bueno en esa situación. Esto supone muchas cosas, como por ejemplo dejarse asesorar, tener una visión de cómo reaccionarán los ciudadanos ante una y otra alternativa, conocer algunos criterios que sirvan de orientación para organizar la vida social, como el principio de subsidiariedad, etc. Si nos hacemos una idea, en definit va, de lo que necesita, habremos entendido lo que los griegos llamaban *phrónesis* y los latinos tradujeron por *prudentia*.

Un saber práctico

§ 50. En casos como el del fomento de la cultura, no se trata de buscar un saber teórico, sino de actuar y, más precisamente, de actuar *bien*. Los autores medievales decían que la prudencia es la *recta ratio agibilium*, la recta razón del obrar, un conocimiento adecuado de qué cosas hay que hacer para actuar bien, por ejemplo, para dar criterios que permitan resolver un conflic o familiar o una disputa vecinal. Con esta caracterización, pretendían distinguir la prudencia de la técnica (lo que los latinos llamaron *ars*, arte), que es la *recta ratio factibilium*, o sea, la recta razón del hacer, el conocimiento de cómo fabricar un artefacto o llevar a cabo lo que hoy llamamos una actividad técnica: hacer una mesa, tirar la pelota por encima de la barrera en un tiro libre o manejar un camión. La distinta definici n de técnica (o arte) y prudencia muestra la diversidad de las actividades que se desarrollan a partir de una y otra. En el caso de la praxis, no hay un fi distinto de la actividad (se fil sofa para fil sofar, no para otra cosa). En la técnica, en cambio, lo fundamental es el resultado, la cosa producida (se hace un zapato para producir un zapato, no para experimentar el proceso de hacerlo, salvo, por supuesto, que se trate de un pasatiempo).

La diferencia entre ambos tipos de tareas, obrar y hacer (*to do* y *to make*, en inglés), aunque no debe ser exagerada, es importante. Los antiguos griegos la explicaban con una pregunta: ¿quién es mejor médico: el que comete un error a sabiendas o el que lesiona a su paciente sin querer?[1] Indudablemente es mejor *médico* el que causa la lesión sabiendo, o sea de mala fe, aunque sea peor *hombre*. Es mejor médico porque sabe más de medicina. El otro, en cambio, es peor médico: cree que está curando cuando en realidad está dañando. Es un perfecto ignorante de la técnica médica, aunque

---

sea mejor persona. Hoy probablemente no veríamos las cosas así en el caso de la medicina, pero el análisis vale para cualquier actividad técnica. Horne Fisher, el personaje de un cuento de Chesterton, descubre que el asesino es precisamente Jenkins, un hombre que es conocido por su mala puntería, ya que sólo un tirador muy bueno "es capaz de hacerse pasar por un tirador muy malo", y los supuestos errores de Jenkins son tan graves y reiterados que sólo un experto puede cometerlos.[2]

Las técnicas presentan una ambigüedad que no tienen las virtudes morales, pues éstas no pueden ser mal utilizadas. Por eso, en el campo de la conducta moral, el que comete el mal a sabiendas es mucho peor: no es genuinamente justo quien comete una injusticia para saber qué se siente al traicionar a un amigo o estafar a alguien; en suma, no es razonable hacer el mal sabiendo. Eso es lo propio de las malas personas. Por el contrario, quien hace algo malo sin querer, será objeto de nuestra indulgencia, como el infortunado Edipo, que mata a su padre y se casa con su madre sin saberlo. Lo mejor, en todo caso, es hacer el bien queriendo hacerlo y evitar el mal queriendo evitarlo. Al que hace el mal sin querer no lo reprochamos, pero al que se abstiene de hacerlo lo alabamos.

Peculiaridad de la *práxis*

§ 51. Los tipos de tareas a los que nos referimos tienen lugar en dos zonas diferentes de la realidad. Una es la de la *práxis*, es decir, de aquellas conductas que se mueven primordialmente en el campo de lo bueno y lo malo. Aquí, lo que hagamos (estudiar, sobornar, aconsejar, asesinar, consolar) dejará una huella en nosotros. Otra, en cambio está en el campo de lo útil, de lo instrumental (cosechar, sanar, limpiar, pintar). En este caso, lo que hacemos deja su huella primariamente en una realidad distinta de nosotros (la mesa construida, la pared pintada). Este es el campo de la *poíesis*. En el terreno de la *práxis* no se trata tanto de saber, sino de actuar. Y para actuar bien se

---

2   G. K. Chesterton, *El hombre que sabía demasiado*, Barcelona, José Janés Editor, 1956, p . 26.

requiere la prudencia. En la técnica, en cambio, lo relevante es saber. Por eso, cabe usar mal una técnica, pero no la virtud. Como se dijo, quien realiza una injusticia voluntariamente, da señas de que no es justo. La virtud moral consiste precisamente en el buen uso de la libertad.

Es prudente, entonces, no el que sabe lo que está bien, sino el que sabiéndolo lo hace. Si no lo hace, ya no podemos decir que sea un hombre prudente, porque la prudencia se orienta esencialmente a la acción. En cambio, para ser un buen técnico lo importante es saber. En este sentido se puede hablar de una neutralidad de la técnica, porque no es capaz por sí misma de establecer los criterios de lo bueno y de lo malo. No es lo mismo ser buen técnico que ser buen hombre. Por eso, el hecho de que una acción sea técnicamente posible no la legitima moralmente. La física enseña cómo se fabrica la bomba atómica, pero no entrega una respuesta a la pregunta de si es lícito arrojarla sobre una ciudad como Nagasaki, que además está llena de gente.

Como progreso técnico y progreso humano no se identifican, el progreso técnico no constituye un parámetro de juicio de carácter absoluto sobre lo que conviene al progreso del hombre: ese juicio ya no sería técnico. La decisión acerca de si emplear o no una tecnología, debe tomarse atendiendo a criterios que no son únicamente tecnológicos. Dejada a su propia lógica, la técnica puede terminar amenazando a su creador, como en la historia del monstruo creado por el doctor Frankestein.

Afirmar que los hombres pueden ser prudentes, entender la prudencia como razonabilidad y no como mera cautela, precaución o astucia, es algo muy importante. Significa, en el fondo, reconocer que la acción humana puede ser guiada racionalmente, que cabe discutir acerca de lo bueno y lo malo aportando argumentos racionales y, por tanto, es posible pensar que las decisiones que tomamos, o que se toman en nuestra sociedad, pueden ser algo más que el resultado de un juego de fuerzas. Esto no es aceptado por todos. Muchos piensan que nuestras acciones son sólo la consecuencia del predominio en un momento determinado del instinto más fuerte. En el terreno político sucede otro tanto: la idea clásica de la prudencia pretende que las decisiones políticas no son necesariamente resultado de un paralelogramo de fuerzas o poderes. Uno de los hallazgos más importantes para la política en torno a 1989 fue el valor de los factores culturales, por encima de los bélicos, en el derrumbamiento del muro de Berlín. Para decirlo con palabras de Havel, mostró "el poder de los sin poder".[3] No es este el momento de discutir estas importantes cuestiones, pero el tenerlas a la vista nos permitirá reconocer que no estamos hablando de materias irrelevantes.

Carácter de la prudencia

§ 52. Si se examinan las obras clásicas sobre la materia, por ejemplo el libro VI de la *Ética a Nicómaco*, o los pasajes correspondientes de la *Suma teológica* de Tomás de Aquino, se verá que sus autores insisten en incluir a la prudencia tanto entre las virtudes intelectuales (aquellas que se ocupan del conocer) como entre las virtudes morales (las que se relacionan con la acción). Que la prudencia sea una virtud intelectual es muy importante para recalcar que las acciones del prudente están guiadas racionalmente. Su conducta no sólo no será caprichosa, sino también podrá ser legitimada ante el resto de los sujetos: podrá decir por qué hizo lo que llevó a cabo, dar razones que muevan a los demás a concluir que cualquiera otra persona en su misma situación podría o tendría que haber hecho lo mismo si quiere seguir siendo una buena persona.

La prudencia tiene que ver, entonces, con el conocimiento. Por eso algunos la llaman también "objetividad". Una persona que conoce mal la realidad no puede ser prudente. Pero no se trata de cualquier conocimiento: se busca conocer no por el simple deseo de saber, sino para actuar. Por eso, aunque la prudencia se cuente entre las virtudes intelectuales, también se enumera, junto con la justicia, la fortaleza y la templanza, entre las morales, ya que se refiere a lo bueno y lo malo.

§ 53. Si recordamos lo que se decía antes, acerca de que las virtudes consisten en un justo medio, entenderemos la relación de la prudencia con las demás

---

3   V. Havel, *El poder de los sin poder*, Madrid, Encuentro, 1990.

virtudes. El hombre fuerte es aquel que enfrenta los peligros adecuados a su condición. Si huye de ellos será cobarde, y si enfrenta peligros que exceden sus capacidades no será un hombre muy valiente, sino un temerario. Pero todo esto supone saber cuáles son las propias posibilidades (conocerse), entender en qué consisten los peligros y cómo se puede hacerles frente con éxito. Se trata, como se dijo antes, de *saber para actuar*. Eso es lo típico del prudente. Otro tanto sucede con el resto de las virtudes: no es posible dar a cada uno lo suyo si no se sabe previamente qué es lo que le corresponde a cada cual. Y el discernir bien es tarea de la prudencia. Las virtudes suponen un justo medio, pero la prudencia lo determina. Por eso puede decir Odiseo a un hombre más poderoso que él:

> ¡Aquiles, hijo de Peleo, el más sublime de los aqueos! Eres más fuerte que yo y me superas no poco con la lanza, pero quizá yo en juicio te aventajo mucho, porque tengo más edad que tú y sé más cosas. Por eso tu corazón debe tolerar con paciencia mis consejos.[4]

Por lo general, las personas estamos de acuerdo en reconocer los grandes principios de moralidad. Todos pensamos que hay que evitar el mal, que no debe mentirse o que no corresponde realizar actos injustos. Sin embargo, para resolver los problemas concretos con que nos encontramos en nuestra vida diaria, esos principios fundamentales no son sufiientes. Ellos nos dan las razones para obrar, pero no nos informan acerca de los medios que debemos emplear para conseguirlos. Para hallar los medios apropiados requerimos el ejemplo de los demás, de su consejo y la educación, y también de nuestra propia reflexi n para esclarecer los aspectos relevantes del problema que enfrentamos y saber aplicar los criterios que contribuyen a su solución. Pero para conocer aquellos principios morales que no tienen el carácter de generalmente aceptados es necesario ejercer la virtud de la prudencia. Lo dicho nos lleva a entender mejor otra de las definici nes clásicas de la virtud de la prudencia: es la virtud que perfecciona al intelecto práctico en la tarea de encontrar los

---

4   *Ilíada*, XIX, Madrid, Gredos, 1990, pp.216-220.

medios que conducen al fi bueno. Esto supone conocer tanto los principios morales como formarse un juicio adecuado de la situación en la que el sujeto se halla inmerso.

Actos de la prudencia

§ 54. Tradicionalmente se ha enseñado que la prudencia se ejerce realizando adecuadamente tres actos: deliberación (o consejo), juicio e imperio. Deliberar bien supone determinar y ponderar las distintas alternativas que se presentan. Si se trata de hallar los medios más apropiados para alcanzar el fi bueno, es necesario conocer esos medios, sopesarlos. Se trata de un diálogo que uno mantiene consigo mismo, viendo los pros y contras de las distintas posibilidades que se presentan. Aquí desempeñan un papel importante el estudio, la imaginación, la experiencia, la capacidad de prever, y la ayuda de los demás: es propio del prudente pedir consejo (y saber a quién pedirlo). Si se examina la sentencia de un tribunal, se verá que antes de pronunciar el fallo se expone una serie de consideraciones de hecho y derecho que señalan algo así como el "camino" que supuestamente siguió el juez para llegar a su decisión. Esto no ocurre sólo en el caso de los jueces. Aunque no lo pongan por escrito, médicos, políticos y empresarios requieren esta etapa deliberativa antes de tomar una decisión.

En la deliberación, entonces, habrá que atender tanto a cuestiones generales como a la materia particular que se trata de resolver. Es decir, se trata, por una parte, de conocer los principios o criterios de decisión, y por otra, de saber que al caso que nos ocupa corresponde aplicar un principio determinado y no otro. Así, dice Aristóteles: "En la deliberación se puede errar respecto de lo universal o respecto de lo particular: en que todas las aguas gruesas son malas, o en que esta agua es gruesa".[5] Como se decía antes, en las discusiones morales muchas veces las discrepancias se dan no tanto en el terreno de los principios cuanto en su aplicabilidad a un caso particular. Todos

---

5   *Ética a Nicómaco*, VI 8, 1142 a 21-24.

coincidimos en que la dignidad humana debe ser respetada, pero ¿constituye la clonación una violación a esta dignidad? Aquí empiezan las discrepancias. Es propio del prudente, entonces, resolver adecuadamente la tensión que se da entre la generalidad de la norma y la variabilidad de la situación concreta. Llamamos "precipitada" a la persona que toma una decisión sin antes haber deliberado.

Lo deliberable

§ 55. Aunque parezca ocioso decirlo, no se delibera sobre cualquier cosa, sino sobre aquello que "está a nuestro alcance y es realizable".[6] Es propio del prudente reconocer sus posibilidades y limitaciones. No se delibera sobre lo que es necesariamente de una manera, como el curso de los astros, ya que no está a nuestro alcance el alterarlo. Pero tampoco se delibera sobre realidades que en sí mismas son susceptibles de cambio, pero no para nosotros aquí y ahora. Así, dice Aristóteles que "ningún lacedemonio delibera sobre cuál sería la mejor forma de gobierno para los escitas".[7] Sólo un loco o un necio deliberarían sobre lo que no pueden cambiar.[8] Por eso le dice el Rey al Principito: "Si yo ordenara a un general convertirse en ave marina, y si el general no obedeciera, no sería la culpa del general. Sería mi culpa".[9] Por otra parte, se delibera no para saber simplemente, sino para actuar. Estamos en el campo de la praxis, no de la teoría, que sólo se interesa en saber cómo son las cosas.

Además, no se delibera sobre los fine , sino sobre los medios que conducen a los fine . Un médico no se pregunta si curará o no curará al paciente, sino que únicamente se interroga sobre cuáles son los medios para hacerlo.[10] El sólo hecho de haber abrazado la profesión médica ya supone que tiene claro que su fi será curar. Esto vale tanto para los fine que están implicados en

---

6   *Ética a Nicómaco*, III 2, 1112a30-31.

7   *Ética a Nicómaco*, III 2, 1112a28-29.

8   Cf. *Ética a Nicómaco*, III 2, 1112a19-21.

9   A. de Saint Exúpery, *El Principito*, Cap. X.

10   Cf. *Ética a Nicómaco*, III, 2, 1112 b 8-27.

las actividades particulares (como el curar, tratándose del médico, o el enseñar en el caso del profesor), como para los fine más radicales de nuestra vida (así, nadie delibera acerca de si debe ser feliz o no, sino acerca del modo de lograr la felicidad). Esto, en parte, lo explicaban los clásicos diciendo que los fine nos son dados por naturaleza. Esta idea se puede entender de muchas maneras, pero por lo menos incluye el hecho de que no se discute que la medicina esté para sanar, el comercio para comprar y vender, y la administración de justicia para resolver conflic os dando a cada parte lo que le corresponde.

Juicio e imperio

§ 56. La deliberación es importante, pero no se puede deliberar eternamente. Al final hay que emitir un juicio. Es el segundo acto de la prudencia, que lleva a juzgar acerca de los distintos medios y determinar cuál es el más apto, tomando en cuenta todos los factores relevantes. Llega un momento en el que el hombre se pronuncia acerca de lo que debe hacerse. Pero no basta con deliberar bien y juzgar acertadamente acerca de lo que se debe hacer, hay que hacerlo, hay que decidirse a actuar. Se requiere, entonces, capacidad para discernirlo (es el segundo acto de la prudencia, el *juicio*) y la fuerza para ponerlo por obra. Esto último tiene que ver con el tercer acto de la virtud de la prudencia, el *imperio* o mandato. El papel de la prudencia, entonces, no se agota en la necesidad de dar con el justo medio.

A veces sucede que, por inconstancia, cobardía o negligencia, los hombres no hacen lo que saben que deben realizar. Esos hombres no pueden ser llamados prudentes, pues les falta lo más importante. Aristóteles pone el ejemplo de aquellas personas que van al médico simplemente para saber qué es lo que tienen, pero después omiten seguir los tratamientos o tomar las medicinas que se les señalan.[11] Esta actitud no es razonable. Tomás de Aquino, por su parte, enseña que, de los tres actos de la prudencia, el más importante es

---

11   *Ética a Nicómaco*, II 4, 1105b12-16.

este último, el imperio o ejecución.[12] Esto sucede porque estamos en el campo de la praxis, ya que en la técnica lo relevante es saber. Pero si estamos en la praxis, entonces lo importante no es conocer (cuáles son los medios y cuál de entre ellos es el más apropiado), sino hacer. Por eso dice Demócrito que "falsos e hipócritas son los que todo lo hacen con palabras, pero no de hecho".[13]

De la estructura misma de la prudencia podemos deducir cuáles son algunos de los vicios que se le oponen. Entre ellos está la inconsideración y precipitación, que llevan a no deliberar con la profundidad y amplitud necesarias para hallar la solución adecuada; la indecisión, que impide llegar a un juicio acerca de lo que debe hacerse; la negligencia e inconstancia, que dificulta o hacen imposible el poner por obra lo que se ha determinado, y la inflexibilidad, que hace difícil considerar el carácter original del caso que se tiene enfrente y termina por aplicar una misma regla a casos que, en realidad, son diferentes.

§ 57. Con todo, hay que distinguir la prudencia de otros estilos de conducta que tienen una estructura externa semejante pero que difie en radicalmente de ella. Es el caso de la astucia, el cálculo que lleva a un individuo que quiere hacer el mal a buscar los medios más apropiados para su propósito. Piénsese, por ejemplo, en Fouché, el hombre cuyas intrigas y traiciones le permitieron desempeñar puestos políticos de gran importancia antes, durante y después de la Revolución francesa.[14] Esa persona sólo externamente actúa como el prudente, en cuanto delibera, juzga e impera, pero no puede serlo realmente, porque su razón no es recta. La prudencia, enseña Aristóteles, es "una disposición racional verdadera y práctica respecto de lo que es bueno y malo para el hombre".[15] No es prudente, por tanto, aquel cuya voluntad está torcida, es decir, quien no busca el auténtico bien, o cuya inteligencia yerra acerca de lo bueno y lo malo, es decir, aquel cuya razón no es recta o verdadera.

---

12   *Suma Teológica*, II-II, 47, 8c.

13   DK 68 B 82.

14   St. Zweig, *Fouché. Retrato de un hombre político*, Barcelona, Acantilado, 2011.

15   *Ética a Nicómaco*, VI, 5, 1140 b 4-5.

"El hombre corrompido por el placer o el dolor —enseña Aristóteles—, pierde la percepción clara del principio, y ya no ve la necesidad de elegirlo todo y hacerlo todo con vistas a tal fi o por tal causa: el vicio destruye el principio".[16] Quien pierde la meta pierde necesariamente el rumbo. Por eso, cuando Ayax, hundido en la desesperación, le pide a sus amigos: "¡Degolladme!", y recibe como respuesta: "Di palabras de buen agüero, no vayas a acrecentar el sufrimiento de tu destino ofreciendo un mal remedio a la desgracia".[17]

Especies de la prudencia

§ 58. Por último, la prudencia admite diversas especies o modalidades, según se refie a a uno mismo o al gobierno de los demás. La primera suele llamarse prudencia personal, la segunda prudencia directiva. Según sea lo que se dirija, se hablará de prudencia "política", referida a un Estado, de prudencia "militar", a un ejército, o de prudencia "doméstica o económica", a la administración de una casa. Hoy tendríamos probablemente que hacer algunos ajustes a las divisiones clásicas de la prudencia, dándole mayor relieve, por ejemplo, a la prudencia del administrador de una empresa, que no parece directamente considerada por los autores clásicos. Pero en todo caso las líneas generales de la enseñanza clásica sobre la prudencia no parecen haber perdido vigencia.

Conectadas con la prudencia hay otras cualidades: saber prever, tener buena memoria de lo pasado, tener sentido de la excepción. ¿Signific esto que un hombre activo y razonable, como caracterizamos al prudente, está exento de la posibilidad de errar? No es así: de alguna manera el error es inevitable, pero lo propio del prudente será reconocerlo como tal y encontrar y seguir el camino correcto. Cuando Aristóteles dice que "el virtuoso juzga bien de todas las cosas"[18] no pretende que sea absolutamente infali-

---

16 *Ética a Nicómaco*, VI, 5, 1140 b 17-20.

17 Sófocles, *Áyax*, vv. 360-4, Madrid, Gredos, 2000.

18 *Ética a Nicómaco* III 3, 1113a28-29.

ble, pero en términos generales a él "se le manifiest la verdad",[19] es decir, tiene la capacidad de ver la verdad en cada cosa "como si fuera norma y medida de ellas".[20]

§ 59. En todo caso, más que pensar en situaciones extraordinarias y excepcionales, debe tenerse en cuenta que el centro de la ética debe estar puesto en los casos ordinarios. Quien acierta en lo normal será más probable que acierte también en lo extraordinario e imprevisto. La solución al problema del error en la praxis no consiste en conseguir una casuística infinita, donde se pretenda tener resueltos *a priori* todos los problemas posibles, sino en la formación de virtudes, es decir, de disposiciones del carácter que ayudan a decidir bien. Por eso el prudente es un modelo para los demás hombres. Es más, según Aristóteles, el prudente mismo constituye una cierta norma. Mirándolo, siguiendo su ejemplo, los demás sabrán cómo conducirse. No es casual, entonces, que tanto en la ética clásica como en la que elaboran después los autores de inspiración cristiana, los ejemplos desempeñen un papel fundamental. Por siglos, los niños han recibido las enseñanzas morales no mediante clases sistemáticas, sino a través de historias y cuentos, donde aparecen nítidos cuáles son los modelos de comportamiento adecuados. Las brujas son egoístas, envidiosas y traidoras. Las hadas, en cambio, son discretas y están siempre dispuestas a ayudar. No hay modo de confundirse.

B. Justicia

§ 60. Las virtudes no son objetos que se tienen, sino modos de ser. Es el hombre concreto el que se comporta de una manera tal que lo llamamos justo, templado o solidario. Conscientes de esto, algunos pensaron que en realidad sólo existe una virtud y que, por tanto, basta con la prudencia para llevar una

---

19 *Ética a Nicómaco*, III 3, 1113a29.

20 *Ética a Nicómaco*, III 4, 1113a29-33.

vida lograda. Algo de eso es verdad, pues para ser genuinamente prudente no basta con saber lo que hay que hacer, sino también realizarlo.

Sin embargo, tenemos que tener en cuenta que el hombre no es sólo inteligencia. Tiene además la capacidad de querer, de enojarse, de gozar sensorialmente. Todas estas capacidades son necesarias para vivir bien, pero pueden volverse contra el hombre, son ambiguas. Es necesario entrenarlas para que se dirijan al auténtico bien, es decir, para que sean virtuosas. Así sucede con la voluntad o capacidad de querer. No basta con *saber*, por ejemplo, qué es lo que corresponde a cada uno. Hay que *querer* dárselo, o devolvérselo. Quien tiende a hacerlo naturalmente decimos que es justo. Aquí, la expresión "naturalmente" es algo relativa: significa, "una vez que uno se ha entrenado y lo ha hecho muchas veces". Los niños pequeños, por lo general, no están demasiado dispuestos a devolver el juguete que les prestaron. Cuando finalmen e lo hacen, no se puede decir que sean justos, ya que les falta esa inclinación de la voluntad, no lo hacen "naturalmente", sino por razones externas, como el temor al castigo o la insistencia paterna. Pero hay además otra causa: ellos no son capaces de guiar su conducta por la razón. Por eso dice Aristóteles que los animales y los niños no tienen praxis, no son propiamente dueños de sus actos y de ahí que no se les puede exigir la responsabilidad de un adulto.[21]

Si seguimos las enseñanzas de los antiguos, tendremos que reconocer que la justicia es una virtud de gran nobleza:

> Y tú, ¡oh, Perses!, graba bien estas cosas en tu mente y en lo sucesivo cuida lo justo y olvida por completo la violencia, pues el Cronida ha impuesto esta ley a los hombres. A los peces, a los animales feroces y a las aves de rapiña, les ha permitido devorarse entre sí, porque entre ellos no existe la justicia, que es el mejor de los bienes.[22]

§ 61. La justicia es el hábito de dar a cada uno lo que le corresponde. En la terminología clásica, se dice que se trata de dar a cada uno su "derecho" (*ius*),

---

21 Cf. *Ética a Nicómaco*, I 9, 1100a15 s.; III 4, 1111b8-9; VI 2, 1139a19.

22 Hesíodo, *Trabajos y días*, vv. 274-279 (M adrid, Gredos, 2000).

entendida esta palabra en el sentido de una *acción debida:*[23] el pago de una deuda o la restitución de un daño, por ejemplo. Ese "cada uno" puede ser muy variado: cuando se trata de los impuestos, se lo damos a la comunidad entera, representada por el Estado. En otros casos, le damos algo a un particular, como el sueldo a un empleado. Si el destinatario de nuestra deuda es la sociedad entera, hablamos de *justicia general* o *social.* Son justos con esta clase de justicia los hombres que cumplen cabalmente con las cargas que supone vivir en sociedad. Además de los impuestos, hay otras, como asumir la obligación de ser vocal de casilla en un acto electoral, o, tratándose de ciertas profesiones, cumplir tareas en benefici de los más necesitados, de acuerdo con los turnos que para tales efectos establece la ley. Como estas cargas de la justicia general están establecidas por ley, la llamamos también *justicia legal.* Esta justicia, por tanto, es el hábito que nos lleva a dar a la sociedad lo que le corresponde.

§ 62. La reflexió sistemática sobre el problema de la justicia es muy antigua, tan antigua como el libro I de *La República* de Platón. En el libro V de la *Ética a Nicómaco* de Aristóteles, que contiene una amplia reflexi n sobre el tema, también se nos habla de otras formas de justicia, englobadas dentro de la justicia particular, ya que sus benefi iarios son precisamente los particulares y no el conjunto de la sociedad, como sucedía en el caso de la justicia general o legal. La primera clasifi ación de la justicia, entonces, atiende al destinatario de sus prestaciones. Si es la comunidad entera, estamos en presencia de la *justicia general* o *legal.* Si es una persona o grupo de personas, hablamos de *justicia particular.* La justicia particular puede revestir diversas formas según las acciones en las que estemos involucrados. En efecto, a veces se da a cada uno lo que le corresponde mediante una operación de *reparto,* como cuando la autoridad distribuye ropa o alimentos a los damnificad s por una catástrofe natural. En otras oportunidades se da como consecuencia de un *intercambio,* como cuando pagamos un libro que acabamos de comprar. La primera de las formas de justicia particular,

---

23 Hoy suele emplearse la palabra "derecho" con otros sentidos, por ejemplo, como sinónimo de "ley", o como la facultad de exigir algo de un tercero (lo que se llama "derecho subjetivo").

entonces, es la *justicia distributiva*. La segunda, la *justicia conmutativa* o *correctiva*, que es propia de los intercambios.

§ 63. Para entender en qué consiste la justicia distributiva, tenemos que situarnos en el contexto de la fil sofía de Aristóteles, donde *Ética a Nicómaco* y *la Política* forman parte de un mismo proyecto intelectual.[24] La primera de estas obras trata de la felicidad y del modo de conseguirla, es decir, de la práctica de las diversas virtudes. *La Política*, por su parte, se preocupa de cómo podemos hacer buenos a los hombres, si no en sentido absoluto, al menos con respecto al régimen de que se trate. Las ideas de Aristóteles están muy lejos de las de Kant, que pensaba que es posible gobernar una república de demonios, con tal de que estos posean entendimiento.[25] Tal cosa no sería posible para Aristóteles. Así,

> Todos los que se interesan por la buena legislación indagan acerca de la virtud y la maldad cívicas. Así resulta también manifies o que la ciudad que verdaderamente lo es, y no sólo de nombre, debe preocuparse de la virtud; porque si no, la comunidad se convierte en una alianza que sólo se diferencia localmente de aquéllas en que los aliados son lejanos, y la ley es un convenio y, como dice Licofrón el sofista, en una garantía de los derechos de unos y otros, pero deja de ser capaz de hacer a los ciudadanos buenos y justos.[26]

Para el Estagirita no basta con que diseñemos una adecuada división de los poderes, con que los derechos estén bien delimitados o que instauremos una serie de reglas de carácter formal para regir la convivencia de los individuos. Si los ciudadanos no participan en algún grado de la virtud no habrá régimen que funcione. Pero la práctica de la virtud exige ciertas condiciones materiales y un determinado clima social, lo que supone que la autoridad

---

24   Cf. Richard Kraut, *Aristotle*, Nueva York, Oxford University Press, 2002, pp. 3-5.

25   Cf. I. Kant, *Zum ewigen Frieden*, Ak. VIII, 366.

26   *Política*, III 9, 1280b5-12.

debe distribuir entre los ciudadanos las cargas y los benefici s que hacen posible que todos lleven adelante esa vida buena. Hay tareas, como el cuidado del ambiente o la erradicación de la pobreza, que no se pueden llevar a cabo si la sociedad se entiende como una simple agregación de individuos aislados.

En las distribuciones no se trata de dar a todos *lo mismo*, pues hay personas que, por la situación en que se encuentran, requieren una ayuda especial. En una catástrofe pública puede haber muchas personas heridas o enfermas, pero sería ridículo darles a todos la misma cantidad de medicina, cuando unos están más graves que otros. Criterios semejantes nos permiten favorecer, por ejemplo, en los niños en situación vulnerable, a quienes carecen de vivienda o a ciertas personas de la tercera edad. También sucede al revés, pues no faltan quienes poseen bienes cuantiosos o han recibido grandes oportunidades en la vida, lo que se traduce en que tienen mayores responsabilidades en la obtención del bien común. Se trata, entonces, de dar a cada uno *lo que le corresponde* atendido el fi de esa comunidad política, que en parte varía según su régimen pero en parte debe cumplir con las exigencias de toda comunidad política que se tenga por tal. Con agudo sentido político, destacaba Tocqueville que "lo que detestan los hombres es un determinado tipo de desigualdad más que la desigualdad en general".[27] Las desigualdades que molestan son aquellas que tienen un carácter injusto.

Normalmente, quien reparte es el gobernante o los funcionarios del Estado. Si quieren ser justos, tendrán que distribuir las cargas y los beneĀcios de acuerdo con criterios aceptables, de modo que cualquier ciudadano sensato pueda reconocer que el hecho de que alguien haya recibido más que el resto en una distribución no sólo es bueno para él, sino para todos. Así, por ejemplo, los *méritos*, la *función* o las *necesidades* de los ciudadanos son criterios válidos para justifi ar un reparto diferente de bienes. En cambio, no sería aceptable tomar la raza o las opiniones políticas de los ciudadanos como criterio de repartición de los benefici s previsionales o de salud. Esto sería una discriminación arbitraria.

27 Alexis de Tocqueville, "El estado social y político de Francia antes y después de 1789", en *Igualdad social y libertad política. Antología esencial* (P. Gibert, ed.), Barcelona, Página Indómita, 2015.

Además de considerar factores como la necesidad o la función, una distribución justa atiende al mérito. Pero esta noción depende del régimen político o de la organización de que se trate. En una monarquía hereditaria, la genealogía es fundamental. En una democracia lo es el número de votos que se ha obtenido en la última elección. De este modo, el hecho de ser hijo del presidente de la República es un dato irrelevante para aspirar al mismo cargo, sin antes pasar por la prueba de las elecciones.

La justicia distributiva da origen a numerosos problemas de gran actualidad. Por ejemplo: ¿es legítimo o incluso exigible, que en la asignación de los puestos públicos se dedique obligatoriamente una cuota para apoyar a los grupos minoritarios o que han sido objeto de una sistemática postergación en el pasado? Por otra parte, no siempre se trata de repartir sólo beneficios: en algunas ocasiones se trata de distribuir ciertas cargas públicas entre los miembros de la sociedad, como es el caso del pago de los impuestos. Sabemos que no todos pagan la misma cantidad de impuestos y los que están obligados a pagarlos no lo hacen en la misma proporción, pero los criterios para establecer esas diferencias deben ser razonables. Por eso, muchas constituciones establecen el principio de la igualdad en la distribución de las cargas públicas. No se trata aquí de una igualdad entre las personas –tema muy importante pero que corresponde a otra materia–, sino entre la prestación que cada una debe realizar y determinadas características del sujeto obligado (por ejemplo, un cierto monto de ingresos anuales). El hombre injusto es, en esta clase de justicia, el que no reparte los beneficios y cargas como corresponde, sea porque entrega lo mismo a los que se hallan en una situación diferente, o porque reparte cosas diferentes a los que están en la misma condición y deberían ser tratados de igual manera.

§ 64. Otras veces no se trata de repartir, sino de *intercambiar*. Debemos, por ejemplo, pagar el precio a quien nos vendió determinada cosa. La justicia de los intercambios se llama también *justicia conmutativa*. Aquí no importan las características personales, sino las prestaciones que cada uno debe dar. El kilo de pan vale lo mismo en un supermercado cuando quien compra es un obrero o un millonario. Vemos, entonces, que en ambas formas de justicia particular está implicada la idea de igualdad, pero en la distributiva se refie e a la igualdad que debe darse *entre cosa y persona*, es decir se trata de una igualdad geométrica: no se pretende que todos reciban lo mismo, sino en forma proporcional a sus méritos, función o necesidades. En el otro caso, el de la conmutativa, se atiende a la igualdad que se debe dar *entre cosas*. Aquí la igualdad es aritmética: la cosa que se entrega debe valer lo mismo que la cosa que se recibe. No importa, como se dijo antes, si el comprador es rico o pobre, bueno o malo, sino que sólo se atiende a si realiza la prestación exigida. En suma, en la justicia conmutativa se iguala cosa con cosa (el precio que se paga debe ser equivalente a la calidad del producto que se recibe), mientras que en la distributiva se iguala la cosa que se reparte a una determinada característica de la persona que la recibe. Así, por ejemplo, los honores que se rinden al jefe de Estado no son los mismos que los que recibe uno de sus ministros, ya que sus funciones son diferentes. El premio que se da al ganador en una competición olímpica es una medalla de oro, mientras que el que obtuvo el tercer puesto recibe una de bronce; en este caso lo relevante no es la función, sino el mérito.

§ 65. Como la justicia, en sus diversas formas, consiste en una igualdad, cuando se lesiona habrá que restablecer esa igualdad. ¿Cómo? Dando lo suyo a quien se le había quitado lo que le pertenece. Así, quien comete una injusticia no basta con que descubra su falta y lo lamente. Está obligado a repararla, debe restituir, devolver a su dueño lo que le pertenece o bien, compensar un daño inferido injustamente. La sanción, por ejemplo, ayuda a restaurar la igualdad perdida. En algunos casos, esta reparación resulta particularmente difícil, como en la lesión de la honra ajena. De todos modos, más que de volver las cosas exactamente al estado en que estaban, lo que no siempre es posible, se trata de ponerlas en orden. Hacia el final de la película *Gandhi* (1982), de Richard Attenborough, se acerca a Mahatma un hombre desesperado, porque en las luchas entre hindúes y musulmanes ha matado de una manera horrible a un niño musulmán. Lo había hecho en venganza por la muerte de su hijo en manos de musulmanes, pero se daba cuenta de que su acto había sido irracional. Gandhi lo ayuda a encontrar una solución justa: lo invita a buscar un niño huérfano musulmán y a tomarlo bajo su cuidado, educándolo en esa religión, la de sus padres. Vemos aquí un caso en que la reparación no ha consistido en una imposible vuelta atrás, sino en dar con una solución adecuada.

Lo justo natural y lo justo convencional

§ 66. Dentro de una comunidad, lo justo se establece acudiendo a diversos criterios. El problema es determinar de dónde obtenemos esos patrones de determinación de lo justo. En principio, sus fuentes pueden ser de muy diversa índole. Sin embargo, da la impresión de que algunas posibles fuentes deben ser excluidas a la hora de determinar lo que es justo en cada caso. No puede ser legítimo, por ejemplo, recurrir simplemente a lo que cada uno quiera en un determinado momento, ya que con mucha frecuencia las voluntades de dos personas quieren cosas incompatibles. Allí se produce un conflic o. Para resolver esas disputas de modo civilizado, habrá que ver el problema desde afuera, y no sobre la base de lo que cada uno prefie a, sino tratando de encontrar lo que objetivamente es mejor. Esta solución adecuada, o sea, lo que a cada uno corresponde, es lo que llamamos "lo justo".

§ 67. Atendiendo a su origen, Aristóteles distingue dos formas de lo justo dentro de una comunidad política: lo que corresponde a la naturaleza y lo que se establece por convención o por ley. Esas son, por tanto, las vías por las que se obtienen los criterios de justicia. Dice el Estagirita, en un pasaje célebre, aunque de difícil comprensión:

> De lo justo en la comunidad política, una [forma] es natural y otra por ley. Es natural la que tiene en todas partes la misma fuerza, y no porque [a los hombres] les parezca bien o no; es, en cambio, por ley la que en principio es indiferente que sea de esta o de aquella manera, pero deja de ser indiferente una vez que se la establece [...].

La ley positiva, entonces, se refie e a cosas que podrían ser de una u otra manera, como la dirección del tránsito motorizado, que en el continente americano se realiza por el lado derecho mientras que en el Reino Unido se conduce por el izquierdo. Tal asunto es, en principio, indiferente, pero una vez que se decide por la autoridad deja de serlo, y quien no respete lo indicado por la ley estará procediendo injustamente. A continuación, dice Aristóteles: "Algunos opinan que todas las cosas son de esa índole, porque lo que es por naturaleza es inmutable y tiene en todas partes la misma vigencia (tal como el fuego quema tanto aquí cuanto entre los persas), pero ven que las cosas referentes a la justicia cambian.

Se trata de un viejo argumento relativista, que supone que en caso de existir principios naturales de justicia estos deberían ser perfectamente conocidos y respetados en todas partes. Sin embargo:

> Eso no es así [en sentido absoluto] sino [sólo] en cierto modo. En verdad, tal vez entre los dioses no lo es en modo alguno, pero entre nosotros hay algo [justo] también por naturaleza: aun cuando todo [lo justo] sea cambiante, de todos modos hay lo [que es justo] por naturaleza y lo [que] no [lo es] por naturaleza.

Como se ve, para defender la existencia de un derecho natural, Aristóteles no acude a una supuesta inmutabilidad de la naturaleza, ya que está convencido de que todo lo humano es cambiante, aunque no del mismo modo. Los medievales interpretaron este texto diciendo que las cosas naturales cambiaban sólo excepcionalmente (*in paucioribus*), mientras que en aquellas que son justas en virtud de la ley el cambio es lo más habitual (*ut in pluribus*) Sigue Aristóteles:

> Cuáles, entre las cosas que pueden ser de otra manera, son [justas] por naturaleza y cuáles no lo son [por naturaleza] sino por ley, esto es, por convención, es algo evidente, aun cuando unas y otras son igualmente mudables. También en los otros casos es aplicable la misma distinción: en efecto, la

mano derecha es por naturaleza la más fuerte; pese a eso, a todos les es posible llegar a ser ambidextros.

Con esto, Aristóteles está señalando un ejemplo de lo que suele ocurrir en el campo natural, donde lo habitual es que los hombres tengan más fuerza y habilidad en la mano derecha, aunque ciertas circunstancias, como el ejercicio, pueden cambiar las cosas. Termina diciendo nuestro autor que los criterios de justicia convencional son cambiantes según el lugar de que se trate, del mismo modo que se emplean medidas más grandes cuando se compra al por mayor y más pequeñas cuando se vende en cantidades menores:

> Las cosas justas por convención y por conveniencia son semejantes a las medidas, pues las medidas de vino y de trigo no son iguales en todas partes, sino que cuando se compra son más grandes, y cuando se vende, más pequeñas. Del mismo modo, las cosas justas que no son naturales sino humanas, no son las mismas en todas partes, puesto que tampoco son los mismos los sistemas políticos, sino que solo uno es en todas partes el mejor según la naturaleza.[28]

Como se ve, entonces, en este famoso texto, Aristóteles muestra cómo la existencia del cambio y la variabilidad de los asuntos humanos no son un impedimento para que podamos hablar de una justicia que se funda en la naturaleza. Los sofista , por el contrario, pensaban que toda justicia era meramente convencional, debido a las diferencias que observaban en las opiniones y prácticas de los distintos pueblos. Ambas formas de justicia, la natural y la convencional, son necesarias, puesto que la naturaleza establece sólo ciertas exigencias básicas, que deben ser determinadas históricamente y, por tanto, admiten expresiones diversas según las épocas y circunstancias.

---

28 *Ética a Nicómaco*, V 7, 1134b18-1135a5.

Alteridad e igualdad

§ 68. La justicia es la única virtud que dice inmediatamente relación con los otros. No hay justicia para con uno mismo. Por eso se dice que una de sus notas es la *alteridad*. Pero no cualquier "otro" está involucrado en relaciones de justicia con nosotros. No hay, estrictamente hablando, justicia o injusticia para con Dios: somos demasiado distintos, además del hecho de que le pertenecemos. Las relaciones con la divinidad son materia de otra virtud, la religión. En ella entran cuestiones como la adoración o el culto, que no tienen sentido entre los hombres. Tampoco hay justicia respecto de las piedras o de los animales, que también son demasiado diferentes a nosotros como para que podamos hablar de justicia respecto de ellos, lo que no signifi a que podamos destruirlos caprichosamente, como veremos más adelante.[29] Para que haya justicia se requiere también igualdad. El hombre justo es capaz de ver a "otro yo" en quien tiene enfrente. Por encima de las diferencias de raza, sexo o poder, se da cuenta de que debe darle lo que le corresponde. Discutiendo con Agamenón, que quería castigar a Áyax dejándolo insepulto, Odiseo le dice que "este hombre era un enemigo, pero de noble raza" y destaca: "El valor puede en mí más que su enemistad".[30] La falta de conciencia de la igualdad ha llevado a graves injusticias a lo largo de la historia, como sucedió con la esclavitud.

La consecuencia de esta mirada, sin embargo, va más allá de la estricta justicia, pues mueve a tratar a los demás como querríamos ser tratados nosotros: es la famosa "regla de oro",[31] que en cierta manera resume toda la moralidad. En su discusión con Agamenón, Odiseo exige algo de estricta justicia: que no se prive a un muerto de su sepultura. Sin embargo, una vez que logra su propósito, Odiseo va más allá y le dice a Teucro, medio hermano del difunto:

---

29 Cf. §§ 153, 158.

30 Áyax, vv. 1355 ss.

31 Cf. Mt. 7, 12.

> Y ahora, a partir de este momento, comunico a Teucro que, en la medida en que era antes enemigo, es ahora amigo y que estoy dispuesto a ayudarle a sepultar este cadáver y a hacer con él los preparativos sin omitir ninguna de cuantas cosas deben los hombres preparar a los varones excelentes.[32]

§ 69. También es interesante la determinación del justo medio en la justicia. Aquí, a diferencia de las otras virtudes, no se trata de un medio racional, sino real. Es decir, no atiende a las características interiores del sujeto (como su tamaño, tratándose de la cantidad de comida que debe ingerir). Que el medio sea real signific que se determina atendiendo a factores externos, objetivos, como su nivel de ingresos, el daño que produjo, o el valor de lo que ya ha recibido la contraparte. No atiende a las disposiciones de los sujetos sino simplemente a cuánto hay que dar a uno en virtud de lo que dio, de su función o de alguna otra característica externa. Dicho con otras palabras, yo no estoy en condiciones de decirle por anticipado a ningún lector cuántas cervezas puede o debe tomar en el día de su cumpleaños, en cambio me basta con conocer el precio de un determinado producto para saber exactamente cuánto dinero debe entregar al vendedor si quiere comprarlo.

En suma, podemos decir que las virtudes morales son aquellas que hacen bueno al hombre. Algunas de ellas perfeccionan a sus potencias intelectuales, es decir, la inteligencia y la voluntad. La prudencia lleva al hombre a conocer qué es lo que debe hacer para actuar bien. Es prudente quien sabe aquí y ahora lo que es bueno. La justicia, en cambio, perfecciona a la voluntad, moviéndola a dar a cada uno lo que le corresponde. Hay cosas que se deben a otro en virtud de una convención: otras, en cambio, son exigidas por la índole misma del ser humano, por la naturaleza.

---

32 Áyax, vv. 1377-81.

v i i

Las virtudes
y la corporeidad humana

Es placentero, una vez a salvo, recordar las fatigas.

Eurípides

§ 70. Vimos que la justicia nos ayuda a regular nuestras relaciones con los bienes exteriores. Sin embargo, la excelencia humana exige que la persona se gobierne a sí misma, concretamente que no sea un simple juguete de su afectividad. ¿Es posible tal autodominio? Toda la tradición ética de Occidente afirm que sí, que no somos un mero producto de nuestras pasiones. Pero esta respuesta exige realizar algunas precisiones.

Sabemos que en el hombre hay potencias racionales, como la inteligencia; otras irracionales, como el oído o el corazón, que cumplen con su finalida no porque se lo pidamos sino de modo independiente de nuestra voluntad; y también existe un tercer tipo de potencias que se caracterizan porque *pueden* obedecer a la razón.[1] Es el caso de los apetitos. Aquí, nuestra razón es capaz influi sobre ellos, pero, como decían los antiguos y medievales, su dominio no es despótico sino simplemente político: la razón no siempre se impone sobre la pasión. Estos apetitos, que tenemos en común con los animales, son el irascible (que se refie e a las dificultade de la vida) o el concupiscible (que se relaciona con los placeres). Tanto en el caso de estas últimas potencias como en el de las racionales, se da una ambigüedad, es decir, existe la posibilidad de que se empleen para bien o para mal. Y donde hay ambigüedad hay lugar para la virtud: ésta logra que lo que antes era ambivalente (*ad opposita*) quede orientado en una dirección (*ad unum*). Tradicionalmente se han señalado

---

1   *Ética a Nicómaco*, I 13, 1102b26-28; 13-14;   *Política*, VII 15, 1334b17-20.

dos virtudes fundamentales o cardinales que se ocupan de ordenar esos apetitos que *pueden* obedecer a la razón: la fortaleza y la templanza. Cuando las caracterizamos como virtudes de nuestra corporeidad, no estamos sugiriendo que sólo se limiten a ella: toda virtud supone el ejercicio de las potencias racionales.

A. Fortaleza

§ 71. Hemos dicho muchas veces que los hombres buscamos el bien. Sin embargo, a diferencia de los animales, no lo conseguimos de manera espontánea. En efecto, un castor de pocos meses hace de modo instintivo todo lo que necesita para desarrollarse. No sucede lo mismo con nosotros, que con frecuencia nos equivocamos, de modo que, en vez de obtener un bien auténtico, nos conformamos con un bien aparente. Hay muchas razones que explican esta divergencia, entre otras, el hecho de que los auténticos bienes muchas veces sean difíciles de alcanzar, sean arduos, lo que puede producir el desánimo y el abandono de la lucha por conseguirlos. Por otra parte, además de las dificultade que se presentan en el camino del bien, muchas veces su posesión dista de ser pacífica. Así, el entusiasmo inicial muchas veces va seguido por la rutina, y los apoyos que se recibieron al comenzar un proyecto se transforman en críticas e incomprensiones. Cuando los aqueos se cansan del asedio a Troya y pretenden volver, Odiseo los increpa, diciéndoles: "Con todo, es una vergüenza permanecer tanto tiempo aquí y volver de vacío".[2] Para acometer la búsqueda del bien y perseverar en su realización se requiere una capacidad de ánimo muy especial, que podemos llamar fortaleza. Ella enardece el apetito irascible y la voluntad para que no desistan en conseguir el bien arduo, para que superen los obstáculos que se presentan en la vida y nos separan del bien anhelado.

---

2   *Ilíada*, II, 298.

Facetas de la fortaleza: acometer y resistir

§ 72. La fortaleza tiene dos facetas: una, positiva, consiste en la *capacidad de emprender*, en la magnanimidad de hacerse cargo de grandes desafíos. Es un hecho de experiencia que los hombres muchas veces crecen ante las diﬁcultades. Los obstáculos hacen surgir fuerzas insospechadas y, una vez que se sale adelante, el carácter queda particularmente fortificad . Nadie podía imaginar que unos hobbits pacíﬁ os y comodones, que nunca habían salido de La Comarca, se iban a transformar en los protagonistas de una aventura que cambiaría el destino de la historia que se cuenta en *El Señor de los Anillos*. Lo que en el lenguaje coloquial se llama "fuerza de voluntad", no es más que la consecuencia de haberse ejercitado una y otra vez en el vencimiento propio y de los obstáculos externos. Quien haya actuado así, podrá decir con el Hidalgo:

> "¿A qué llamas apear, o a qué dormir?" dijo don Quijote. ¿Soy yo por ventura de aquellos caballeros que toman reposo en los peligros? Duerme tú que naciste para dormir, o haz lo que quisieres, que yo haré lo que viere que más viene con mi pretensión.[3]

§ 73. Esta primera faceta de la fortaleza, la capacidad de emprender, aunque importante, no es la más difícil. En efecto, el espíritu emprendedor se ve impulsado por el gusto por la aventura, por la novedad de lo que no se conoce y por la posibilidad de alcanzar otros bienes, como el reconocimiento social o la prosperidad material. Junto a ese aspecto positivo de la fortaleza se encuentra otro, de carácter pasivo o negativo, mucho más difícil de conseguir: la *capacidad de resistir*. De nada sirve el espíritu emprendedor o el gusto por la aventura cuando los días se tornan iguales, o cuando llega el sufrimiento o la soledad. Es la hora de la irritación, el tedio o el desaliento, que sirven de piedra de toque para aquilatar si la fortaleza es real o si, más bien, obedece al entusiasmo. La fortaleza, para ser genuina, tiene que resistir la más grande de las pruebas:

---

3 *Don Quijote* I, 20.

el paso del tiempo, la merma de la esperanza de alcanzar el bien que se busca. Mucho más dura que la lucha contra el Cíclope, o el paso entre los monstruos marinos Escila y Caribdis son, para Odiseo, las largas esperas donde Calipso o Circe, cuando lo que se cuestiona es la voluntad misma de seguir adelante. Odiseo necesita muy poco rato para castigar a los pretendientes de Penélope, pero requiere toda su energía interior para soportar la humillación de vivir en su casa como un mendigo y un extraño, y soportar la arrogancia de los hombres injustos. Otras veces, esta capacidad de resistir se ejercita no ya respecto de las ofensas o el dolor, sino de la carga que puede significa la vida misma. Hay situaciones de particular angustia y depresión, momentos en los que la vida parece carecer de todo sentido, en los cuales la posibilidad del suicidio se puede presentar muy cercana. Así Hécuba se lamenta por la muerte de su hijo Héctor en manos de Aquiles: "¡Hijo mío! ¡Ay mísera de mí! ¿A qué vivir con este atroz sufrimiento, ahora que estás muerto?".[4] Entonces se requiere fortaleza, tanto para no asustarse ante las malas pasadas que puede jugar la imaginación como para afrontar y aceptar el sufrimiento psíquico, que es probablemente aquella forma de sufrimiento para la que el hombre está menos dotado. Por último, la fortaleza permite seguir los dictados de la conciencia allí donde todos parecen esperar algo distinto, como Rick, en la escena fina de *Casablanca*, que hace lo que cree que es justo aunque eso le signifiqu quedar con el corazón desgarrado. Hoy, cuando muchos huyen despavoridos del sufrimiento, la figu a del fuerte nos recuerda que a veces no hay más remedio que sufrir. Y si antes los modelos de hombre fuerte eran los héroes de la Guerra de Troya o Leónidas y los trescientos espartanos que dieron su vida en la batalla de las Termópilas, hoy nos encontramos ante otro tipo de héroes: la mujer que sigue adelante con su embarazo cuando todos la abandonan y el futuro se presenta sombrío; el que cumple un contrato que no le conviene; quien es fiel a su cónyuge cuando no hay posibilidad de que su aventura sea descubierta; o los que rechazan un soborno que podría solucionar todos sus problemas. Estos nuevos héroes son distintos, sus hazañas carecen de toda espectacularidad y nunca pasarán a la historia.

---

4   *Ilíada*, XXII, 431-432.

La cobardía

§ 74. La fortaleza se halla en un término medio entre la cobardía y la temeridad. De estos dos defectos, el primero es el más frecuente. Reviste formas muy diversas. La más común es el exagerado temor al dolor físico, fenómeno que se acrecienta en las sociedades de índole hedonista. En otros casos se trata de un auténtico miedo a la responsabilidad. Conocido es el "síndrome de Peter Pan", que afecta a los adolescentes que siguen comportándose como niños. Pero, sin llegar a esos extremos, es indudable que en nuestra época los hombres parecen menos preparados para tomar compromisos cuyo cumplimiento pueda ser doloroso. Otra forma habitual de cobardía es la incapacidad de actuar a contracorriente. Ivetta Gerasimchuk, una escritora rusa, llamaba "anemófil s" a esos contemporáneos nuestros que orientan sus vidas según el viento que sople en cada momento y que celebran todo cambio por el solo hecho de ser tal.[5] Otras veces la cobardía se viste de timidez, de un temor exagerado a equivocarse o a hacer el ridículo. Como se sabe, en el lejano Oriente predominan las éticas de la vergüenza, de modo que, cuando una persona ha incurrido en una grave equivocación o se ha hecho acreedora del menosprecio de sus semejantes, se espera que enfrente esa situación humillante a través de comportamientos que, como el *harakiri*, son insólitos para nosotros. La tradición judeocristiana, en cambio, da origen a éticas basadas en la noción de culpa, en las cuales, en principio, lo decisivo no es lo que piensen los demás, sino la coherencia con la propia conciencia y con la voluntad divina. Para los casos en los que la vida propia no ha estado a la altura de los ideales que se mantienen, la solución no es el suicidio, sino el arrepentimiento. Es la diferencia entre Pedro y Judas, después de sus respectivas traiciones.

En *Antígona*, dice Ismena que lo que pretende su hermana (enterrar a Polinices no obstante estar penado con la muerte) es un imposible. En verdad no lo es. La propia actitud de Antígona hace patente que una mujer de su misma edad, cultura y posición social puede ejecutar un acto, como el de enterrar a su hermano en contra del parecer de los poderosos, que la otra consideraba

---

5   "Wörterbuch der Winde", en *Lettre International* 7, 1999, p . 7.

imposible. El problema no era entonces si resultaba imposible oponerse al dictado de los poderosos, sino si estaba o no dispuesta a asumir los costos de esa rebeldía. El valiente normalmente siente miedo, incertidumbre o angustia, pero los somete a la razón, los vence. Los actos de valentía o heroísmo están al alcance de cualquier hombre que esté dispuesto a pagar los costos que conllevan. Pero para tener esa disposición se requiere un entrenamiento previo, un ejercicio que lleva a fortalecer la voluntad y a hacer lo que se debe hacer, aunque cueste. Por eso puede decir Antígona, cuando le advierten que morirá si entierra a su hermano: "Y será para mí hermoso morir haciendo eso. Yaceré junto a él, querida junto a un ser querido, por haber cometido un delito santo".[6]

§ 75. Sentir miedo, entonces, no es un obstáculo para que una persona sea considerada como valiente. August von Galen temblaba de miedo antes de pronunciar los famosos discursos en los que criticaba la política nacionalsocialista en materias como la eutanasia de los discapacitados. Pero, temblando y todo, hablaba, es decir, era capaz de someter la pasión del miedo a los dictados de la razón. A veces, la costumbre o la experiencia hacen que una persona no sienta miedo donde otros sí lo experimentan. Así, hay quienes se hallan familiarizados con ciertos peligros y no con otros. Una azafata puede mostrar una calma extraordinaria en un avión que se está incendiando. Sin embargo, no tendría la misma serenidad en el momento en que, durante una visita al zoológico con sus hijos, ve que se escapa un tigre de la jaula. En el caso de un veterinario experimentado o de un domador de fie as, sucedería lo contrario. Existe una habituación a ciertos peligros, un conocimiento mayor que permite reaccionar de una manera más apropiada que el resto de las personas. En ciertas oportunidades, empero, esa confianz excesiva puede resultar peligrosa, como en el caso de Aquiles, que no se preocupó de proteger su vulnerable talón.

El miedo, por tanto, es una ayuda para conservar la vida. Carecer por completo de él o no tenerlo allí donde correspondería experimentarlo, puede ser muy peligroso. Además, el miedo nos recuerda que somos fini os, nos

---

6   *Antígona*, vv. 72-74.

aleja de la arrogancia, y nos permite descubrir el valor de ciertos bienes, cuando se hallan amenazados.

Ser fuerte, entonces, no signifi a despreciar los peligros. Eso sería temeridad, lo que constituye un vicio. Hoy, muchas personas buscan emociones fuertes, que están relacionadas con participar en situaciones peligrosas. Pero tomar un peligro sólo para experimentar una sensación no es una actitud sensata, salvo que el fi de la vida fuese precisamente coleccionar sensaciones fuertes, cosa que, por las razones que ya vimos, no parece una opinión acertada. No es casual que tengamos un apego instintivo por vivir. La vida humana tiene un valor, y cuando se la subordina al logro de una sensación de riesgo lo que se hace, implícitamente, es perder de vista que la vida tiene un sentido. Es el caso de los soldados que, en *El francotirador*, jugaban a la ruleta rusa en Vietnam. Cuanto más falta una razón para vivir, más dispuestos están algunos hombres a poner en riesgo su vida por una nimiedad. En cambio, quien, como el Cid Campeador, está consciente de lo que vale su vida, estará dispuesto a ponerla en juego por algo realmente importante.

La adquisición de la fortaleza

§ 76. Como toda virtud, la fortaleza se adquiere por repetición de actos. Cuando se examinan los libros que se escribieron en la Antigüedad o en el medievo sobre este tema se verá que el prototipo de la fortaleza o de la valentía está dado por el soldado o por el atleta. Hoy no diríamos eso, pero los esquemas de análisis de esos autores del pasado conservan en buena medida su vigencia. Como se dijo antes (§ 73) mucho más que para enfrentar la guerra, la fortaleza es necesaria actualmente en otros campos. Fundamentalmente hoy se requiere una fuerza de voluntad muy grande para seguir un modo de vida diferente al que se suele proponer en los medios de comunicación, basado en el dinero, la influenci y el poder como criterios que marcan una vida exitosa. La literatura contemporánea, desde *Farenheit 451* hasta *Un mundo feliz* nos da bastantes ejemplos de cómo se requiere una enorme valentía para no modelar la vida según los dictados de la masa. En este sentido, una cierta dosis de fortaleza es imprescindible para practicar otras virtudes. Muchas veces la gente hace el mal no porque sienta una especial atracción por él, sino simplemente porque no tiene el valor para actuar de manera diferente a los que tiene a su alrededor. Por otra parte, las circunstancias de la vida pueden llevar a una persona común y corriente a verse enfrentada a la disyuntiva de ser heroica o degradarse. A veces no caben los términos medios, de modo que nadie puede conformarse con la fácil excusa de "yo no soy ningún héroe". El caso de Antígona es muy ilustrativo, porque la suya era una situación donde no cabía adoptar la actitud del hombre medio, que se contenta con no molestar ni ser molestado. Aquí había sólo dos posibilidades: o el heroísmo o la traición.

§ 77. Aristóteles afirma que cada uno deberá determinar hacia qué extremo vicioso (cobardía o temeridad) se encuentra inclinado por temperamento, y deberá hacer ejercicios de autodominio que lo ayuden a poner la voluntad en la dirección correcta.[7] Como lo habitual es que las personas tiendan a alguna de las formas de cobardía, tendrán que ejercitarse tomando libremente ciertas dificultades y hacerles frente. Esto va desde determinadas prácticas deportivas hasta el esfuerzo por hablar en público o preguntar en clases cuando da vergüenza hacerlo. Es interesante observar cómo algunas políticas de prevención de la droga en adolescentes se basan simplemente en fomentarles la autoestima, en ayudarlos a que les sea posible o incluso fácil decir que no. Una parte del empeño por ser fuertes consiste en perder el miedo a ser diferentes. Mucha gente en el mundo se acompleja por el tamaño de su nariz. Charles de Gaulle y Barbra Streisand, en cambio, hicieron de su nariz imponente una señal distintiva de su personalidad y atractivo.

§ 78. En la adquisición de la fortaleza el dolor juega un capítulo muy importante. Como no parece posible mantenerlo totalmente alejado de nuestra vida es necesario aprender a convivir con él, tanto en su aspecto físico como espiritual. Esto, naturalmente, debe hacerse de una manera razonable, y varía según las condiciones personales de cada individuo. Puede ser sensato prescindir de

---

7   Cf. *Ética a Nicómaco* II 9, 1109a29-36-1109b1s s.; P. Geach, *Las virtudes*, Pamplona, EUNSA, 1993, pp. 180-181.

la anestesia en una pequeña intervención odontológica, pero normalmente no lo será si se trata de la extracción de una muela. Otras veces ese ejercicio no será físico, sino de otra índole, como cuando alguien aprende a soportar una conversación de una persona aburrida. La capacidad de resistir dolor cambia según las épocas y lugares, pero quien nunca ha realizado un entrenamiento para enfrentarse con él, será destruido cuando el dolor llegue sin buscarlo, de improviso. El trato con el dolor requiere una preparación, pero la misma no debe ser presuntuosa porque nuestras fuerzas son limitadas. El dolor es una asignatura tan importante como peligrosa, que se debe seguir en forma y dosis adecuadas. A veces, hay personas tan dotadas que logran transfigu ar el dolor y transformarlo en belleza, como cuando Gabriela Mistral canta a la muerte de su amado en sus terribles "Sonetos de la muerte":

"Te acostaré en la tierra soleada con una
dulcedumbre de madre para el hijo dormido,
y la tierra ha de hacerse suavidades de cuna
al recibir tu cuerpo de niño dolorido".[8]

El dolor tiene la peculiaridad de concentrar al hombre en lo esencial, de ayudarlo a superar la distracción de una vida dispersa, solicitada por múltiples requerimientos. La llegada del dolor supone muchas veces una conmoción, que reordena una vida que hasta entonces parecía carecer de dirección. De ahí la enseñanza de Martín Fierro:

"Junta esperencia en la vida
hasta pa dar y prestar
quien la tiene que pasar
entre sufrimiento y llanto;
porque nada enseña tanto
como el sufrir y el llorar".[9]

---

8   A. Calderón, *Antología poética de Gabriela Mistral*, Santiago, Editorial Universitaria, 2001, p . 48.

9   José Hernández, *Martín Fierro*, Cap. 2.

Otro tanto sucede con las dificultade . Quien no las ha tenido que enfrentar, no habrá podido desarrollar su carácter, tendrá una voluntad blanda, débil, incapaz de proponerse metas altas o de perseverar en la práctica del bien. La educación, entonces, no consiste en facilitar las cosas, sino, muy por el contrario, en ir poniendo dificultade , de una manera gradual, accesible. El hombre sólo crece en presencia de aquello que lo contraría (esto ya lo vio Freud con su alusión al principio de realidad: si el mundo externo se acomodara totalmente a los deseos del niño, si no le supusiera ninguna contrariedad, entonces no lograría desarrollar su racionalidad). En una carta de 1912, decía Rilke a su amigo André Gide:

> [...] para vivir verdaderamente, nos hace falta creer que en el fondo de todos los males mora un bien puro que nosotros, ciegos, hubiéramos rechazado si nos hubiera sido presentado abiertamente y sin este disfraz doloroso.[10]

La idea de que hay ciertas formas de felicidad que sólo se tornan accesibles a través de la experiencia del dolor, es el tema de una gran película del director polaco Kryztof Zanussi: *El año del sol quieto* (1984), que tiene, además, el mérito de haber sido filmad en condiciones materiales muy adversas. Una tesis semejante resulta incomprensible en una sociedad hedonista, pero este hecho no habla en contra de la película, sino que muestra la pobreza espiritual de una sociedad de esa índole.

B. Templanza

§ 79. Muchos de los mejores bienes, de aquellos que contribuyen a un mayor despliegue de la personalidad, son arduos, están aún lejos de nosotros y son, por tanto, difíciles de conseguir. Pero hay bienes tan fundamentales, como aquellos que se relacionan con la mantención de la vida (nutrición,

---

10   R. M. Rilke-A. Gide, *Correspondencia, 1909-1926*, Buenos Aires, Central, 1953, p . 67.

sexualidad), que no han quedado entregados a la mayor o menor fuerza de voluntad de cada uno. Por eso, el logro de estos bienes va acompañado de un atractivo especial, el placer, que hace que los hombres se dirijan a ellos de manera espontánea. No se trata de que el placer esté restringido a esos bienes o que su valor se reduzca a su capacidad de proporcionar agrado, sino que los placeres que se relacionan con estos bienes de la permanencia y la transmisión de la vida son particularmente intensos y accesibles a todos, de modo que se asegura que la mayoría de los hombres los consiga sin grandes dificu tades.

Importancia del placer

§ 80. El placer, entonces, da acceso a bienes importantes para el hombre. Si comer no produjese un agrado, la manutención del individuo se vería amenazada. Otro tanto sucede con la procreación, necesaria para la pervivencia de la especie. Pero también existen placeres intelectuales: la música, el arte y la literatura, por ejemplo, pueden ser particularmente gratos y abren el horizonte humano hacia otras realidades. Quien goza con estas manifestaciones del espíritu humano tiene una capacidad mayor de percibir, posee un mundo más amplio que el hombre que está recluido en lo inmediato.

Con todo, los placeres muchas veces son contradictorios. Hace ya muchos siglos, Epicuro mostró magistralmente cómo unos placeres hacían imposible el logro de otros, de modo que había que elegir. Es decir, aun en el caso de quienes piensan que el placer constituye el fi de la vida humana, se reconoce que debe intervenir otra instancia, la razón, capaz de poner orden en los apetitos. El "placer de los disolutos", destaca Epicuro, termina por conducirnos al dolor.[11] Mal placer es aquel que termina en cirrosis hepática. Pretender la satisfacción simultánea de todos los deseos es intentar lo imposible, y produce necesariamente ansiedad, frustración y una vida desequilibrada.

---

11   R. M. Rilke-A. Gide, *Correspondencia, 1909-1926*, Buenos Aires, Central, 1953, p . 67.

§ 81. La tradición aristotélica, a diferencia de los epicúreos, en vez de poner el placer como fi de la vida, le reconoce un importante papel, pero como un añadido a la existencia virtuosa. Así, una señal de que se ha adquirido la virtud, es que comienza a ser grato lo que antes resultaba incómodo y, en cierta medida, forzado. Esto pasa con el desarrollo de cualquier destreza, desde tocar el violín hasta ejercer actos de justicia. Como ya se dijo, la vida lograda no es aquella que se realiza *por* placer, sino *con* placer.

La paradoja de muchas propuestas hedonistas no está en que busquen el placer, sino en que se contentan con placeres muy elementales, que no son capaces de colmar la plenitud de la voluntad humana. Son placeres que se van con el paso del tiempo, que se tornan imposibles cuando llega la vejez, la dificultad o el dolor. En otros casos terminan por producir gran sufrimiento.

Pero una cosa es que los placeres sensibles sean parciales, fin tos, y otra muy distinta es pretender prescindir de ellos o considerarlos como malignos. En *El festín de Babette* (1987), de Gabriel Axel, se muestra una aldea danesa, dominada por un rígido puritanismo, donde las relaciones humanas son distantes y artificiale . Este lugar resulta transformado por una fie ta en la que hay una buena comida ("buena" es un adjetivo demasiado débil: una comida capaz de producir un gozo intenso de todos los sentidos), que lleva a que los participantes saquen lo mejor de sí, y encuentren esas dosis de humanidad que habían perdido por una concepción recortada, y en el fondo falsa, de lo que signific la vida y del valor de la corporalidad.

La búsqueda del placer, como la de cualquier otro bien, debe estar sometida a la razón, debe ser moderada, guiada, por una instancia diferente de las potencias sensitivas. Cuando una persona es capaz de controlar sus deseos de gozo, cuando dirige sus apetitos de una manera tal que el placer no destruye su personalidad, no la desgarra en distintas direcciones, sino que le da una armonía y un impulso en la obtención del bien, decimos que es una persona templada. La templanza, por tanto, es la virtud que lleva a someter a la fuerza de la razón el llamado apetito concupiscible, que busca lo deleitable. Si en la fortaleza se trataba fundamentalmente de conducirse con bienes que aún no se logran, en el caso de la templanza hay una mayor referencia al presente, es decir, al trato que debemos tener con aquellos bienes de los que ya estamos gozando. Al cobarde, el miedo al futuro le impide elegir bien en el momento presente. El que carece de templanza, en cambio, queda recluido en el instante actual, y se hace incapaz de configurar su vida de modo que su futuro sea pleno. Por eso puede decir Aristóteles que la templanza es la salvaguarda de la prudencia.[12]

Ámbitos de la templanza

§ 82. El error del hedonismo no está en su reivindicación del placer, sino en absolutizarlo, en sacarlo del contexto más amplio de la vida humana. Como en *Un mundo feliz*, los individuos hedonistas quedan animalizados, pierden su mundo y se recluyen en su existencia particular, haciéndose insensibles para las necesidades ajenas.

Con frecuencia los libros de moral, cuando hablan de la templanza, se centran en los placeres de la comida, la bebida y el sexo. Es comprensible, atendido el hecho de que un desorden en los mismos puede conducir a una fácil animalización. En el caso del abuso de las bebidas alcohólicas, además, se da un inconveniente adicional, pues impide mantener el grado de atención que debemos guardar en determinadas situaciones, como, por ejemplo, al conducir un vehículo motorizado. Otro tanto sucede con el ejercicio de la sexualidad. El sexo no es simplemente algo que yo *tengo*, sino algo que yo *soy*, es decir, un aspecto fundamental de la persona. Los seres humanos somos sexuados y lo somos de una manera muy profunda, que se expresa desde la forma de caminar hasta la manera en que reaccionamos ante fenómenos como el cansancio. Por eso, el ejercicio de la sexualidad no es neutro, sino que repercute directamente en cómo somos. Aquí se aplica especialmente eso de que "elegir es elegirse". Los actos que realiza un hombre, aunque nadie los conozca, dejan en él una determinada huella. De ahí que, aunque la actividad sexual pueda constituir un camino de crecimiento personal, no

---

todo ejercicio de ella contribuye automáticamente a la plenitud humana. Hay ciertos comportamientos que implican transformar a la otra persona en un objeto de disposición, cuyo único sentido es proporcionar placer. El hecho de que la otra persona consienta es irrelevante a estos efectos: aunque la falta de acuerdo implica una grave lesión de la dignidad personal, el solo hecho de que ella acceda no evita la degradación o autodegradación, pues puede ser un mero ejercicio de egoísmo, una forma de manipular los sentimientos de la otra parte o directamente una mentira, como sucedía con las promesas de don Juan. Si a nadie le gusta que lo estafen, el sentirse estafado en materias tan íntimas y profundas como estas resulta particularmente decepcionante. Muy bien se muestra esta asimetría entre el seductor y su víctima cuando don Luis le dice a don Juan Tenorio: "¡Por Dios, que sois hombre extraño! ¿Cuántos días empleáis en cada mujer que amáis?", a lo que contesta:

> Partid los días del año
> entre las que ahí encontráis.
> Uno para enamorarlas,
> otro para conseguirlas,
> otro para abandonarlas,
> dos para sustituirlas
> y una hora para olvidarlas.[13]

También hay otros placeres que es importante someter a la razón para lograr que no se vuelvan contra el hombre. Es el caso de la *libido dominandi*, del afán de poder. Resulta particularmente atractivo el saber y experimentar cómo las voluntades ajenas se pliegan a la propia. Ser poderoso es tanto como tener una voluntad que llega mucho más allá que la del común de los mortales. Basta dar una orden para que se muevan hombres y cosas a muchos miles de kilómetros. Esto es muy atrayente para algunas personas, pues los coloca en una situación cuasi divina. Así, en *1984*, de George Orwell, el miembro del Partido Interior, O'Brian, le explica a Winston Smith que el deseo más

---

13   Acto I, Escena XII.

esencial del partido es obtener poder no para alcanzar algo con posterioridad, sino por el poder en sí mismo: "Dios es el poder", concluye.

§ 83. Existe, en cierto sentido, una semejanza entre el afán de acumular poder y el de acumular dinero. Lo que entusiasma al tío Rico McPato (Scrooge
McDuck) en su bóveda repleta de riquezas no es la materialidad del metal
que allí se encuentra, pues el dinero vale no por el papel en el que está impreso o el metal donde se acuña, sino porque remite a algo más, a una realidad
totalmente inmaterial consistente en que hay hombres que están dispuestos
a hacer determinadas cosas a cambio de ese dinero. Lo que le resulta atractivo son las infinita posibilidades que ese dinero le abre, es decir, el poder. Y
la razón de que este personaje no quiera gastarlo, la raíz de su tacañería, es-
triba probablemente en la conciencia de que, en la medida en que se gaste,
se pierde esa apertura infinita. En efecto, aunque se posean muchos medios
económicos, el dinero que se gasta en algo ya no puede gastarse en otra cosa.
O sea, que lo que se veía como ilimitado de pronto se ve sujeto a las coordenadas espacio-temporales, se acota.

§ 84. La templanza en el ejercicio del poder resulta particularmente difícil.
No es fácil renunciar a utilizar para fine particulares los recursos que están
destinados al bien común. La corrupción está siempre amenazando todo lo
humano, pero la política de modo particular. Esto sucede por muchas razones, pero entre ellas está el hecho de que el poder, ya sea político o económico, multiplica la capacidad de acción. De este modo, las pequeñas fisu as
o desviaciones que pasan casi inadvertidas en el ciudadano común se multiplican, del mismo modo que sólo somos conscientes de la real abertura de
un ángulo cuando alargamos las líneas que lo forman. No es exacto decir que
el poder, por sí mismo, corrompe: simplemente sucede que hace más visibles ciertas grietas o debilidades que en condiciones normales no alcanzan
a exteriorizarse. Por eso Heráclito puede decir: "¡Ojalá que no os falte la riqueza, efesios, para que quede probado lo perversos que sois!",[14] pues lo que

---

14   DK 22 B 125a.

se dice de la capacidad del poder para mostrar al hombre como es, también resulta aplicable al dinero.

La filoso ía política moderna confi mucho en los sistemas de control, por ejemplo, en la división de los poderes del Estado, para evitar el problema de la corrupción política en sus diversas manifestaciones, incluida la tiranía. No cabe duda de que esos sistemas son importantes, al menos en cuanto impiden que haya hombres cuya capacidad de acción (para el bien o para el mal) sea desmesurada. Reducen riesgos. Sin embargo, esas estructuras, a lo más, constituyen una ayuda externa, y llega un momento en que aparece el hombre y su libertad, cuya valía es, en definit va, la que determina la calidad de la vida social. De ahí que, en los últimos años, se haya puesto de relieve con particular fuerza la necesidad de otros elementos, pre o extra políticos, cuya presencia es el mejor terreno para la buena vida social. Estos elementos, como la moral, las tradiciones o la religión, proporcionan al hombre mecanismos de autocontrol, que son mucho más efica es e irrogan muchos menos gastos que los sistemas externos de limitación. La política y el poder son más débiles de lo que parecen. Se sostienen sobre una base ética que ellos no crean. La corrupción, la demagogia, la anarquía y la tiranía son enfermedades que vive la política en donde falta ese soporte fundamental. Así se reconocía en la *Declaración de Virginia*, de 1776, cuando señalaba: "Que ni el gobierno libre, ni las bendiciones de la libertad, pueden ser preservados para un pueblo, sin una firm adhesión a la justicia, la moderación, la templanza, la frugalidad, y la virtud, y sin un frecuente retorno a los principios fundamentales", es decir, a un determinado *ethos* social.[15]

§ 85. Así como la templanza se aplica al poder, también hay otros deseos que deben ser sometidos a la recta razón. Un caso muy interesante es el afán de saber. Aristóteles comienza su *Metafísica* diciendo que todos los hombres, por naturaleza, desean saber.[16] Sin embargo, este deseo, por muy natural y profundo que sea, tampoco es un absoluto ni mucho menos es regla

---

15   Sección 15, en J. Hervada-J. M. Zumaquero, *Textos internacionales de derechos humanos*, Pamplona, EUNSA, 1978, p . 16.

16   *Metafísica*, I 1, 980a22.

de sí mismo. a San Agustín advertía acerca del peligro de la *curiositas*. Este vicio, en el campo intelectual, se expresa en el afán que algunos tienen de leer todo, sin orden y concierto y, lo que es peor, sin que la lectura sea ocasión para reflexi nar, para conversar con el autor que se tiene enfrente, sino más bien de dispersión.

En otros casos esa *curiositas* toma formas morbosas y se dirige a entrometerse en las vidas ajenas, a gozar presenciando actos de violencia o a buscar la emoción que produce la contemplación del sufrimiento ajeno. San Agustín cuenta la historia de cómo su amigo Alipio asistió a los juegos de gladiadores en Roma, forzado por sus amigos. Estaba decidido a cerrar sus ojos para no ver el espectáculo. Decía que, incluso si sus amigos habían llevado su cuerpo a los juegos, no podrían forzar su mente a disfrutarlo. Cuando la muchedumbre aclamó con voz potente, no pudo resistir, y abrió los ojos, diciéndose a sí mismo que aunque viese el espectáculo, aun así estaría por encima de él y lo despreciaría en su corazón. Sin embargo, en contra de lo que se había propuesto, terminó disfrutando en su corazón de ese espectáculo degradante y transformándose en un afici nado al mismo.[17]

La intimidad es uno de los rasgos distintivos de lo humano. Quien rebusca en la intimidad ajena para complacerse, está utilizando a los demás como un mero instrumento para satisfacer sus deseos. El otro, desaparece en lo que tiene de más personal, en sus alegrías y dolores. Al proceder de esa manera, el espectador se hace peor a sí mismo. Entre otras consecuencias, experimenta un proceso de progresiva insensibilización, que lo hace requerir dosis cada vez más fuertes de emoción para lograr los mismos resultados. Muchas personas han llegado a transformarse en criminales precisamente por haber comenzado a recorrer el camino de buscar experiencias cada vez más excitantes.

Cuando se habló del justo medio que son las virtudes, se dijo que este era un medio racional y no una simple cuestión de cálculo externo. El médico en el departamento de urgencia de un hospital puede y debe resistir la impresión de ver personas que han sufrido graves accidentes. Una persona

---

17   *Confesiones*, VI, 8.

que ha cultivado el interés morboso por el sufrimiento también es capaz de soportar esa crudeza. Pero en el caso del médico, su disposición no es insensibilidad, sino fortaleza. Su carácter se ha templado, de modo que puede realizar un servicio que a cualquiera de nosotros resultaría imposible de ejercitar. En el caso del morboso, se trata de un individuo que simplemente es incapaz de compadecerse. Su situación es la de alguien que se ha degradado. Hoy, una persona honrada debe atreverse a no saber algunas cosas, a pesar de que los medios de comunicación pongan ante sus ojos centenares de intimidades que están a su disposición. Mucha vergüenza sintió el Dante ante la molestia de Virgilio, que vio que escuchaba una grotesca disputa entre dos condenado: "Escuchar bajezas es gusto bajo", le enseñó el Poeta.[18]

§ 86. La templanza también puede referirse al juego y, en defin tiva, a una amplia gama de actividades humanas. La ludopatía envuelve también una perversión. El juego, que por defin ción es libre y gratuito, toma formas compulsivas, pasa del mundo del *ocio*, en el que nace, al del *negocio*, a la actividad descontrolada. En la medida en que pierde ese carácter deportivo, esa no seriedad, el juego desaparece. En el juego se da una curiosa mezcla de seriedad y desprendimiento. El que no se toma el juego en serio no puede jugar bien. Pero el que se lo toma tan en serio que es incapaz de perder, o pretende ganar a toda costa, el que no somete el juego a la razón, parece no ser un buen jugador. El juego supone respetar ciertas reglas y estar dispuesto a perder antes de quebrantarlas. El que hace trampas gana, pero en realidad no juega. La falta de templanza, entonces, termina por degradar el juego.

El deterioro de la templanza

§ 87. Se ha dicho arriba que la templanza permite subordinar a la razón la búsqueda de los bienes placenteros. De este modo, asegura al hombre una vida conforme a lo que le es propio, a saber, la racionalidad. Lo contrario a ésta es la

---

18   *La divina comedia*, Infie no, Canto XXX.

actitud de quien renuncia a la racionalidad misma en vistas de un determinado placer. Es el caso de las drogas y la embriaguez, en que el individuo renuncia muchas veces en forma directa al ejercicio de la racionalidad. Con estas conductas el hombre se pone en una situación digna de ser compadecida, ya que, a diferencia de los animales, que carecen de razón pero son gobernados por sus instintos, aquí no hay instancia alguna capaz de dirigir al hombre, que queda temporalmente imposibilitado de alcanzar su bien.

§ 88. La templanza, por otra parte, ayuda a juzgar adecuadamente acerca de lo bueno y lo malo. En *El león, la bruja y el armario*, de C. S. Lewis, se narra el encuentro de un niño con la Bruja Blanca, que le da a comer unas golosinas, las "delicias turcas", tan placenteras que son capaces de trastornar su modo de ver la realidad. En efecto, desde ese momento en adelante, ese niño sólo deseará volver a comer esas delicias y toda su actividad y la comprensión misma de la realidad dependerá de ese deseo. Así, lo que se oponga a la satisfacción del mismo será considerado como malo, aunque sean sus amigos, y lo que le abra el camino para volver a gozarlas será aprobado, aunque se trate de la traición y de favorecer los planes de la Bruja. Así sucede con quien, por no ser templado, quede a merced de lo que le place: como Clitemestra, madre de Orestes, que queda "enloquecida por el placer" y llega a matar a Agamenón, su marido.[19] Una persona así es incapaz de discernir su bien, el bien de su entera persona, y todo lo ve bajo el prisma de lo que agrada a una parte de su ser. No puede vivir una vida íntegra. El hombre hedonista es esencialmente controlable. Queda a merced de quienes puedan proveerle aquello que en ese momento demandan sus sentidos. *Roma, ciudad abierta* (1945), de Roberto Rossellini, es una película que muestra el heroísmo de hombres corrientes que resisten al poder totalitario. Al mismo tiempo, es la historia de una traición la que comete alguien que, presa de la adicción, es incapaz de ver más allá de lo que sobrepase su deseo de consumir una droga determinada. Los agentes del totalitarismo conocen esa debilidad y la aprovechan.

---

19   Cf. Sófocles, *Electra*, vv. 1153 ss.

En sus diversas manifestaciones, la virtud de la templanza viene a asegurar que los bienes particulares que se persiguen no terminen yendo en contra del bien de la entera persona humana. Pero, al mismo tiempo, la templanza permite que los distintos bienes y actividades en los que se involucra el hombre no pierdan su identidad, hipertrofiánd se. La *curiositas*, la pasión desordenada por el juego, y el desenfreno, no sólo destruyen la armonía personal, sino que desnaturalizan las actividades a las que se refie en. Al proteger al hombre, la templanza resguarda también todo lo que el hombre hace: el juego, el amor, el gobierno o el estudio.

La falta de templanza tiene algo de vulgar, de poco humano. Hoy nos reímos de los romanos decadentes que vomitaban después de comer, para seguir comiendo. Sin embargo, cuando en el futuro los hombres observen nuestra época, les llamará igualmente la atención la hipertrofi del erotismo. Para muchos de nuestros contemporáneos pareciera que no hay en su horizonte más que sexo. El costo de ese descontrol no es pequeño, pues incapacita a las personas para un genuino amor, como en la historia de don Juan. No es de extrañar, en cambio, que al encontrar a doña Inés, Tenorio experimente un cambio profundo y doloroso que lo lleva por el camino de la templanza —la castidad— y le permite descubrir la singularidad de una persona allí donde ante sólo veía hembras. Es decir, la templanza hace que se vuelvan lúcidos los ojos que antes estaban cegados.

Resumiendo, podemos señalar que la razón humana es capaz de influi sobre nuestra corporeidad y moldear las potencias que tienen que ver con el placer, el dolor y el esfuerzo. La virtud de la templanza lleva a perseguir el placer de una manera conforme a la razón. La fortaleza, en cambio, nos lleva a acometer la búsqueda del bien difícil y a resistir el desánimo y demás obstáculos que encontramos en nuestro empeño por vivir una vida buena.

viii
El problema de las normas morales

Esta no es una ley positiva, sino innata,
que no se la debemos ni a la educación
ni a la tradición ni al estudio,
sino únicamente a la naturaleza;
es de ahí de donde la hemos sacado,
bebido y arrancado;
esta ley no se aprende,
sino que nace con nosotros;
no se nos ha educado para ella,
sino que es ella la que nos penetra íntimamente.

Cicerón

§ 89. Páginas atrás se aludía al desafío que la Ilustración ateniense —y, más específicamen e, el escepticismo, el relativismo moral y la visión progresista de la historia que promovieron los sofista — representa para la tradición ética de Occidente.[1] Entre los que intentaron dar una respuesta a este desafío se encuentra un dramaturgo del siglo v a. C., Sófocles, en una de las obras más grandes de la literatura universal: *Antígona*. Sófocles está lejos de ser un reaccionario. Se trata de un hombre abierto al progreso y a las nuevas ideas, pero que no puede dejar de advertir los riesgos que conllevan. En particular, se muestra cauteloso ante la posibilidad de utilizar la técnica y el poder para modelar la sociedad prescindiendo de los criterios heredados del pasado y de la justicia de los dioses.

La historia de Antígona es conocida. Ella constituye un punto de partida inevitable para reÂexionar acerca de los límites del poder político y el problema de la obediencia a la ley. En las palabras de Antígona, encontramos

---

1   Cf. §§ 6-13.

una clara invocación a una forma de legalidad distinta de la que está simplemente puesta por los gobernantes de turno. Antígona enfrenta al rey Creonte y pretende justifica su desobediencia al decreto real que ordena dejar insepulto a Polinices, el hermano de Antígona que murió mientras intentaba tomar la ciudad por la fuerza. Es cierto, afirma, que el monarca ha prohibido dar sepultura al enemigo de la ciudad, pero los dioses han establecido lo contrario. Dice a Creonte:

> Ni siquiera creía que tus edictos tuvieran tanta fuerza como para que un simple mortal pase por sobre las ágrafas pero inconmovibles leyes de los dioses: pues no tienen vida por hoy y por ayer sino por siempre, y nadie sabe de dónde han surgido.[2]

Insuficiencia de los criterios positivos

§ 90. A partir de esta tragedia, muchos autores han desarrollado la idea de una legalidad suprapositiva. Los nombres que se le han dado son muy diferentes. Los más comunes son los de "ley" o "derecho natural", aunque no dejan de plantear ciertos problemas, ya que algunos preÄeren reservar las expresiones "ley" y "derecho sólo para las leyes y el derecho positivos. En estas páginas se mantendrá la terminología tradicional, aunque también sería posible buscar otra.

¿Cómo entender la existencia de ciertos principios que no sean simplemente la recopilación de los criterios y prácticas jurídicas que están vigentes en un determinado territorio? Aludir a un derecho distinto de los derechos legislados parece ser una ilusión. Pero si no aceptamos ciertos principios suprapositivos, ¿estamos dispuestos a sacar las consecuencias que derivan de afirma que la fuente única de obligación moral está dada por lo que digan las leyes o las convicciones dominantes? Intentaremos esbozar una respuesta

---

2   W. 452-457.

por dos caminos diferentes. El primero se relaciona con las razones de la obediencia a la ley. El segundo, con el fundamento de los juicios prácticos.[3]

Todos nosotros obedecemos normalmente la totalidad de las leyes. La pregunta es: "¿por qué lo hacemos?" La respuesta más fácil: "porque si no las obedecemos, recibimos una sanción". Sin embargo, esta respuesta dista de ser satisfactoria, al menos por dos razones. La primera es que existen muchas leyes que obedeceríamos de todas maneras aunque no hubiese sanción alguna. La mayoría de los ciudadanos no necesita de las cárceles para abstenerse de dar muerte o de ofender a sus vecinos. La sanción es necesaria, pero no para los hombres virtuosos. Pensar que la sanción es la razón última de la obediencia a la ley es poco realista. De ser así, el sistema jurídico no podría funcionar porque se necesitaría una cantidad ilimitada de policías capaces de amedrentar a los hombres. Además, los mecanismos para controlar a la policía deberían ser también muy amplios. En suma, el sistema sería ineficien e y no podría funcionar. Esto no signific negar que la sanción desempeñe algún papel respecto de los ciudadanos honrados. Simplemente lo tiene en materias periféricas del ordenamiento jurídico, como pueden ser las leyes del tránsito o las reglamentaciones de impuestos.

La segunda razón que excluye la fuerza o sanción como fundamento de la obediencia al derecho es que la fuerza es incapaz de originar obligación alguna, en sentido propio. Ella origina un "tener que", pero no un auténtico deber. La diferencia es importante. Si una banda de mafi sos comienza a controlar el vecindario, es probable que un mínimo de preocupación por nuestra seguridad nos haga pagar los "impuestos" que reclaman a los comerciantes para continuar "protegiendo" sus lugares de venta. Es posible, incluso, que sea aconsejable que lo hagamos, pero no tenemos una *obligación* de pagarlos. La necesidad es meramente condicional "Si no quiero que me rompan la vitrina del local o me hagan otras malas pasadas, tendré que pagar lo que me dicen". Si la fuerza fuera el único o principal motivo por el cual cumplimos el derecho, podríamos decir algo semejante: "Si no quiero sufrir una multa u otras sanciones peores, tengo que cumplir la ley". Pero si

---

3   Cf. § 94 ss.

las obligaciones que tenemos respecto del Estado son todas de este tipo, significa que las normas de los gobernantes no se diferencian de las que dicta una banda de ladrones. O también puede significa que el sujeto en cuestión está tan pervertido que es incapaz de cumplir obligaciones de carácter incondicional. Sin embargo, todos estamos de acuerdo en que la obligación de respetar la vida de nuestros vecinos o de no secuestrar a sus hijos pequeños no puede ser una obligación condicional, hipotética, sino una de naturaleza absoluta. Ésta empeña mucho más que nuestro bolsillo o nuestro interés en conservar nuestra capacidad de movimiento (que se vería restringida en la cárcel). Es decir, se trata de una obligación que nos empeña como personas.

Tiene que existir, entonces, otro tipo de razones para obedecer la ley, distintas de la fuerza, aunque ésta sea necesaria porque en toda sociedad hay hombres corruptos que la requieren. Estas razones tampoco pueden ser el consenso social, la educación que hemos recibido o los mecanismos de adaptación social, por motivos parecidos a los que ya se han dado. Todos estos son factores de hecho, incapaces de originar por sí mismos una obligación. Da la impresión de que es necesario reconocer una fuente no positiva para nuestros deberes más importantes. En *Antígona Vélez* (1950), una versión contemporánea de la tragedia de Sófocles, la mujer que acaba de enterrar a su hermano se enfrenta con don Facundo, un hacendado de las pampas argentinas, responsable de la prohibición de enterrarlo:

> "Don Facundo: —Mujer, ¿sabías cuál era mi voluntad?
> Antígona: —Yo seguí otra voluntad anoche.
> Don Facundo: —¡En esta pampa no hay otra voluntad que la mía!
> Antígona: —La que yo seguí habló más fuerte. Y está por encima de todas las pampas".[4]

Lo visto nos muestra que el problema de la obediencia a la ley nos remite inevitablemente a la existencia de una legalidad suprapositiva. Una vez visto que la fuerza no provee de fundamento suficiente para obedecer

---

4   L. Marechal, *Antígona Vélez*, Buenos Aires, Ediciones Colihue, 2000, p. 58.

una norma, examinemos brevemente algunas razones que justifique   esa obediencia.

Obligaciones absolutas

§ 91. Para que una obligación tenga un carácter absoluto, es decir, para que nos hallemos frente a un principio que no sea meramente hipotético, debe revestir una de las dos formas siguientes. La primera, sería que esa obligación expresara una exigencia que debe cumplir todo ser racional. Esto es, que sea necesario actuar o no de una determinada manera para seguir siendo tal, es decir, una persona que guía sus actos de acuerdo con las exigencias de la razón. En efecto, ser racional no es un medio para conseguir un propósito ulterior: vivir conforme a la razón es ya algo valioso en sí mismo. Que "hay que actuar racionalmente", es un criterio que se impone con evidencia inmediata. Es un principio que está en la base de la racionalidad práctica, que no es demostrable –precisamente porque es evidente– sino que se utiliza para demostrar otras cosas. Otro tanto ocurre en el orden especulativo: la racionalidad teórica supone la validez de ciertos principios como el de identidad o el de no contradicción. Así, la física, la química y la astronomía suponen ciertos principios como el que "no se puede ser y no ser al mismo tiempo y bajo el mismo punto de vista". El astrónomo que ve a Neptuno en su telescopio sabe, al mismo tiempo, que no está viendo Mercurio, porque no se puede ser uno y otro simultáneamente. Por eso, en el campo teórico basta con mostrar que en un razonamiento se ha incurrido en una contradicción, para que sepamos que es falso. De igual manera, es suficien e que algo se nos muestre como contrario a la razón, para que sepamos que debemos rechazarlo. Por tanto, si una obligación expresa una exigencia que debe cumplir todo ser racional, entonces nos hallamos ante una obligación absoluta.

§ 92. La otra fuente de obligaciones absolutas es la naturaleza. Si la realización (o no) de una conducta corresponde a lo que el hombre es, entonces la obligación no resulta condicionada por nada. Si existe algo así como una naturaleza humana, no se requiere otras razones para rechazar los comportamientos que la violentan, ya que los mismos implican negar una faceta fundamental del ser humano, y el principio de que "el ser humano debe ser preservado" resulta evidente, al menos en lo que respecta al propio ser. Dicho en otras palabras: carece de sentido realizar acciones directamente destinadas a lesionar un bien básico, un aspecto constitutivo de nuestra humanidad. Esos bienes fundamentales no reclaman la atención del hombre en virtud de que alguna voluntad superior le ordene perseguirlos, sino en sí mismos, en cuanto expresan un aspecto básico de la plenitud humana. Otro tanto sucede con el rechazo del mal, que no se funda en una prohibición externa, sino que el hombre prudente descubre que una conducta determinada lesiona cosas que se le presentan con gran evidencia como importantes. Hemos visto, entonces, cómo la naturaleza humana es una segunda fuente de obligaciones absolutas.

§ 93. Todos vemos que estamos llamados a hacer y perseguir el bien y evitar el mal. Sin embargo, no nos hallamos en condiciones de realizar todo bien que se ponga ante nuestro alcance, pues somos fini os. En muchos casos, nuestro carácter temporal nos hace imposible conseguir dos bienes que se dan de manera simultánea, como cuando a la misma hora transmiten un partido de futbol y una carrera de Fórmula Uno. Otras veces hay bienes que resultan incompatibles: un cirujano razonable no practicará deportes en los que pueda lesionarse las manos. Tampoco un estudiante puede dedicar la tarde a ir a ver a los abuelos y, al mismo tiempo, prepararse para un examen particularmente difícil que se tiene al día siguiente. Ambas cosas son buenas y están mandadas por ciertos deberes, pero no se pueden llevar a cabo al mismo tiempo.

No podemos, entonces, cumplir de modo simultáneo todos los deberes positivos o alcanzar todos los bienes. Es necesario ver en cada caso cuál o cuáles vamos a cumplir o perseguir. Sin embargo, una cosa es que no hagamos nada positivo para procurar en un caso un bien determinado, y otra muy distinta es que realicemos un acto que sólo tiene por objeto la directa destrucción de un bien. No es lo mismo, por ejemplo, abstenerse de sacar a un desconocido de un error que mentirle.

Atendida nuestra finitud sólo podemos cumplir por completo aquellas exigencias morales que tengan carácter negativo, ya que se satisfacen con una simple abstención. Así, en este momento estamos cumpliendo, sin hacer mayor esfuerzo, todo el Código Penal: no estamos matando, ni robando, ni estafando ni secuestrando a nadie. Es decir, aunque no podemos en todo momento estar cumpliendo al máximo las obligaciones morales de carácter positivo, sí podemos evitar cada una de las acciones que consideramos malas, pues basta con omitirlas. Si no fuese así, el mal moral no sería tal, se transformaría en mal físico —como el advenimiento de una enfermedad—, en algo inevitable, que no depende de la libertad humana ni es capaz de dañar a quien lo padece, haciéndolo un hombre peor. Pero las normas morales de carácter positivo, como la que ordena amar a los padres, o a la patria, siempre admiten un cumplimiento mejor, además del hecho de que los modos de cumplirlas son muy variados y dependen radicalmente de las circunstancias. Al mismo tiempo, su cumplimiento debe ir acompañado por el respeto por otros bienes que también son importantes. Hay que amar a los padres, pero es ley de vida que las personas abandonen la casa paterna y formen su propia familia, o que dediquen tiempo al estudio o al trabajo. Conciliar bien todas estas exigencias es lo propio del prudente.

Axiomas de racionalidad práctica

§ 94. Además de acudir a las razones que fundamentan la obediencia a la ley, hay autores que proponen otro camino para descubrir que los criterios que orientan la actividad de los hombres no pueden proceder sólo de la legalidad vigente, por más que ésta sea muy importante. Si examinamos cualquier acción humana, descubriremos que, en la medida misma en que sea coherente, está suponiendo la validez de ciertos principios, que actúan como axiomas que se hallan implícitos en su mismo origen. Pensemos, por ejemplo, en el principio "hay que hacer y perseguir el bien" y "hay que evitar el mal", o el principio "hay que actuar racionalmente". Son principios en los cuales todos estamos de acuerdo, y que expresan objetivos cuya deseabilidad no está sujeta a discusión. Estos principios apuntan a ciertos bienes que son objeto de respeto en sí mismos, y no por su aptitud para conseguir otros propósitos.

Estos principios pueden negarse, pero sólo verbalmente. No cabe concebir un mundo en el cual haya que actuar de manera irracional, buscar el mal y evitar el bien. Así, el principio "hay que evitar el mal" constituye una razón última. Un niño de 8 años puede decirle a su madre que quiere comerse un chocolate en el supermercado, la madre le responderá que no. El niño podría insistir preguntando "¿por qué no?". Recibirá, probablemente, como respuesta que el chocolate no es suyo y, por tanto, tomarlo sería malo. El niño podría preguntar todavía por qué es malo tomar lo ajeno, pero, si entiende las palabras, lo que no puede preguntar de buena fe es "¿por qué no puedo hacer el mal?". Si lo hace, es muy probable que no reciba explicaciones sino una reprimenda, porque toda persona con uso de razón se da cuenta, de modo inmediato, de que el mal es algo que debe evitarse. El niño sabría que está haciendo una pregunta improcedente, ya que toda persona, desde que tiene uso de razón, es capaz de conocer esos principios primarios o comunes de la ley natural (los medievales llamaban "sindéresis" al hábito que hace posible ese conocimiento).[5]

§ 95. Nadie busca el mal en sí mismo. Incluso la más repudiable de las acciones se ha realizado porque el sujeto que actuó pretendió conseguir algún bien mediante la realización de ella. Así, quien toma parte en un rito satánico, lo hace porque quiere experimentar el placer de lo novedoso, vivir una peculiar autoafirmaci n de la personalidad o algún otro bien. *La soga* (1948), de Alfred Hitchcock, comienza con un crimen cometido por dos hombres que buscan simplemente mostrar su superioridad sobre un joven al que consideran inferior. Aparentemente se trata de un crimen perfecto, pues nadie podrá rastrear las motivaciones habituales en esta clase de actos, como son la venganza o el dinero. Pero, aunque sofisticada, hay una motivación, y la película muestra lo importante que resulta. Lo mismo sucede con todos los actos que consideramos moralmente reprobables. En un conocido pasaje de las *Confesiones*, san

---

5   Cf. Tomás de Aquino, *Suma teológica*, I-II, 94, 2 ad 2.

Agustín describe la vez que hurtó unas peras de un huerto vecino.[6] Un hecho así ha sucedido muchas veces y no tendría mayor interés si no fuera por el motivo de ese hurto, que no era obtener peras, como haría un niño cualquiera, sino experimentar el placer de lo prohibido. Sin embargo, aquí también se cumple aquello de que lo que siempre buscamos es algún bien, aunque sea tan desordenado como el deseo de autoafirmaci n del pequeño Agustín. Otro tanto sucede de "El gato negro", de Edgar Allan Poe, cuyo protagonista da muerte al animal sólo por el placer de realizar algo prohibido.

También es posible que, en ocasiones, alguien quiera perder la racionalidad, pero siempre lo querrá de modo indirecto. Es decir, porque no se quiere pensar en un determinado problema (y la única posibilidad de hacerlo es privarse, al mismo tiempo, de la razón) o porque esa es la única manera de "tomar fuerza" para hacer algo que en condiciones normales no se realizaría. Sin embargo, el hecho de que alguien elija perder temporalmente la razón, no invalida que la proposición "hay que actuar conforme a la razón" sea evidente y categórica. No signific simplemente que sea útil para tal o cual interés ulterior, sino que es válida en sí misma. Así se explica, entonces, que haya quien beba para olvidar y pida "que el vino mate el dolor", como en una vieja canción.[7] Lo que se busca aquí es no tener que recordar una desilusión amorosa. El autor se quiere privar de la razón no porque desconozca que ella es algo en sí mismo valioso, sino porque no encuentra otro modo de dejar de sufrir.

§ 96. Existen, entonces, unos principios primeros de la racionalidad práctica, que constituyen como la base de cualquier discurso orientado a la acción. El derecho, la política o cualquier disciplina práctica, se tornaría impensable si no reconociéramos verdades como "hay que hacer y perseguir el bien y evitar el mal" o "hay que actuar racionalmente". Estos axiomas fundamentales expresan o apuntan a ciertos bienes básicos que, como la racionalidad o la amistad, todos admitimos como valiosos, es decir, como cosas que valen

---

6   *Confesiones*, II, 4, 1.

7   J. Feliciano y José José, "Por ella", *Ya soy tuyo* (1985).

por sí mismas y no por su utilidad para conseguir otros objetivos. Nosotros tendemos hacia esos bienes de modo espontáneo y no como fruto de un razonamiento. Más bien estos bienes nos proporcionan razones para obrar. La idea de que existen ciertas verdades evidentes, que tienen el carácter de primeras en el orden práctico, ha desempeñado un papel importante en la política. Así, la Declaración de Independencia de Estados Unidos dice que "tenemos por evidentes (*self-evident*) estas verdades" (y pasa a enumerarlas) y Hamilton señala en uno de los *Federalist Papers*:

> En las disertaciones de cualquier índole hay ciertas verdades primarias, o primeros principios, sobre los que se apoyan todos los razonamientos que han de seguir. Estos principios contienen una evidencia interna, que es anterior a toda reflexi n o razonamiento y se impone al asentimiento de nuestro entendimiento. Donde no se produce ese efecto, es porque existe algún desorden o defecto en los órganos perceptivos, o la influenci de algún gran interés, pasión o prejucio.[8]

Ahora bien, nuestro acuerdo sobre el carácter valioso de estos bienes que todos reconocemos intuitivamente como dignos de aprecio no es suficie -te cuando se trata de determinar los medios para acceder a dichos bienes: ¿qué conductas promueven y cuáles dañan la racionalidad?, ¿qué acciones signiﬁcan hacer el mal, aunque a primera vista no se reconozca, porque en ellas se está buscando un bien determinado, por ejemplo, el placer? El conocimiento de estos criterios morales de acción está fuertemente influid por el medio cultural en el que se halla el sujeto. Hoy nos damos cuenta de que la esclavitud no es una manera correcta de tratar a las personas, pero los hombres se demoraron siglos en advertirlo. Es posible que hoy seamos ciegos ante cosas tan importantes como esas, o que nuestro modo de vida signifiqu que estemos lesionando ciertos bienes fundamentales, sin saberlo, mientras que nues-

---

8   "El Federalista", XXXI (Hamilton) (*El Correo de Nueva York*, martes 1 de enero de 1788), en A. Hamilton, J. Madison, J. Jay, *El federalista*, México, Fondo de Cultura Económica, 2001. Se corrige la traducción cuando se dice "perjuicio" en vez de "prejuicio" (*prejudice*).

tros antepasados lo hubiesen visto de inmediato. La conciencia moral de los hombres puede crecer o disminuir a lo largo del tiempo.

Otro tanto pasaba con las virtudes y la relación entre éstas y el ambiente en que se vive. Una buena educación es decisiva para adquirirlas. Sólo quien haya recibido una formación moral determinada, podrá percibir la necesidad o inconveniencia de ciertas conductas que para los demás hombres carecen de un relieve especial. Esto no debe sorprendernos, pues es lo mismo que pasa en las matemáticas o en la física: un científi o es capaz de ver la belleza de una fórmula allí donde nosotros sólo vemos letras, números y signos desconocidos.

Los principios morales derivados

§ 97. Para actuar bien, no basta con tener en mente unos principios muy generales en los que todos estamos de acuerdo. Es necesario resolver situaciones particulares, que requieren criterios morales mucho más concretos y un mejor conocimiento de lo que signiĀca ser hombre. Para rechazar la esclavitud, por ejemplo, no basta con saber que "hay que evitar el mal". Es necesario poseer una determinada percepción de la dignidad personal y tener conciencia de que se aplica a la generalidad de los hombres y no sólo a los individuos de una raza o grupo social. Una vez que se poseen esos conocimientos más determinados, es posible alcanzar un principio como el que dice: "la esclavitud debe ser excluida de las relaciones humanas". Imaginemos que alguien tiene dudas acerca de si, en su caso, corresponde eludir el pago de un impuesto aprovechando un vacío legal, y pide consejo sobre la moralidad de ese acto a una persona que le merece confianza. Si esa persona se limita a decirle "haz el bien y evita el mal" estará afirmand algo verdadero, pero perfectamente insuficien e para resolver el caso, porque aquí se trata, precisamente, de saber si esa conducta es buena o mala. Los primeros principios son fundamentales, en cuanto que sin ellos no podríamos ni siquiera dialogar sobre materias prácticas, pero no bastan. Sin ellos no nos podríamos sentar a debatir, pero por sí solos no nos resuelven ninguna discusión. Dicho con otras palabras, para hacer el bien no es suficien e con quererlo ni tampoco basta con conocer algunos principios generales: es necesario contar con criterios más particulares que nos indiquen qué es lo bueno para nosotros en determinados tipos de situaciones. Estos principios o criterios particulares derivan de los más universales ("no mentir" deriva, en último término, de "hay que evitar el mal"), de modo que constituyen una aplicación o concreción del principio general. Pero esa derivación supone una cierta experiencia de vida y una aptitud intelectual, vinculada con dicha experiencia, que llamamos prudencia. El prudente sabe lo que es bueno en general para él y para los demás hombres,[9] y posee además la sabiduría práctica suficien e para discernir cuáles son las exigencias que aquí y ahora se derivan del principio general. En consecuencia, sabe no sólo que hay que evitar el mal y que, por lo mismo, no hay que mentir, sino también si esta conducta determinada es o no una mentira. Por eso, Tomás de Aquino, junto con los primeros principios de la razón práctica (o de la ley natural, que es lo mismo) reconoce otros principios más particulares, derivados de los anteriores, a los que llama "secundarios", que se conocen mediante una pequeña reflexión, que casi todos pueden realizar, aunque cabe equivocarse sobre ellos.[10] Un ejemplo de ellos son los Diez Mandamientos (no matar, no robar, no mentir, etc.). Ellos sí nos proporcionan criterios de acción que nos permiten resolver problemas morales, al menos los que no tienen una especial complejidad. Es decir, esos principios son, en sentido propio, reglas morales.

§ 98. Aunque a primera vista lo parezca, estas normas u obligaciones particulares no son hipotéticas, sino categóricas. "Tener esclavos es malo" (o "no mentirás" o "no matarás") puede ser (históricamente) difícil de entender, pero no por eso deja de ser un principio categórico, un criterio cuyo valor no depende de ciertas condiciones, aunque las circunstancias infl yan en la determinación de si hay que aplicar ese principio u otro al caso que tenemos

---

9   *Ética a Nicómaco*, 1140b7-10.

10   Cf. *Suma teológica*, I-II, 100, 11c; I-II, 94, 4c in fine, y I, 63, 9 d 3.

delante. Puede traducirse en términos hipotéticos, pero esa traducción (si el principio en cuestión es verdadero) resulta ridícula: "si no quieres ser malo, abstente de tener esclavos, o de secuestrar niños, o cualquier otra conducta semejante". Todos reconocemos que no queremos ser malos; sí, en cambio, podemos negar o discutir acerca de si realmente la esclavitud (el aborto, la mentira, el uso de drogas, la pena de muerte o el pintar *graffities* en los monumentos) es algo malo. No se trata de principios evidentes, en el sentido de que todos los conozcan de modo inmediato. Pero que uno de tales principios no sea evidente, no significa que sea falso o relativo. Puede que sea verdad que "no hay que comprar y vender personas" o "no hay que mentir", y que, sin embargo, mis amigos y yo no lo sepamos. Como es verdadero que $f = m^*a$, aunque la mayoría de los hombres lo ignore.

Hay, entonces, principios morales que son más fácilmente cognoscibles que otros. Es más fácil descubrir la maldad del homicidio que de la evasión tributaria. Por eso, los hombres estarán más dispuestos a reconocer el principio "hay que respetar la vida inocente" que el que dice "hay que pagar los impuestos justos". De ahí que Tomás de Aquino, junto con reconocer la existencia de unos principios secundarios en la ley natural afirme que hay otro género de principios, derivados de los anteriores, cuyo conocimiento excede las facultades del común de los mortales. Estos principios son accesibles únicamente a los sabios.[11] "Sabio" aquí es el hombre prudente[12] que, además, ha cultivado su inteligencia de modo apropiado a través del estudio de estas materias, que tienen una especial complejidad.

La dificultad en el conocimiento de los principios morales explica la diversidad de opiniones éticas, de la que hemos hablado antes.[13] En algunos casos, estas diferencias se deben a la educación que se ha recibido. En otros, la mala conducta puede insensibilizar a una persona frente a ciertas exigencias que otro vería de inmediato como parte de un comportamiento conforme a la razón.

---

11   Cf. *Suma teológica*, I-II, 100, 3c.

12   Cf. *Suma teológica*, I, 1, 6c.

13   §§ 8-10.

§ 99. La Tradición Central de Occidente sostiene que existe una instancia de juicio moral por encima de las preferencias personales. Normalmente, como se dijo, se la ha llamado ley o derecho natural, pero también ha recibido otros nombres. Afirm también que este criterio de moralidad es cognoscible (en alguna medida), pero admite que, por lo general, no todos lo conocen del mismo modo o con idéntica profundidad. Es decir, se trata de principios que *en sí mismos* son evidentes (pues su predicado está necesariamente incluido en el sujeto), pero pueden no ser evidentes *para determinadas personas*, por falta de conocimiento de la realidad expresada en el principio. Sin embargo, los hombres pueden dialogar, discutir, analizar y convencer, es decir, pueden darse cuenta de quién está en lo cierto y quién yerra. Dicho con otras palabras, los hombres pueden discernir las fronteras existentes entre lo humano y lo inhumano. Las convicciones morales de los hombres no son mundos necesariamente incomunicados: muchas veces cambiamos de opinión, como le sucede, en *Antígona*, a Ismena y al mismo Creonte al final de la tragedia. El fundamento o el nombre de esa justicia suprapositiva es cambiante: Antígona habla de las "leyes de los dioses", Aristóteles de "cosas justas por naturaleza", Cicerón de "ley no escrita", Tomás de Aquino de "ley natural" y Kant de "imperativo categórico", pero en todos los casos se apunta a criterios de moralidad cuyo valor va más allá de la convención humana.

Universalidad

§ 100. Nuevamente se verific lo que se indicaba al comienzo de estas páginas. No resulta justificad sostener el relativismo ético sobre la base de la diversidad de las opiniones morales, salvo que se piense que, de existir principios morales suprapositivos, éstos tendrían que ser cognoscibles por todos sin mayor dificultad. Pero, si se reconoce la complejidad de la vida humana, y si se tiene presente que el conocimiento moral depende de muchas condiciones previas, entonces lo más habitual será que los hombres mantengan opiniones muy distintas acerca de lo bueno y lo malo, y nadie debería sorprenderse al constatar esa diversidad.

Los autores suelen señalar diversas características de los principios de la ley natural. La primera de ellas, además de la *cognoscibilidad* a la que se ha aludido al hablar de los distintos tipos de principios, es su índole universal, es decir, su aptitud para obligar a todos los hombres de todas las épocas. El problema de la *universalidad* de los principios morales tiene dos facetas. De una parte, se vincula con su *cognoscibilidad*, que, como dijimos, admite varios grados. Hay principios inmediatamente accesibles a todos y otros cuyo conocimiento es más dificul oso. De otra parte, está su general obligatoriedad. Con respecto a ésta, habría que decir que, en principio, todos los hombres están obligados o empeñados por todos los principios morales en la medida en que quieran alcanzar la excelencia humana. De hecho, sin embargo, la falta de educación, las deficiencia de la propia cultura o la carencia de ejemplos moralmente adecuados, explican que algunas o muchas personas no accedan a esos principios, sin culpa propia. En este sentido, parece difícil que alguien pueda estar obligado por un principio que no conoce. En esa medida, entonces —indirectamente—, los principios morales no son obligatorios para quienes los ignoran. Ese sería el caso de quienes, en la Antigüedad, pensaban que estaba bien tener esclavos, siempre que se hubiesen adquirido legítimamente. Sin embargo, como existe el deber de buscar la verdad, es necesario que quien carece del conocimiento suficien e ponga los medios para adquirir un recto criterio acerca de lo bueno y lo malo en aquellas cuestiones que son más complejas. Una persona honesta, entonces, tendrá que pedir consejo a quienes conozcan esas materias mejor que ella, y sólo será inexcusable su ignorancia si le ha sido imposible contar con ese consejo o si los consejos que, de buena fe, ha recibido son erróneos, como podría sucederle a un azteca con la práctica de hacer sacrifici s humanos, que se hallaba completamente validada por su cultura.

Los principios de la ley moral natural, entonces, son universales *de hecho* sólo en sus formulaciones más básicas, como "hay que actuar racionalmente" y "hay que hacer y perseguir el bien y evitar el mal". En el caso de sus concreciones más particulares (por ejemplo, "no hay que robar") ellos son universales sólo en el sentido de que un hombre razonable, que ha recibido la educación adecuada o los consejos oportunos, puede conocerlos.

Pero aparte de esa universalidad *de derecho*, hay que reconocer que *de hecho* no son conocidos por todos los hombres. Es más, puede haber principios más remotos que sólo son conocidos por quienes, además de la cualifi a-ción moral que poseen, tienen el conocimiento y la experiencia necesarios para reconocerlos. Por eso, como ya vimos, Tomás de Aquino habla de ciertos principios morales sólo accesibles a los sabios.

Dicho con otras palabras, los principios de la ley natural son universales en cuanto su cumplimiento constituye una condición para alcanzar la excelencia humana. Difícilmente podríamos poner como un modelo de hombre, en sentido absoluto, a alguien que sistemáticamente no cumple alguna de sus exigencias, por más que sea sin culpa propia.

La teoría de la ley natural que propone el Aquinate es muy valiosa, entre otras razones, porque su distinción entre diversos tipos de principios permite entender cómo, aun teniendo todos el carácter de naturales, no son todos cognoscibles con la misma facilidad. Aquí probablemente se podría poner como ejemplo el respeto a ciertas formas de propiedad intelectual: muchas personas que jamás hurtarían este libro de una biblioteca no tendrán el más mínimo remordimiento de conciencia a la hora de fotocopiarlo. Otro tanto sucede con verdades como la indisolubilidad del matrimonio, que se pueden fundamentar racionalmente pero que son de difícil acceso y es muy posible errar de buena fe sobre ellas. Como hay materias de este orden que tienen importancia en la promoción del bien común, la ley positiva las recoge y, en este sentido, cumple un papel pedagógico en el conocimiento de la ley moral. También puede suceder que una materia que en sí misma es difícil de entender haya sido resuelta adecuadamente en algún momento determinado de la historia y en la actualidad sea pacíficamen e poseída incluso por personas sin especial instrucción moral. Hoy, por ejemplo, nos parece elemental que no es lícito poseer esclavos, pero hubo épocas en la historia en que esa fue una materia difícil de comprender (en especial porque la esclavitud misma supuso un cierto progreso moral, en cuanto permitió terminar con la práctica de dar muerte a los vencidos en una guerra, que, en cambio, pasaron a ser esclavizados).

Ahora bien, uno podría preguntarse si acaso el hecho de que la mayoría de nosotros no seamos sabios y que, por tanto, no estemos siempre en condiciones de llegar a encontrar esos principios que permiten resolver materias que son particularmente difíciles, trae consigo una exención de responsabilidad para el caso de que los incumplamos. No es así, porque una exigencia básica de la prudencia consiste en la necesidad de pedir consejo, de modo que ante los casos difíciles no podemos quedarnos simplemente con nuestro parecer, sin requerir mayor información.

Inmutabilidad

§ 101. Junto con la universalidad, los autores se han preguntado desde hace siglos por la mutabilidad de los principios morales. Hay varias razones que, a primera vista, parecen descartar la idea de que los principios morales sean inmutables. De una parte, parece que una de las características de un hombre prudente debería ser el tener el sentido de la excepción. De otra, las acciones son siempre particulares y no parece que sea posible dar, de una vez por todas, reglas generales e inmutables capaces de ordenar todas las circunstancias de la vida, en medio de las cuales tienen lugar esas acciones. Además, es necesario aplicar las normas morales al caso que se tiene enfrente, y la tarea de aplicación necesariamente envuelve un cierto cambio en la norma, una referencia concreta de la que antes carecía. La norma se hace significat va al ser puesta en relación con determinadas circunstancias, que son cambiantes. Por último, para aplicar parece necesario interpretar, y esa actividad infl ye sobre lo interpretado. Parece difícil, entonces, reconocer la inmutabilidad de estos principios.

§ 102. Para dar una respuesta a estas objeciones, debemos partir por preguntarnos: ¿qué signific que ciertas normas admiten excepciones o, con otras palabras, que pueden cambiar? Esto puede significa varias cosas. Primero, que en un caso determinado no hay que aplicar una norma ("no matar") sino otra ("es lícito defenderse de una agresión injusta"). No resulta, entonces, difícil entender que aquí no ha habido propiamente una mutación de la norma: simplemente estamos hablando de cosas distintas. En segundo lugar, puede significa que los supuestos de hecho han cambiado y que la norma no se aplica a una situación que antes contemplaba. Esto no es más que otra forma del caso anterior, y se entenderá si ponemos un ejemplo que acostumbraban a utilizar los medievales. Todos sabemos que "hay que devolver a su dueño lo que éste ha dejado en depósito". Sin embargo, si un hombre nos ha entregado un arma para que la guardemos y, cuando vuelve a buscarla, vemos que ha perdido la razón, entonces no estamos obligados a devolvérsela. Al contrario: no habrá que hacerlo. Esto lo entendemos todos, pero no resulta sencillo explicar el porqué.

Brevemente, podríamos decir que el principio "hay que devolver lo depositado" supone una serie de condiciones, entre ellas que el depósito sea reclamado lícitamente, cosa que no ocurre en el caso del demente. En el fondo, ese principio no es más que, como se decía más arriba, una derivación de la exigencia ética más amplia de que "hay que actuar conforme a la razón",[14] de modo que en este caso nos sería ilícito devolver lo prestado pues sería contradictorio que se empleara allí donde su aplicación resulta contraria a la razón. Es decir, cabe que ciertas circunstancias de hecho hagan imposible cumplir un precepto moral de carácter positivo. Si se quisiera expresar dicho principio de manera más estricta, habría que afirmar: "hay que devolver el depósito que reclama el *legítimo* dueño de *manera legítima*". El solo hecho de que el dueño haya perdido la razón o reclame el arma para agredir injustamente a alguien, hace que el depositario pueda o deba negar la devolución, ya que la otra parte no está actuando como legítimo dueño. En estos casos, "es conveniente seguir, por encima de la letra de la ley, lo que dicta la razón de justicia y la utilidad común.[15] Pero como el depositario siempre está obligado a actuar conforme a la recta razón, no podrá hacer con la cosa depositada lo que quiera. Por ejemplo, no podrá apropiarse de ella o destruirla. Si lo hiciera, entonces allí sí infringiría un deber negativo, el que prohíbe el hurto o el

---

14   Cf. § 91.

15   Tomás de Aquino, *Suma teológica*, II-II, 120, 1c .

daño. También podemos explicar el caso diciendo que, cuando alguien viene a reclamar su arma en estado de perturbación mental, ya no nos encontramos ante un caso de devolución de depósito, sino ante una situación distinta, que debe regirse por una regla también diferente, la que nos prohíbe cooperar con un acto homicida. En suma, aunque el principio natural permanezca invariable, cambia lo justo natural, lo que corresponde hacer aquí y ahora en esta determinada situación.

Piénsese también en otro ejemplo: todos aceptamos que no hay que hurtar, pero también reconocemos la licitud del llamado hurto famélico, es decir, admitimos que alguien sustraiga alimentos cuando estos le son imprescindibles para conservar la vida propia o la de los suyos, y carezca de medios para procurárselos. ¿Signific esto que ha dejado de ser válido ese principio? No, simplemente que no se aplica en esta situación, porque el hurto es la sustracción de una cosa ajena, y en caso de necesidad los bienes son comunes, de modo que el hambriento no se está apoderando de algo ajeno.[16]

Otras veces la fórmula que utilizamos para referirnos al principio no es completa. Por razones de ahorro lingüístico decimos "no matar". Sin embargo, pocos dudarían que es lícito dar muerte a un agresor injusto para defender a la propia familia. Lo que ocurre es que la expresión correcta del principio es "no dar muerte a un inocente de manera directa e intencionada". Y en el caso del injusto agresor esto no se cumple, pues no se trata de un inocente ni tampoco de una muerte directa, pues lo que se hace es defenderse y la muerte del agresor es solamente una consecuencia indirecta y no querida de un acto lícito (la defensa).

§ 103. Lo que se viene diciendo lleva a concluir que es posible señalar que los principios morales son *inmutables* y, a la vez, que deben ser interpretados y aplicados de modo diverso según el caso que se tenga enfrente. De ahí que la solución no siempre será la misma, ya que casos distintos deben tratarse de manera diferente. Por eso dice Aristóteles que resulta comprensible que algunos piensen que toda justicia política es de carácter convencional, "porque

---

16 Tomás de Aquino, *Suma teológica*, II-II, 66, 7c.

lo que es por naturaleza es inmutable y tiene en todas partes la misma fuerza, lo mismo que el fuego quema tanto aquí como en Persia, y constatan que la justicia varía".[17] Efectivamente, toda justicia está sujeta a variación. Una, la positiva, por sí misma; otra, la natural, en el modo en que se aplica.

Lo visto nos lleva a recordar un tema que se señaló antes, a saber, que la acción no es el resultado unívoco de una cadena silogística. Si así fuera, quienes comparten los mismos principios deberían sacar siempre las mismas conclusiones, salvo que cometan un error de razonamiento. Y no es así. Pensemos, por ejemplo, en el caso de Odiseo. Todos estamos de acuerdo en que tenía perfecto derecho de volver a su casa, recuperar lo suyo e incluso dar castigo a los pretendientes abusadores. Sin embargo, junto con este tipo de premisas hay en su acción otra serie de argumentos y consideraciones que debe sopesar. Tiene que ver quiénes permanecen leales a él, con qué fuerzas puede contar, cuál es el poder de sus enemigos, cómo se ha comportado su propia mujer, y muchas otras cosas. De este modo, no actúa de inmediato, sino que se disfraza, averigua, observa, y sólo pasa a la acción una vez que ve satisfechas muchas otras exigencias distintas de los principios que inicialmente habíamos considerado. Éstas constituyen el contexto de la acción y tienen una enorme importancia, porque según sea ese contexto así será la acción que se realice. La pregunta que surge es si hay determinadas acciones que no se pueden realizar en ningún contexto. La respuesta queda para más adelante.[18]

Otro sentido en que podemos decir que la ley moral cambia, es porque empieza a abarcar situaciones que antes no comprendía. Cuando una empresa piratea un sofisticad programa informático no está sustrayendo una determinada cosa física, como sucedía con los ladrones tradicionales. Sin embargo sus directivos están obrando mal. Hoy, el principio "no hurtar" incluye muchas más cosas que en el siglo xiii , y en ese sentido podríamos decir que ha cambiado. Sin embargo, si se habla estrictamente, no estamos

---

17   *Ética a Nicómaco*, V 7, 1134b25-28.

18   Cf. §§ 140 ss.

en presencia de un cambio del principio, sino de su ámbito de aplicación, como en otros casos que ya vimos.

También agregan los autores otras características de la ley natural. Una de ellas es la *unidad*, ya que aunque contiene muchos preceptos todos se resumen en el principio común de "hay que hacer y perseguir el bien y evitar el mal". También cabe mencionar su *indelebilidad*. Dice al respecto Tomás de Aquino:

> En cuanto a los principios más comunes, la ley natural no puede en modo alguno ser borrada de los corazones de los hombres si se la considera en universal. Puede ser abolida, sin embargo, en algún caso concreto cuando, por efecto de la concupiscencia o de otra pasión, la razón se encuentra impedida para aplicar el principio general a un asunto particular, según ya expusimos (q.77 a.2). Mas en lo que toca a los preceptos secundarios, la ley natural puede ser borrada del corazón de los hombres o por malas persuasiones [...] o por costumbres depravadas y hábitos corrompidos.[19]

Así sucede en el caso de los antiguos germanos, que según Julio César no consideraban que el robo fuese inmoral.

Las disposiciones del sujeto

§ 104. A veces sucede que un sujeto conoce un determinado principio moral y admite su valor, pero pretende en un caso determinado constituirse en una excepción. El que hurta en un supermercado no pretende derogar la obligación general de respetar la propiedad. De hecho, se enojaría muchísimo si, al volver a casa, descubriera que han pasado los ladrones y la han dejado vacía. Él quiere robar pero que no le roben. Sin embargo, esto no sólo es incorrecto, sino que también es contradictorio. Hay una contradicción entre su acto y los supuestos en los que quiere que se apoye la sociedad de

---

19 *Suma teológica*, I-II, 94, 6c.

la que forma parte, los que incluyen el respeto de la propiedad suya y la de sus amigos. Una manera de darse cuenta de que se trata de una pretensión ilícita, consiste en ver que la máxima que la sustenta no resulta *universalizable*.[20] En efecto, "si bien puedo querer la mentira, no puedo querer, empero, una ley universal de mentir", que destruiría el valor de las promesas.[21]

§ 105. Para actuar bien, entonces, tenemos que ser capaces de auto-distanciarnos, de resolver los conﬂictos y tomar las decisiones que enfrentamos basándonos en criterios que valgan por sí mismos y no en otros que hayamos adaptado a la satisfacción de nuestros deseos momentáneos. Esto no es fácil. En Dinamarca y Chile se abolió la esclavitud mucho antes que en otros países. Fue una decisión muy buena, pero para llegar a ella seguramente ayudó el hecho de que en esos dos países casi no había esclavos. Abolir la esclavitud cuando afecta el propio bolsillo es un caso de ese autodistanciamiento que se menciona. Así se explica, por ejemplo, que, en las encuestas, la mayoría de las personas reconozca que el matrimonio es para siempre, y que sin embargo, acto seguido, en un porcentaje importante admitan la licitud del divorcio. En el primer caso, los sujetos juzgaron en general. En el segundo están pensando en su situación particular o en la de algunas personas cercanas, casos en que les parece necesario hacer una excepción a un principio cuyo valor no dudan de reconocer en general. Lo anterior explica por qué, a veces, en la ética es más fácil argumentar por la vía indirecta, poniendo ejemplos. Es lo que hace Natán para mostrarle a David que ha hecho mal al hacer morir a Urías, un soldado suyo, para quedarse con su hermosa mujer. Así, Natán le dijo:

> —Había dos hombres en una ciudad: el uno rico y el otro pobre. El rico tenía numerosas ovejas y vacas; pero el pobre no tenía más que una sola corderita que él había comprado y criado, que había crecido junto con él y sus hijos. Comía de su pan, bebía de su vaso y dormía en su seno.

---

20   Cf. I. Kant, *Fundamentación de la metafísica de las costumbres*, Espasa-Calpe, Madrid, 1963, p. 41 [AA. IV 402].

21   *Idem*, p. 42.

La tenía como a una hija. Llegó un huésped al hombre rico, y éste no quiso tomar una de sus ovejas o de sus vacas para guisarla para el viajero que le había llegado, sino que tomó la corderita de aquel hombre pobre, y la guisó para el hombre que había venido a él. Entonces se encendió en gran manera la ira de David contra aquel hombre y dijo a Natán: —¡Vive Yavé, que el que hizo semejante cosa es digno de muerte! Él debe pagar cuatro veces el valor de la corderita, porque hizo semejante cosa y no tuvo compasión. Entonces Natán dijo a David: —Tú eres ese hombre. Así ha dicho Yavé Dios de Israel: "Yo te ungí como rey sobre Israel y te libré de la mano de Saúl. Te di la casa de tu señor y puse las mujeres de tu señor en tu seno. Te di la casa de Israel y de Judá; y por si esto fuera poco, yo te habría añadido muchas otras cosas. ¿Por qué, pues, menospreciaste la palabra de Yavé e hiciste lo malo ante sus ojos? Has matado a espada a Urías el hitita; has tomado a su mujer por mujer tuya, y a él lo has matado con la espada de los hijos de Amón. Ahora pues, porque me has menospreciado y has tomado la mujer de Urías el hitita para que sea tu mujer, jamás se apartará la espada de tu casa. [...] David respondió a Natán: —He pecado contra Yavé.[22]

La sustancia de la historia que oye David es la misma que la suya propia. Sin embargo, al poder verla desde fuera, desprovisto de pasión, se pone en condiciones de reconocer la maldad de ese hombre que, teniendo muchos animales, mata precisamente el único que tenía su vecino pobre. Una vez que ha sacado las conclusiones, es posible hacerle ver que él ha obrado de manera semejante. Se ha autodistanciado, separándose de sus intereses inmediatos, y entonces ha podido juzgar bien. Esta capacidad de autodistanciarse es exclusiva del hombre entre todos los animales.

---

22 II Sam 1-13.

La verdad práctica

§ 106. La ley natural no es más que otro nombre que reciben los principios de la razón práctica. Son los criterios que debe seguir esa razón si quiere alcanzar el bien del hombre entero. Con todo, no basta con que el hombre *quiera* hacer el bien para que efectivamente lo haga: hay que *saber* aquí y ahora qué es lo bueno. Tampoco es suficien e que *conozca* lo que es bueno: debe *querer* hacerlo. El conocimiento y la realización del bien son cosas distintas, y suponen determinadas disposiciones del sujeto. Ya vimos antes el caso del incontinente, es decir, de aquel hombre que sabe lo que debe hacer pero no lo hace, porque su voluntad es débil.[23] En él falta la armonía entre lo que sabe y lo que quiere. No puede, por tanto, ser considerado como un hombre íntegro. Para alcanzar un desarrollo moral, se requiere esa armonía entre cabeza y corazón, entre lo que se sabe y lo que se quiere. Pero no basta con cualquier armonía o coherencia, pues bien puede suceder que la razón esté errada y la voluntad corrompida, de modo que se dé una coincidencia, pero en el mal. Es el caso del intemperante o licencioso, una figu a que está exenta de cualquier conflic o interior, porque está pacíficamen e instalada en el mal y el error.

La concordancia entre razón verdadera y apetito recto fue llamada por Aristóteles "verdad práctica".[24] Fruto de esa verdad son las acciones buenas. Si ésta falta, el bien se producirá como por casualidad y no como el resultado de una armonía interior del sujeto, en el que todas las potencias convergen en el mismo sentido.

El tema de la verdad práctica es importante. Si cabe hablar de verdad en ese terreno, quiere decir que la razón también tiene algo que decir en el campo de la acción, o sea, que cuando se trata de dirigir y evaluar nuestras acciones no estamos entregados a nuestros solos gustos y emociones. Hoy, como vimos antes, algunos piensan que, cada vez que decimos "esto

---

23   Cf. § 44.

24   Cf. *Ética a Nicómaco*, VI 2, 1139a21-31.

es malo", en el fondo estamos diciendo "esto no me gusta", lo que hace imposible hablar de una verdad en este ámbito.[25]

§ 107. En todo caso, no es fácil saber a qué se refie e Aristóteles cuando habla de esta verdad que no es del intelecto teórico, sino del práctico. Una primera forma de entenderlo consiste en decir que la verdad práctica es, en el fondo, la verdad de las acciones. ¿En qué sentido? Serían verdaderas las acciones que efectivamente responden a lo intentado por el sujeto. Cuando nos excusamos por algo diciendo "no quise hacerlo", estamos diciendo tanto como "esa acción es falsa, no es expresiva de mi persona". Esto se ve con frecuencia en el campo técnico o en la pintura, cuando el artista dice que la obra está lejos de expresar lo que quería. Como la verdad consiste siempre en una adecuación, aquí se debe producir entre lo que el sujeto persigue y aquello que de hecho consigue con su acción. Sin embargo, no parece que en su sentido más estricto la verdad práctica se refie a primeramente a las acciones. Más bien, éstas se pueden llamar verdaderas o falsas sólo en un sentido analógico, derivado. Tanto es así, que una acción puede responder a lo intentado (es decir, ser en cierto sentido verdadera) y sin embargo ser mala. En un crimen perfecto, por ejemplo, se da una completa coherencia entre lo intentado y lo efectuado. Decir que una acción tal es representativa de una verdad práctica resultaría, sin embargo, un tanto forzado. Esto no signific excluir la posibilidad de hablar de una verdad de las acciones, sino simplemente que no basta con exigir las correspondan a lo intentado, sino que además deben ser realizadas por un sujeto cuyo apetito es recto y su razón es verdadera.[26]

§ 108. Lo visto nos lleva a reconocer un segundo sentido en el que podemos hablar de verdad práctica, y que consiste en poner la adecuación no entre el hombre y una cosa externa a él (en este caso las acciones), sino en reconocerla

---

25 Cf. §§ 16-18.

26 Para una matizada caracterización de la verdad práctica como verdad de las acciones: A. Vigo, "La concepción aristotélica de la verdad práctica", en *Estudios aristotélicos*, pp. 301-323, y "Verdad práctica y virtudes intelectuales", *ibid.*, pp. 363-403.

dentro del mismo sujeto. En efecto, si es esencial, para que hablemos de verdad, que haya una adecuación, ésta no puede darse en el terreno práctico respecto de una cosa externa, puesto que la cosa, representada en este caso por las acciones, aún no existe. Es más, de lo que se trata precisamente es de poner esa acción en existencia. Tampoco puede ser una adecuación respecto de las acciones pasadas, sino en un sentido analógico, como ya vimos, pues la acción ya realizada pertenece al mundo de la historia, a lo inamovible, que, por tanto, es objeto de contemplación, de constatación y no tiene, estrictamente, un carácter práctico, es decir, contingente. Aristóteles recuerda en su *Ética a Nicómaco* el dicho de un literato griego, que señala "Pues de esto mismo incluso un dios está privado: de ser capaz de hacer que no haya ocurrido lo que ya ha ocurrido.[27] El pasado es inalterable, no depende actualmente de nuestra voluntad. Sólo podemos conocerlo, pero no cambiarlo.

§ 109. ¿Dónde cabe encontrar, entonces, la adecuación o concordancia que es esencial a la verdad en su sentido más estricto? No entre el hombre y algo externo, sino en el sujeto mismo, en la "concordancia de apetito recto y razón verdadera". Este es un proceso dinámico, donde el hombre ajusta su voluntad a lo que sabe que es bueno y emplea su razón en el hallazgo de los medios que conducen al fin. Ese fi no es cualquiera, sino aquél que está indicado por un apetito que es recto. En esta adecuación entre corazón y cabeza se une la doctrina de la ley natural (representada por la alusión a una razón verdadera) y la teoría de las virtudes (aludida por la idea de apetito recto).

Precisamente los hábitos buenos, las virtudes, dan a los distintos apetitos una connaturalidad con el bien auténtico. El hombre entero tiende hacia él, sin desgarros ni escisiones. El resultado de esta armonía, de esta verdad interior, son, como se dijo, las acciones buenas. Por eso, en un sentido metafórico, pueden ser llamadas verdaderas, no simplemente porque respondan a lo que se busca (pues, como se dijo, esto también puede suceder en las acciones malas) sino porque expresan una verdad interior del sujeto. Es decir, constituyen un despliegue de aquello que el hombre está llamado a ser.

---

27 *Ética a Nicómaco*, VI 2, 1139b10.

El mal, por el contrario, puede ser calificad como una falsedad. Por eso, el hombre que carece de ese equilibrio interior tenderá a actuar mal. Y esas acciones también podrán ser llamadas falsas, aunque sean queridas, porque no conducen al auténtico bien, al bien de la entera persona: son como un camino que no lleva a destino.

Existe, entonces, una relación entre lo que es bueno y la verdad acerca de la persona, entre los principios que hacen que una acción sea racional, y el perfeccionamiento del agente. Por eso los hombres medievales decían que la ley natural es la participación de la ley eterna (es decir, del orden de la sabiduría divina que dirige a todos los seres al bien común del universo[28]) en la criatura racional.[29] El hombre, entonces, participa del orden cósmico de una manera peculiar —es decir, racional—, lo que signific que alcanza su plenitud empleando su capacidad intelectual y su libertad. Hay un paralelo entre el orden de la razón y el de la naturaleza: el hombre que actúa conforme a la recta razón alcanza su excelencia, despliega su naturaleza. Los distintos significad s de la voz "naturaleza" confl yen cuando hablamos de una ley natural. Esa ley es natural porque se conoce naturalmente, es decir, con las solas luces de la razón humana y no (primeramente) como fruto de una revelación religiosa; es también natural porque su fuerza deriva de la naturaleza y no del acuerdo humano y, por último, porque en la medida en que el hombre la siga alcanzará la plenitud de su naturaleza, de acuerdo con la enseñanza aristotélica de que "la naturaleza es fi ".[30] Llamamos ley natural a los principios de la razón práctica que corresponden a los criterios necesarios para que el hombre alcance su excelencia. Su violación, en cambio, aunque posible, conlleva un deterioro en el orden del ser, una degradación.

§ 110. Lo visto tiene gran importancia en otros campos, como el de la educación. La educación no se dirige sólo a proporcionar razones para obrar bien, sino a formar la sensibilidad para que responda a la razón. En efecto, la razón

---

28   Cf. Tomás de Aquino, *Suma teológica*, I-II, 93, 1.

29   Cf. Tomás de Aquino, *Suma teológica*, I-II, 91, 2c .

30   *Política*, I 1, 1252b32.

sólo puede gobernar al hombre cuando su animalidad se halla bien dispuesta, cosa que no se obtiene espontáneamente, sino que es el fruto de la tarea educativa. Los gustos, las emociones y, en general, la sensibilidad no son despreciables ni constituyen algo que haya que extirpar. Más bien, de lo que se trata es de ajustarlos a la razón.[31]

Vivir de acuerdo con la razón no significa proceder como si el hombre fuese sólo espíritu, sino conseguir que todas las dimensiones de la persona humana se desenvuelvan de una manera conforme con su racionalidad.

¿Significa lo que se ha dicho acerca de la ley natural que el virtuoso es alguien que rige toda su vida por principios? Sí y no. Pensemos, por ejemplo, en un caso ampliamente reconocido como un comportamiento virtuoso: el del buen samaritano. Él no dice, cuando ve al hombre herido: "Debo ayudar al necesitado/ Este herido es un necesitado/ Debo ayudar a este herido". Ni cuando llega a esta conclusión continúa pensando: "Los heridos necesitan curación/ Este hombre es un herido/ Este hombre necesita curación", etc. Más bien, nuestro buen samaritano procede de otra manera. Él simplemente ve al herido y se mueve a compasión, lo ayuda con todo lo que está a su alcance. En este sentido, no se mueve por principios, como si se tratara de una máquina de aplicarlos o de un robot que sigue las instrucciones de su programa computacional. Sin embargo, sus acciones son reconducibles a principios y estos principios son universalizables. Se trata de principios racionales y no del fruto de un capricho momentáneo. En este sentido, nuestro hombre actúa de acuerdo con principios. No hay contradicción entre los dos niveles de consideración. Aristóteles pone énfasis en el primero de ellos y por eso apenas habla en la *Ética a Nicómaco* de principios morales, pues se centra en los modos de comportamiento, es decir, en las virtudes. Tomás de Aquino, en cambio, se ocupa también del segundo nivel y por eso desarrolla una teoría de la ley natural, o sea, de los principios de la razonabilidad práctica.

En el caso del hombre vicioso, su acción no puede explicarse en términos de principios aceptables universalmente. Si quisiera justificar sus comportamientos injustos, tendría que decir simplemente que los realizó "porque

---

31   Cf. C. S. Lewis, *La abolición...*, p. 27.

le gustaba hacerlos"; pero esa, por sí sola, no parece ser una razón suficien e para legitimar un acto.

Como conclusión de este capítulo, diremos que la sola fuerza es incapaz de fundamentar la obediencia al derecho. Se hace necesario acudir a otros criterios, de carácter suprapositivo, capaces de imponerse a la razón de un modo incondicional. Como en el orden especulativo, la razón supone la existencia de ciertos principios primarios, otro tanto sucede en el campo práctico. Los principios primarios de la razón práctica y sus conclusiones se han denominado históricamente "ley natural". Esta ley es universal y, en términos generales, inmutable, aunque no todos los hombres la conocen en la misma medida.

ix
Las normas jurídico-positivas

Si fuese derecho lo que ha sido establecido
por decisión de los pueblos,
por decreto de los príncipes
o por sentencias de los jueces,
serían derechos el robo, el adulterio,
los testamentos falsos,
siempre que hubiera sido admitido así
por acuerdo de la multitud.
Si se otorga a las palabras y acuerdos de los necios
tanta fuerza como para modifi ar la naturaleza de las cosas,
¿por qué no mandan que se considere bueno
lo que es malo y reprochable?,
¿por qué si la ley hace justo lo que es injusto
no va a poder también hacer bueno lo que es malo?
Pero nosotros no podemos distinguir
la ley buena de la mala
por ningún otro criterio
que no sea el de la naturaleza.

Cicerón

§ 111. Los principios morales que el hombre descubre en sí mismo y en su cultura son muy importantes, pero no bastan para organizar la vida personal y social, por varias razones. En primer lugar, porque a veces su conocimiento es difícil y requiere tiempo, esfuerzo y la colaboración de otras personas. De otra parte, porque no todos los problemas de la vida en sociedad se resuelven con dichos principios, por más que nos hallemos entre personas bien dispuestas y generosas. Pensemos en una sociedad donde sólo vive gente virtuosa, cuya principal preocupación sea servir a los demás. Personas como esas, preocupadas del bien ajeno tendrán el máximo interés por conducir su vehículo de manera adecuada, pero, ¿qué significa eso en la práctica?, ¿cómo sabrán Gandhi o Martin Luther King si deberán hacerlo por la derecha o por la izquierda? La respuesta no depende directamente de la moral, sino de la convención, y bien sabemos que en Inglaterra o en la India es distinta del resto de los países europeos y de Estados Unidos de América. Por otra parte, aunque los principios morales se refieran a materias indiscutibles, como por ejemplo, a la necesidad de evitar acciones que promuevan el odio racial, su realización en el seno de una sociedad exige clarificar otras cosas, como por ejemplo la sanción que tendrá la promoción de ideas racistas. Ella no está perfectamente determinada, sino que depende de las circunstancias y de la voluntad de los legisladores.

Por último, aun en el caso de que todos pudieran conocer los principios morales más importantes, siempre habrá personas que no están dispuestas a seguirlos, es decir, que no quieren cumplir con ese mínimo que es exigible para que funcione la vida social. Nunca faltan aquellos que, como en los antiguos buques, buscan viajar en la bodega, sin pagar el pasaje. De ahí que sea imprescindible dotar a ciertas normas morales del apoyo de la fuerza. Tal es el carácter, por ejemplo, de un Código Penal: un conjunto de exigencias morales respaldadas por la coerción estatal. Estas son algunas de las razones que hacen necesaria la ley positiva, es decir, una forma de legalidad que está puesta por la voluntad de los hombres. Ya Aristóteles advertía la necesidad de una forma convencional de lo justo, además de la natural, cuando decía en un texto que ya conocemos:

> De lo justo en la comunidad política, una [forma] es natural y otra por ley. Es natural la que tiene en todas partes la misma fuerza, y no porque [a los hombres] les parezca bien o no; es, en cambio, por ley la que en principio es indiferente que sea de esta o de aquella manera, pero deja de ser indiferente una vez que se la establece; por ejemplo, que el rescate cueste una mina o el sacrificio sea de una cabra y no de dos ovejas; además, todo lo que las leyes establecen en particular; por ejemplo,

que se haga un sacrifi io en honor de Brasidas, y toda [disposición] que tiene forma de decreto.[1]

La necesidad de determinar

§ 112. La relación entre las leyes que establecen los gobiernos y la ley natural es semejante a la que se da entre la capacidad lingüística que naturalmente todos los hombres poseen y los diversos idiomas que estos han estatuido. El lenguaje es natural al hombre, pero se expresa históricamente a través del griego, el francés, el hebreo o el latín, es decir, mediante diversas manifestaciones de carácter cultural como son los idiomas: "Cosa muy natural es, en verdad, que el hombre hable; pero la Naturaleza deja a vuestra discreción que lo hagáis de este o del otro modo", le dice Adán al Dante.[2] En el caso de las normas morales, es cierto que podemos decir que una buena parte de la convivencia social descansa sobre ellas, pero su inclusión en la legislación positiva permite ahorrar tiempo y realizar una coordinación más efectiva. Y, así como puede haber idiomas mejores o peores, lo mismo sucede con las legislaciones. Un idioma que contenga muy pocas palabras tendría la ventaja de ser muy fácil de aprender, pero al costo de dar origen a una comunicación muy elemental. Un idioma muy pobre, por ejemplo, no permitiría adquirir el grado de precisión que, para ser eficaz, exige el lenguaje de las ciencias y no sería susceptible de ser aplicado a realidades complejas. Pero tampoco puede una lengua tener infinita palabras, tantas como cosas existen. Si hubiese una palabra no ya para cada tipo de objeto (perro, mesa), sino para cada objeto, es decir, si hubiese una palabra diferente para designar a cada mesa o a cada perro, entonces no podríamos comunicarnos. Pasaría algo semejante a lo que ocurría en un cuento de Borges, que habla de una civilización en donde la cartografía está tan desarrollada que realizan mapas con una escala 1:1, o sea mapas completamente inútiles.[3]

---

1 *Ética a Nicómaco*, V 7, 1134b18 ss.

2 *La divina comedia*. Paraíso, Canto XXVI.

3 J. L. Borges, "Del rigor en la ciencia" (*El hacedor*, 1960), en *Obras completas II*, Barcelona, Emecé, 1989, p. 225.

Con las normas positivas sucede algo semejante. Por eso, las diversas naciones hacen esfuerzos para tener las menos leyes posibles, pero, al mismo tiempo, las suficien es para poder regular las ocasiones de conflic o que se puedan presentar entre los hombres. Es un equilibrio difícil de lograr, y que depende en buena medida de la mentalidad de cada pueblo. Algunos se conforman con pocas leyes y dan un amplio margen a la discrecionalidad de los jueces y a las costumbres. Esa fue por siglos la tradición británica. Otros, como Montesquieu, piensan que es mejor acotar el margen de arbitrio judicial[4] y consideran que se alcanza mayor seguridad jurídica si se cuenta con legislaciones detalladas. Pero éstas, en fin son difícilmente accesibles al hombre común, lo que nuevamente da origen a un problema. Todo esto no debe extrañarnos: el equilibrio en que consiste la política es siempre inestable y exige constantes medidas de corrección.

§ 113. El papel de la ley positiva es determinar aquello que en la ley moral está aún indeterminado y llenar los vacíos en las materias que en sí mismas son moralmente indiferentes. Así, por ejemplo, "no robar" es un principio moral, pero la buena vida social exige establecer el modo y las condiciones en que se penará ese delito (a partir de qué edad se es penalmente imputable, qué sanciones acarrea ese acto, cuáles son las atenuantes y las agravantes, etc.). También, como se decía, hay materias que en sí mismas podrían regularse de una u otra manera, como el sentido del tránsito en las calles o el hecho de que el rojo y no el verde signifiqu que debe detenerse el automóvil en una esquina. Pero una vez que la ley lo determina, ya deja de dar lo mismo y hay que atenerse a lo establecido. El buen ciudadano, como el buen deportista, es el que respeta las reglas del juego, aunque sabe que en ocasiones podrían ser diferentes.

Los modos a través de los cuales la legalidad positiva establece lo que Aristóteles llamaba "justo por convención", son muy variados. A veces será mediante leyes, incluida la constitución, otras en cambio los criterios de lo justo estarán dados por los fallos de los tribunales o las costumbres vigentes

---

4   Cf. *El espíritu de las leyes*, Madrid, Ediciones Itsmo, 2002, p. 6.

en una determinada comunidad. En todo caso, se tratará de poner un determinado orden allí donde no había ninguno o de precisar lo que estaba establecido de manera aún muy general. No hay que despreciar esta legalidad positiva, pues su buena constitución es imprescindible para el adecuado funcionamiento de una sociedad. Por eso decía Heráclito que una ciudad debe luchar por sus leyes como por sus murallas.[5] Ya sabemos que en el mundo antiguo la cuestión bélica decisiva era la de superar los muros de la ciudad asediada. A veces el muro se superaba destruyéndolo. Otras, como en Troya, valiéndose de una estratagema. Lo mismo sucede con las leyes, que a veces son violadas por los tiranos u otros hombres violentos, y otras simplemente burladas por la astucia de algunos. Pero si la ley no se respeta, tarde o temprano se deteriora la vida en sociedad, se pierde de vista que conseguir una vida buena es una tarea de todos.

Los hombres medievales comparaban este proceso de determinación de la ley natural por parte de la ley positiva con la tarea de un arquitecto, que, a partir de una idea general de casa, realiza una casa determinada. Hay muchos modos de hacer una casa, pero no todos son igualmente buenos. Además, lo que sea una casa buena depende también de muchas circunstancias. Una casa de los Alpes o un iglú pueden ser excelentes viviendas en sus lugares de origen y muy malas en el Ecuador o en el desierto. Así se observa uno de los sentidos en los que cabe decir que los criterios de justicia son cambiantes. Pero, al mismo tiempo, ayuda a entender que esa mutabilidad tiene ciertos límites.

§ 114. ¿Qué hace la ley? En algunos casos *manda* realizar ciertos actos que son necesarios para conseguir el bien social, como, por ejemplo, pagar los impuestos o alimentar a los hijos. En otros *prohíbe* aquello que lo daña, como los homicidios y los secuestros. También *permite* ya sea cosas que son buenas en sí mismas pero que no tiene sentido obligar a realizarlas (por ejemplo, las donaciones con fine culturales), ya otras que son malas pero no de tal entidad como para prohibirlas. Aquí hablamos de "tolerancia". Es el caso, por

---

5   Diels-Kranz (DK en lo sucesivo) 22 B 44.

ejemplo, de las mentiras, que en principio no están prohibidas por la legislación, salvo que se realicen en juicio, que lleven consigo una estafa o que envuelvan otros males, es decir, que produzcan un severo daño a la convivencia.

Propósito de la ley

§ 115. Tradicionalmente se ha dicho que el fin de la ley es el bien común. Sin embargo esta afirmación de la filosofía política clásica dista hoy de ser pacífica. De una parte, la experiencia de los totalitarismos y las demás autocracias lleva a muchos a mirar con desconfianza la noción de bien común, y a considerarla como una categoría que permite legitimar la lesión de los derechos individuales con una justificación supuestamente superior, como se ve en *Animal Farm*, la historia de Orwell. Por otra parte, la idea de un bien común parece suponer un acuerdo acerca de lo bueno que dista de existir en las sociedades pluralistas contemporáneas. Por eso, inspirados en el liberalismo, otros autores prefieren proponer para la ley un papel más modesto. Su finalidad sería simplemente la de coordinar los diversos proyectos individuales, haciéndolos posibles. Con otras palabras, el fin de la ley sería asegurar ciertos espacios de libertad, donde los individuos deciden autónomamente, evitando que las aspiraciones de alguno puedan resultar lesivas de los derechos de otros. Si "buenas cercas hacen buenos vecinos", el papel de la ley no sería indicarles a las personas cómo deben vivir, sino resguardar la autonomía de sus propias vidas y permitirles que puedan darle el contenido que estimen conveniente.

§ 116. En esta visión liberal hay mucho de verdad. Parte de la buena vida social consiste en que los individuos gocen de una importante cuota de autonomía. Cabría decir que la máxima que sea posible, cumplidas ciertas condiciones. Esa autonomía no es algo que simplemente se tolera, sino un bien que conviene mantener. Por eso la filosofía política clásica siempre había insistido en que no es papel del gobernante reprimir todos los vicios, ya que el costo de intentar una empresa semejante significa destruir esa esfera de intimidad que es parte del bien social. Durante la dictadura de Juan de Leiden en la ciudad de Münster, en el siglo xv i, estaba prohibido poner cortinas en las casas. "Si usted está haciendo algo bueno, decían, ¿qué le importa que lo vean?" No se daban cuenta de que, a diferencia de los animales, los hombres tienen una idea de la intimidad y que esa realidad es muy valiosa. Por eso dice Tomás de Aquino:

> La ley humana está hecha para la masa, en la que la mayor parte son hombres imperfectos en la virtud. Y por eso la ley no prohíbe todos aquellos vicios de los que se abstienen los virtuosos, sino sólo los más graves, aquellos de los que puede abstenerse la mayoría y que, sobre todo, hacen daño a los demás, sin cuya prohibición la sociedad humana no podría subsistir, tales como el homicidio, el robo y cosas semejantes.[6]

También es atendible la preocupación liberal frente a los abusos que ciertos regímenes puedan haber hecho de nociones como bien común u otras semejantes. Pero, ¿existe acaso alguna idea en política de la que no se pueda abusar? No hay más argumentos para descartar esa noción en virtud de los abusos, que los que existen, por ejemplo, para rechazar los conceptos de libertad o autonomía. ("Libertad... libertad... ¡cuántos crímenes se cometen en tu nombre!", exclamó Madame De Roland momentos antes de ser decapitada en la Revolución francesa, en 1793). Se trata, entonces, de reflexi nar acerca de la finalidad de la ley y sólo en segundo lugar acerca de las patologías que eventualmente pueda sufrir. Es más, esas patologías sólo son tales en comparación con una constitución que se considera normal y deseable.

§ 117. Olvidar la noción de bien común o cualquiera otra que se le asemeje puede traer consigo costos considerables. En particular, lleva a estimar que la sociedad se compone sólo de individuos aislados, replegados sobre sus intereses personales y carentes de tareas comunes. La vida social, entonces, se transforma en una coexistencia, como la que se da entre los pasajeros de un vagón de tren, que casualmente se encuentran en el mismo trayecto y que

---

6 *Suma teológica*, I-II, 96, 2c.

sólo comparten el interés por llegar pronto a destino sin sufrir mayores molestias. Sin embargo, la disposición de los individuos a ocuparse de los demás es muy diferente si se tiene o no presente que existe un bien que todos están llamados a compartir. Otro tanto sucede a la hora de evaluar la situación de aquéllos que, por alguna razón, quedan al margen del progreso social. Si la ley simplemente establece parcelas de actividad, dentro de las cuales cada uno es soberano, basta con que yo no lesione los derechos de los más débiles para que pueda darme por satisfecho. Si existe, en cambio, algo así como un bien común, mis obligaciones dejan de ser meramente negativas y bien puede suceder que se me exija dar o hacer algo para que todos puedan gozar de los benefici s de la vida social y no sólo aquellas personas que poseen riqueza, influenci o cultura. La preocupación por el bien común incluye el cuidado de los bienes comunes: plazas, caminos y medio ambiente, por ejemplo. Pero hay más: existe una razonable preocupación por la cosa pública que afecta a todos y no sólo a los políticos profesionales. Esto es particularmente importante en un régimen democrático, en donde los ciudadanos tienen, a través de su voto, la posibilidad de elegir a los gobernantes que estimen adecuados y deshacerse de los que consideren ineptos.

Lo propio del bien común es su comunicabilidad. Aún en el caso de que algunos de sus aspectos o tareas sean puramente materiales, no cabe duda de que el hecho de que otros hombres reciban lo que requieran para su plenitud, que está difi ultada por circunstancias que muchas veces no dependen de ellos, es parte de la excelencia humana del resto. Y al revés: yo no alcanzaré mi pleno desarrollo humano si existe un grupo de ciudadanos que es objeto de discriminación o que carecen de lo necesario para una vida humana.

§ 118. Por último, la idea liberal de una ley que se limita a exigir el respeto de las posesiones y esfera de autonomía de cada individuo, supone que la distribución que se resguarda es necesariamente adecuada. Pero no hace falta ser marxista para reconocer que existen repartos que son injustos, que se deben a la violencia, el engaño o la postergación de ciertos grupos sociales. En ese caso, la ley será tan sólo un mecanismo para perpetuar ciertas injusticias u opresiones, algo muy distinto de lo que pretendía el liberalismo.

§ 119. Lo que hace a una nación no es el hecho de coexistir en un mismo lugar, sino el haber vivido una historia común y tener tareas por delante, como la superación del analfabetismo y la pobreza, el cuidado del equilibrio ecológico o la difusión de la cultura, que sólo pueden ser realizadas eficazme - te con el concurso de todos. Por eso, dice Aristóteles:

> Es claro, pues, que la ciudad no es una comunidad de lugar y cuyo fi sea evitar la injusticia mutua y facilitar el intercambio. Todas estas cosas se darán necesariamente, sin duda, si existe la ciudad; pero el que se den todas ellas no basta para que haya ciudad, que es una comunidad de casas y de familias con el fi de vivir bien, de conseguir una vida perfecta y suficien e.[7]

Naturalmente, no cabría hablar de un bien común si se lleva a cabo a través de la sistemática lesión de los bienes y dignidad de algunos o muchos de los ciudadanos. El bien común no debe ser confundido con el bien del Estado, ni tampoco con el de la mayoría o minoría de los ciudadanos. Hay que tener en cuenta que el bien común es un bien propio, distinto a la sumatoria de bienes particulares de todas las personas integrantes de la comunidad. Es más, le añade algo peculiar a esa sumatoria de bienes. Por decirlo de un modo gráfi o, es como una fiesta, donde además de la alegría que cada asistente lleva a ella, hay una cierta alegría propia de la fiest misma y que se añade a la que trae consigo cada asistente al llegar a la celebración.

§ 120. Por otra parte, puesto que los bienes de los que gozan los hombres (cultura, ciudades, progreso tecnológico, sistemas de educación o previsión) son en buena medida heredados, no resulta razonable pensar que todo el trabajo de las generaciones precedentes termina en los ciudadanos que actualmente viven, y que ellos están dispensados del esfuerzo por entregar a las futuras generaciones un medio donde puedan vivir dignamente. El bien común exige la preocupación por las generaciones futuras, del mismo modo como

---

7   *Política*, III 9, 1280b29-35.

otros se preocuparon por la nuestra. En cierto modo, todos estamos llamados a ser padres de la patria, es decir, personas cuyo sacrifici y esfuerzo siente las bases de la prosperidad y libertad de quienes vengan después. Esto se traduce en cosas tan tangibles como cuidar el valor de la moneda, preservar los lagos y los bosques, o preocuparse de conservar las piezas documentales y monumentos que darán cuenta de nuestra historia.

§ 121. Además del bien común de toda la sociedad, cada agrupación intermedia tiene su propio bien común; es decir: cada familia, cada empresa, cada asociación deportiva, cada ente cultural. En la medida en que esto se tenga presente, será más fácil vencer el individualismo y evitar muchos conflic os entre los cónyuges; padres e hijos; empleadores y obreros, y socios y directivos. Tarea del Estado es proteger esa rica vida que debe darse en la sociedad. En palabras de Hölderlin, su tarea es la de ser el muro alrededor del jardín.[8]

La obligación de obedecer la ley

§ 122. Una cuestión importante, que podríamos plantear ahora es ¿por qué obliga la ley positiva? Algunos han pensado que no existe obligación moral de seguir el derecho positivo, y que la única razón para hacerlo se basa en la sanción. Pero ya vimos antes que la fuerza no podía constituir un título suficien e para fundamentar una obligación, pues es sólo un hecho, del cual no puede derivar deber alguno. La respuesta a la pregunta de por qué obliga la ley, exige hacer algunas distinciones. En el caso de las normas positivas que recogen exigencias morales, el título por el que deben ser obedecidas es el mismo que exige obediencia al principio moral que contienen.[9] El problema se produce, sin embargo, con aquellas normas, como las del tránsito, que no parecen tener un claro contenido moral.

---

8 Cf. F. Hölderlin, *Hyperion oder der Eremit in Griechenland*, 1. Band (Tübingen, Erster Band. J. G. Cotta, 179), pp. 53-54.

9 Cf. §§ 91 ss.

El deber de respetar las normas puramente positivas puede explicarse por un doble camino. En primer lugar, habría obligación moral de seguir esas leyes si es que existe obligación moral de obedecer a los gobernantes, cuestión que no hemos tratado pero que es plausible. Pero también puede pensarse que existe una obligación, si bien indirecta, de obedecer esas leyes en la medida en que haya obligación de vivir en paz con los demás hombres. En efecto, la paz social exige tomar una decisión, por ejemplo, acerca del límite de velocidad en las autopistas, donde hay muchas posibilidades legítimas, incluida la de no poner límite máximo sino sólo mínimo, en el caso de que esas vías tengan una especial calidad. Sin embargo, como no es posible elegirlas todas a la vez en un mismo país en una misma época, una vez que se estatuye alguna opción determinada hay obligación de seguirla. Además, siguiendo con el ejemplo del tránsito, como reconocemos que existe la obligación de no dañar a los demás, el hecho de que se decida que se conducirá a una determinada velocidad máxima, hace que quien proceda de otra manera se ponga en ocasión de causar daño a los demás, lo que no es admisible. Es decir, las leyes establecen ciertas reglas del juego y dan origen a razonables expectativas de los demás ciudadanos, y no hay derecho a defraudarlas si son legítimas, porque les ocasionaríamos un daño. Es muy diferente la manera en que se conduce un vehículo motorizado si se parte de la base de que los demás conductores respetarán las reglas o si se está en una situación carente de toda norma. Los conductores pueden razonablemente esperar un determinado comportamiento de nosotros, que somos ciudadanos del mismo país, y no seguirlo sin razones de peso es tanto como engañarlos. En *Cisnes salvajes*, Jung Chang cuenta que en Shangai, durante la Revolución Cultural de Mao, los guardias rojos se negaban a detenerse en los semáforos cuando señalaban rojo. Si el rojo, para ellos, era un símbolo del avance y el progreso, ¿por qué entonces, detenerse? Los accidentes que se produjeron fueron tales, que incluso los guardias rojos entraron en razón y se dieron cuenta de que en toda sociedad era necesario acordar ciertas normas de convivencia que no derivan directamente de los principios fundantes de la misma.

§ 123. ¿Quiere decir esto que las normas positivas obligan en conciencia en todos los casos? Sí, siempre que cumplan su finalidad. En cambio, si en vez de coordinar nuestras acciones de una manera que conduzca al bien común, alteran su misión y se transforman en medio de opresión o de mero beneficio de los detentadores del poder, cesa la obligación de obedecerlas. Por eso, dice Tomás de Aquino que "toda ley se ordena al bien común de los hombres y en esa medida tiene fuerza y carácter de ley, y en la medida en que se aparta de ese fin, carece de fuerza obligatoria";[10] por eso, las leyes injustas "son más violencia que leyes [...] y por eso no obligan en el foro de la conciencia";[11] en suma:, "la ley tiránica, que no es conforme a la razón, no es ley pura y simplemente, sino más bien una cierta perversión de la ley".[12]

Con todo, indirectamente, aun en esa situación podría ser obligatorio seguirlas. Es el caso en que, de no hacerlo, se deriven graves daños para el resto de las personas o para el sujeto mismo. En esta situación es preferible sufrir una injusticia (por ejemplo, pagar un tributo excesivo, impuesto por una potencia invasora) antes que rebelarse y dar origen a crueles represalias o cosas semejantes. Pero aquí la obligación no deriva de la ley injusta, sino del deber más general de evitar graves daños.

Con todo, la obediencia a la ley injusta tiene un límite: no es lícito seguir una ley que ordene no ya *padecer* sino *realizar* el mal. Aquí no se puede cumplir esa ley y la subversión no la pone quien se niega a hacerlo sino el gobernante que manda algo que contradice la razón de su existencia. En la historia de Antígona, no es ella, sino Creonte el subversivo, cuando manda dejar insepulto a un muerto, en contravención al mandato de los dioses.

La idea medieval de que la ley injusta no es ley en un sentido propio, ha influido significativamente en el pensamiento político posterior. Así, por ejemplo, la Declaración de independencia de los Estados Unidos, dice expresamente que el carácter injusto de las leyes de la Corona británica ha llevado

---

10 *Suma teológica*, I-II, q. 96, a. 6 c.

11 *Suma teológica*, I-II, q. 96, a. 4 c.

12 *Suma teológica*, I-II, q. 92, a1, a d 4.

a que los ciudadanos de Norteamérica queden desligados de la sujeción a esa autoridad.[13]

En todo caso, la injusticia que, en principio, autoriza la desobediencia es la que deriva del *contenido* de la ley y no la que se origina en que el *título* del gobernante no sea legítimo. Así, las reglas del tránsito razonables que establece un dictador son también obligatorias, aunque haya tomado y ejerza el poder de una manera ilegítima.

Equidad

§ 124. El 10 de septiembre de 1586 se procedió a instalar en la plaza San Pedro el obelisco egipcio del siglo xix a. C. que hasta el día de hoy se encuentra allí. Se trataba de una operación de gran complejidad, en la que intervenían 75 caballos y 900 hombres. A las órdenes del arquitecto Domenico Fontana, debían colocar esa mole de 327 toneladas sobre un pedestal. Era tal el riesgo que se corría en este trabajo, que se advirtió que quien hablara sería castigado con la pena capital. Llegó un momento en que los caballos estaban agotados por el esfuerzo y las cuerdas amenazaban con ceder. La caída del obelisco podía significa la muerte de mucha gente, además de su destrucción. En un momento en que la tensión era máxima, una voz rompió el silencio: "¡Mojad las cuerdas!". Fontana ordenó que así se hiciera: al mojarse, las cuerdas se contrajeron y adquirieron nueva fuerza, lo que permitió terminar con éxito la instalación. Un gran aplauso mostró la gratitud de todos hacia el hombre que se había atrevido a pasar por encima de la letra de la ley y hacer lo que debía, un capitán de la marina genovesa, que no sólo no recibió castigo sino que fue premiado.

Hay que tener presente que la ley está redactada de modo general, de manera que no puede ponerse en todos los casos, y está pensada para lo que ocurre normalmente y no para los casos excepcionales. De ordinario, quien interrumpe una operación tan delicada, como la colocación del obelisco, debe

---

13 El texto en J. Vlegas, *The Declaration of Independence: A Primary Source Investigation into the Action of the Second Continental Congress*, Nueva York, The Rosen Publishing Group, 2003, p. 89.

ser castigado. Con todo, hay interrupciones que pueden resultar salvadoras, como la de ese caso. El revestir un carácter general no es un defecto de la ley: una ley que pretendiera abarcar todos los supuestos posibles de su aplicación sería tan minuciosa que resultaría muy difícil incluso conocerla. Mucho más sensato resulta dejar abierto un mecanismo que permita resolver ciertas diÃcultades caso a caso. En efecto, puede suceder que una ley que, en principio, es justa, produzca resultados injustos si se la aplica de modo literal. Entonces, el juez aplicará no la letra de la ley sino su espíritu y se preocupará de ajustar las exigencias abstractas de la norma a la peculiaridad del caso concreto.

Así, por ejemplo, una ley que establece un límite de velocidad no se está poniendo en la situación de que una ambulancia deba llevar a un enfermo grave al hospital más cercano, excediendo ese límite en un camino despejado. Más sensato que pretender agregar en la ley una descripción de ese caso, resulta reservar al juez la facultad de dejar sin sanción a ese conductor. Esa es la equidad, un elemento fundamental de la vida jurídica y que evita tanto los abusos que derivarían de una aplicación rígida de la ley como los que surgirían en una situación de anomia, porque la equidad supone la ley, como la excepción supone la regla. En todo caso, aquí, más que de excepción, de lo que se trata es de aplicar la finalidad de la ley, por encima de su letra, es decir, de resolver la cuestión de la forma en que la habría resuelto el legislador si se hubiese confrontado a ese caso.

Se dice que la equidad es la justicia del caso concreto, porque la naturaleza misma del caso nos orienta para ir más allá de lo que se ha establecido convencionalmente. Es corrección de lo justo por convención: "corrección de la ley en tanto ésta incurre en omisiones a causa de su índole general".[14]

Más allá de la ley

§ 125. Entre las herramientas que han desarrollado los hombres para regular pacífi amente la convivencia, la ley positiva desempeña un papel muy

---

14 *Ética a Nicómaco*, V 10, 1137b27.

importante, pero no es la única que nos permite vivir en paz. Desde siempre cabe observar en las sociedades otras normas, que no están respaldadas por la coerción estatal ni envuelven obligaciones de justicia: son las normas de educación o de trato social. Estas reglas se preocupan no de evitar daños a los demás, sino de hacerles la vida más grata. Son reglas a veces sutiles, muy parecidas a las de un juego; en ocasiones cambian de una sociedad a otra, pero siempre expresan el respeto que sentimos por los demás hombres. El hecho de que sean muy cambiantes no debe llevar a despreciarlas. Efectivamente podrían ser de otra manera, pero son el resultado de una lenta evolución y refleja la convicción de muchas generaciones en orden a que la atención por el otro exige saludarlo o dejarle libre el asiento cuando es de edad avanzada. También la forma como vestimos reflej nuestra consideración por ciertas personas, momentos o lugares.

La persona educada, entonces, apenas se preocupa de la ley, no porque la desprecie o incumpla, sino porque sus exigencias, que son sólo un mínimo, le parecen demasiado poco. Va más allá de ella y mantiene una actitud positiva de atención, respeto y cuidado. Esas normas de educación son un elemento importante de la paz social. Quien las cumple y descubre el hondo valor que contienen será un buen vecino, un ciudadano confiabl y tenderá a respetar las leyes de modo espontáneo, sin necesidad de jueces y policías.

Dicha actitud de respeto también se refleja á en el modo en que se enfrentan los valores y prácticas de otros hombres. Con acierto se ha hecho la distinción entre *vivir* algo como un valor y *tratar* algo como valor.[15] Cuando una línea aérea pone un menú alternativo para quienes no consumen determinadas carnes, no signific que sus administradores participen de las convicciones de ciertos pasajeros acerca de los alimentos que la respectiva religión prohíbe consumir. Simplemente están tratando como valor algo que para otras personas es importante y que, por lo mismo, merece su respeto. Un hombre educado no sólo vive ciertas cosas como valiosas, sino también trata con respeto las

---

15   Cf. M. Orellana Benado, *Pluralismo: una ética del siglo XXI*, Santiago, Universidad de Santiago, 1994, pp. 74 ss.

cosas que otros ciudadanos consideran importantes y que son objeto de una legítima diversidad.[16]

En suma, las exigencias morales fundamentales no bastan para vivir bien en sociedad. Es necesario precisarlas, determinarlas, atendiendo a las circunstancias concretas de cada comunidad. Esta es tarea de la ley positiva, que expresa esa justicia convencional de la que se habló antes. Ella ordena la convivencia para conseguir el bien común, y obliga en conciencia en la misma medida en que se dirige a esa finalidad

---

16   Cf. M. Orellana Benado, *Pluralismo...*, p. 75.

X

Conciencia y moralidad

Nadie debe avergonzarse más
ante los hombres que ante sí mismo,
ni hacer algún mal si nadie va a saberlo
con más motivo que si van a saberlo
todos los hombres,
sino que uno debe sentir vergüenza
especialmente ante uno mismo
e inculcar este principio en el alma
como para no hacer nada inconveniente.

Demócrito

Una ayuda importante

§ 126. El ser humano es el único animal capaz de cuestionarse sus actos y los motivos que están detrás de ellos. Los países, por ejemplo, pueden juzgar acerca de su historia y reconocer que ciertas prácticas o políticas no han sido moralmente aceptables, aunque hayan pretendido conseguir algunos benefici s o incluso los hayan obtenido. Las armas del imperio Británico no fueron suficien es para retener el dominio de la India cuando Gandhi y sus hombres mostraron que ese control carecía de toda justificaci n. Esto también sucede con los individuos. Somos capaces, por ejemplo, de lamentar las oportunidades que hemos desperdiciado por descuido y pereza, o deplorar determinados actos que han dañado a los que nos rodean o a nosotros mismos. La literatura nos da abundantes ejemplos: cuando Hamlet ordena a los actores representar la escena del asesinato de su padre, puede confi - mar la culpabilidad de su madre y su tío con sólo ver las caras que ponen al reconocerse a sí mismos en los personajes y ver recreado su plan maligno

197

para conseguir el trono del rey y contraer matrimonio. En este caso la historia termina mal, pero en muchos otros esa voz interior que llamamos conciencia da al hombre una luz sobre sus actos y le permite rectifica . En este sentido, la conciencia es un gran aliado, un apoyo fundamental para quien quiere hacer el bien, pero sabe que puede equivocarse o engañarse. En cambio, para el malvado es una constante molestia, como le sucede a uno de los asesinos de Clarence, en *Ricardo III*:

> ¡No quiero tener nada con ella; es una cosa peligrosa! Hace del hombre un cobarde, no puede robar sin que le acuse, no puede jurar sin que le tape la boca, no puede yacer con la mujer de su prójimo sin que le denuncie. ¡Es un espíritu ruboroso y vergonzante que se amotina en el pecho del hombre! ¡Todo lo llena de obstáculos! Una vez me hizo restituir una bolsa de oro que hallé por casualidad. Arruina al que la conserva; está desterrada de todas las villas y ciudades como cosa peligrosa, y el que tenga intención de vivir a sus anchas, debe confia en sí propio y prescindir de ella.[1]

La conciencia manda, prohíbe, remuerde o alaba. Es decir, se trata de una interlocutora que acompaña todos nuestros actos libres. Es la forma en que la ley moral se hace presente en nuestra vida diaria. Por eso se dice que es la norma *próxima* de la moralidad (la norma remota es la ley moral natural). La conciencia no crea la ley, sino que la aplica a la circunstancia que el hombre tiene enfrente. Si ella crease la moralidad entonces nunca acusaría, pues se limitaría a seguir los intereses inmediatos del individuo. Tampoco puede pensarse que la conciencia moral no es más que el reflejo del medio o de la educación que se ha recibido, pues hay veces en que la conciencia lleva a cuestionarse la validez de los patrones de conducta imperantes en la sociedad, familia o círculo de amistades en los que hasta ese entonces esa persona se ha movido. En una escena de *Ana y el rey* (1999), la película de Andy Tennant, se ve cómo la lectura de *La cabaña del tío Tom* hace que

---

1   *Ricardo III*, I, IV.

el hijo del rey de Siam descubra el valor de la dignidad humana y la falta de justicia de ciertas rígidas divisiones sociales. Este es el primer paso para el fi de dichas prácticas inaceptables.

§ 127. El juicio de conciencia es muy diferente a un cálculo de interés o a un medio de adaptarse al sistema. Hay casos en que exige ir contra el sistema y hacer lo contrario de los propios intereses, salvo el "interés" por hacer lo que se considera justo. Antígona va llorando camino de la muerte, pero no deplora haber enterrado a su hermano. Esto nos muestra que en la estructura misma de la conciencia se encuentra la remisión a algo que va más allá de ella, a ciertos criterios de lo bueno y lo malo que el sujeto encuentra en sí mismo, aunque no están puestos por él.

Los juicios de la conciencia son categóricos. En cambio, los que se fundan en un interés son siempre hipotéticos. No es lo mismo decir "no mientas" que decir "si quieres ganar la maratón, debes comer todos los días una dieta equilibrada". No existe obligación de ingerir una dieta adecuada para la obtención de trofeos deportivos, como sí la hay respecto de la veracidad. De ahí que la obligación de seguir la conciencia sea absoluta, mientras que bien se puede renunciar a hacer algo que está motivado por el interés. La presencia de la conciencia, por otra parte, es una clara comprobación de que la razón tiene un uso práctico y no se limita simplemente a elaborar estrategias para el logro de ciertos intereses o a servir de ayuda para la satisfacción de los gustos personales. Ella no nos reprocha al modo en que un jugador de ajedrez lamenta haber hecho una jugada poco feliz. Su actuación tiene más que ver con el dolor de Creonte, cuando, al final de *Antígona*, descubre que ha obrado insensatamente, lo que implica reconocer que se ha actuado mal: "¡Ay, ay, estoy espantado de terror! ¡¿Por qué alguien no me hiere de frente con espada de doble fil ?! Desgraciado soy, ¡ay!, y sumido estoy en desgraciada afli ción".[2]

---

2   *Antígona*, vv. 1306 ss.

Formas de la conciencia

§ 128. ¿Es posible liberarse de la conciencia? Es lo que quería Lady Macbeth, antes de incitar a su marido a la traición:

> ¡Espíritus, venid! ¡Venid a mí, puesto que presidís los pensamientos de una muerte! ¡Arrancadme mi sexo y llenadme del todo, de pies a la cabeza, con la más espantosa crueldad! ¡Que se adense mi sangre, que se bloqueen todas las puertas al remordimiento! ¡Que no vengan a mí contritos sentimientos naturales a perturbar mi propósito cruel, o a poner tregua a su realización![3]

En la medida en que se produzca un acostumbramiento al mal, la voz de la conciencia se debilita. Entonces, lo que antes producía una incomodidad, un cierto desgarro interior, comienza a no ser tan molesto. Con todo, salvo en casos patológicos, siempre queda un eco de esa voz interior, aunque sea tenue. Por eso Lady Macbeth termina perdiendo la razón y, en vez del gozo por el poder esperado, acaba atormentada por el recuerdo de su crimen: "Aún queda olor a sangre. Ni todos los perfumes de Arabia endulzarían esta pequeña mano. ¡Oh, oh, oh!".[4]

La conciencia moral es un "órgano" que admite grados diversos de sensibilidad, que puede ir afinánd se con el tiempo o deteriorarse. Así, a veces puede dañarse por exceso, produciendo una inquietud que no tiene una justificació razonable. Es el caso de la llamada conciencia escrupulosa, que se presenta en medios culturales donde el centro de la formación moral se pone no en la idea de virtud, que es positiva e invita a un crecimiento personal, sino en la de deber. No signific esto que la noción de deber sea falsa o perjudicial, sino simplemente que está en un segundo plano, es una consecuencia del bien, y que, por tanto, no puede constituir el criterio único o principal de moralidad. Es el error que, en *Los miserables*, de Víctor Hugo,

---

3   W. Shakespeare, *Macbeth*, I, V.

4   *Macbeth*, V, I.

representa la figu a del inspector Javert, un hombre que todo lo subordina a las ideas de ley, deber y castigo, sin dejar sitio para la humanidad. La conciencia también puede alterarse de otra manera, y transformarse en laxa, que no ve el mal donde sí lo hay, al revés de la conciencia escrupulosa, que lo ve allí donde objetivamente no existe. Lo dicho no debe sorprendernos demasiado: todo lo humano está expuesto al deterioro, por eso la conciencia debe ser apoyada y perfeccionada con una educación adecuada.

En la educación de la conciencia desempeñan un papel fundamental los ejemplos, los consejos y el estudio, porque muchas veces los problemas son complejos y no basta con la buena voluntad para resolverlos. Hay que preguntar, hay que saber a quién preguntar y hay que tener la fortuna de encontrar alrededor de uno las personas capaces de responder con acierto. Sería una ingenuidad pensar que todos cuentan con esta posibilidad, de ahí que el grado de responsabilidad ante una conciencia errónea sea muy diferente entre un individuo y otro. La conciencia es fundamental, pero es falible. Sigue la suerte de la razón, de la que, estrictamente hablando, no se diferencia: la conciencia es el acto por el cual la razón discierne la moralidad de una acción pasada, presente o futura.

Obedecer la conciencia

§ 129. Que la conciencia sea falible no signific que uno pueda prescindir de ella. Desoírla es tanto como realizar algo que se piensa positivamente que es malo. Una actitud semejante no podría nunca ser buena. Por tanto, seguir la propia conciencia es condición necesaria para ser una persona honesta. Quien contraviene el dictamen de su conciencia se está condenando a sí mismo. Por lo demás, si alguien sostuviese que es lícito desobedecer la conciencia se estaría poniendo en una situación absurda. En efecto, ¿sería lícito desobedecerla siempre? Nadie sostendría eso. ¿Algunas veces? De ser así, ¿cuándo? No puede decirse que cuando uno quiera, pues eso es tanto como decir que la conciencia no obliga nunca. Tampoco cabe decir que es legítimo cuando la conciencia es errónea, pues si se advierte el error de la conciencia, esta deja de ser errónea. La única solución sería ver las cosas *a posteriori* y señalar que en un caso determinado fue lícito desobedecer la conciencia, pues en último término se mostró que el sujeto padecía un error sobre la moralidad de un acto. Esto, sin embargo, sólo es válido en el campo de la técnica, en que podemos decir que afortunadamente la persona oprimió el botón equivocado, porque, por un error, el botón rojo estaba en el lugar del azul. Pero no sucede lo mismo en el campo moral: quien elige lo que cree malo, se hace malo a sí mismo. La rectitud moral no se juzga por una simple modificaci n del mundo exterior, sino por la rectitud de la voluntad.

§ 130. Obedecer la conciencia es condición necesaria para la bondad del sujeto, pero no sufi iente: hay que seguir la conciencia, pero antes hay que asegurarse de que esté bien formada, que sea recta. Desde una perspectiva teológica, Tomás de Aquino hace al respecto un par de preguntas cuya respuesta puede sonar paradójica. La primera es si peca quien desoye su conciencia.[5] La respuesta, sin duda alguna, es positiva: quien hace lo contrario de lo que dice la conciencia actúa mal. ¿Quiere decir, entonces, que basta con obedecer la conciencia para que el acto sea bueno?[6] El lector podría pensar que aquí la respuesta también debe ser positiva, pero no es así. Puede que la conciencia sea errónea y que el sujeto en cuestión haya sido negligente a la hora de formarla. En este caso, entonces, aunque siga la conciencia actuará mal. Aquí el mal estará no en el hecho de seguir la conciencia, sino en la negligencia, en la culpable ignorancia. Pasa algo semejante al caso de un profesional, sea un médico que opera o un ingeniero que construye un puente, y que pretende excusarse por una falla diciendo que esa materia no la aprendió porque la enseñaron en un horario en que él prefería descansar. En la vida se responde no sólo por lo que se sabe, sino también por lo que razonablemente debería saberse. Volviendo al caso planteado por Tomás, es posible que alguien esté en una situación en la que hiciere lo que hiciere hará el mal, pero en tal situación uno sólo se pone por culpa propia, por desidia.

---

5   *Suma teológica*, I-II, 19, 5c .

6   *Suma teológica*, I-II, 19, 6c .

En cambio, es perfectamente posible que alguien realice algo que objetivamente es malo, pero que no tenga responsabilidad moral porque no lo sabía y, atendidas sus circunstancias, no podía saberlo. Es el caso, como lo llaman algunos autores, de una conciencia *invenciblemente errónea*. Aquí, como se anticipaba, infl yen notablemente la educación y el medio cultural en los que el sujeto ha vivido. Sin embargo, aparte de que hay cuestiones muy elementales en las que no cabe equivocarse sin culpa, el ser humano no está determinado por completo por la educación recibida, de modo que puede cambiar, corregir su juicio, como cuando los hombres empiezan a darse cuenta de que la poligamia no es compatible con la dignidad humana. La posibilidad de cambiar, de corregir los propios juicios, hace que nadie pueda simplemente escudarse en la conciencia para considerar justificad cualquier comportamiento. La conciencia remite a otras instancias ulteriores para confirma su legitimidad, concretamente a la ley moral natural. Sin embargo, y no es una contradicción con lo anterior, nadie puede ser obligado a actuar en contra de lo que le dice su conciencia. Sería tanto como obligarlo a hacer lo que piensa que está mal. O sea, obligarlo a hacerse una mala persona.

Arrepentimiento

§ 131. El actuar bien lleva a adquirir un cierto gusto moral, una certeza de juicio que conduce a que el sujeto acierte en sus decisiones. Pero el ser humano es débil y muchas veces no advierte con detalle lo que está haciendo, y hace el mal incluso movido por buenas razones. Otras veces hasta puede hacer el mal a sabiendas. Sin embargo, el hombre tiene la posibilidad de revisar lo actuado, de distanciarse de sí mismo y ponerse como un árbitro, que no crea las reglas del juego, sino que las aplica. El desajuste, entonces, entre el acto malo que hemos realizado y lo que nosotros sabemos que está bien, causa un dolor. El resultado de esta incongruencia es lo que habitualmente se denomina *remordimientos de conciencia*. El paso siguiente es el *arrepentimiento*. Aquí se reconoce que las razones que habían justificad el acto no eran valederas. Se admite que se había buscado un bien particular y no el bien de la entera persona que actúa, que se ha confundido el bien real con un bien que es sólo aparente. Ya no es sólo una molestia interior, sino un verdadero juicio que el hombre pronuncia sobre sí mismo, declarándose culpable. La literatura ha mostrado esta experiencia de modo inigualable en *Crimen y castigo*, de Dostoievski.

Reconocer el mal como mal, arrepentirse y, en la medida en que sea posible, reparar el daño causado, produce una liberación. Si es sincera y profunda, llevará en muchos casos a que los remordimientos desaparezcan y se recupere la unidad interior. Sólo en la medida en que el hombre admita el mal como propio, es decir, como fruto de su libre querer y no simplemente de las circunstancias o del ambiente, se podrá liberar de su peso. La conciencia es una llamada a la responsabilidad, a que el hombre reivindique la autoría de sus propios actos.

§ 132. Las nociones de conciencia y arrepentimiento han sido puestas de relieve de modo muy particular en la tradición judeocristiana. En ella, la vida en este mundo adquiere un particular dramatismo, en cuanto que en un acto, en una decisión, el hombre puede reorientar su existencia de manera radical. Es el fenómeno de la *conversión*. Aparentemente este modo de ver las cosas es un antípoda de aquel que proponía Aristóteles, en el cual lo decisivo no son las decisiones aisladas, sino la formación de hábitos virtuosos. Sin embargo, aunque existen diferencias, no hay contradicción. En la tradición judeocristiana también es fundamental la formación de hábitos, y toda conversión es seguida de un lento proceso, a veces doloroso, en el que se empieza a vivir de otra manera y a adquirir hábitos contrarios a los que se tenían. El matiz de diferencia está en que en el cristianismo se pone un mayor acento en la libertad del individuo y en su capacidad de liberarse de las fatalidades en las que parece encontrarse. En el caso de *Antígona*, vemos que al final Creonte se arrepiente y oye los consejos de Tiresias, pero esto no es suficiente para cambiar un destino que es trágico. Ese peso del destino está ausente en el mundo judeocristiano, pues es reemplazado por la noción, mucho más optimista, de providencia, que no excluye el papel protagónico de la libertad.

Para el arrepentimiento es de gran ayuda el que intervenga, además, el perdón del ofendido. El percibir la grandeza del gesto que perdona hace más fácil al hombre el arrepentimiento. A veces el perdón revela tal grandeza que mueve a arrepentirse. Un clérigo recibe a un delincuente en su casa. Éste le responde robando y huyendo. Cuando lo capturan, el clérigo, en vez de desquitarse, le regala lo robado y más, de modo que nadie tenga pretexto para acusarlo. Ningún hombre es capaz de resistirse, y el ladrón perdonado se transforma en Lafi te, el bondadoso héroe de *Los miserables*. Con todo, el perdón no es imprescindible: cabe arrepentimiento sin perdón del ofendido (y, por supuesto, el perdón aun antes de que se arrepienta el autor del agravio).

La dolorosa reorientación de la libertad hacia el bien, el arrepentimiento, es compatible con que el mal, es decir, ese bien que se persigue desordenadamente, siga atrayendo. Esta atracción se funda, precisamente, en lo que tiene de bien, pero la voluntad posee la capacidad de no seguir ese impulso desordenado. Elegir entre el bien y el mal es cosa de la libertad, no de la sensibilidad. Se responde por lo que se quiere, por lo que libremente se elige, no por lo que simplemente se siente. Es más, un signo de libertad está precisamente en la posibilidad que tiene el hombre, de entre todos los animales, de hacer algo contrario a lo que siente, simplemente porque lo considera justo.

Como resumen de este capítulo podemos decir que la conciencia es el acto de la razón que juzga acerca de la moralidad de una acción. O sea, es la forma más cercana en la que se nos manifiest la ley moral. Contravenir los dictados de la conciencia significarí hacer lo que se tiene por malo. Y esto siempre constituye una degradación del agente. La conciencia resguarda el bien de la persona entera, por encima de sus intereses o gustos particulares, que a veces se dirigen a bienes aparentes. Con todo, la conciencia no constituye una instancia infalible. Es necesario formarla mediante el estudio y el consejo, pues los problemas morales pueden revestir, a veces, una gran complejidad. El arrepentimiento es un proceso que permite reorientar la existencia humana, cuando por malicia o debilidad se ha actuado mal.

xi
Los criterios de la moralidad

El misterio del hombre es el misterio de su responsabilidad.

Vaclav Havel

§ 133. Si la ética es una reflexi n racional y sistemática sobre la moralidad de los actos, resulta natural que debamos preguntarnos: ¿de qué depende que un acto sea bueno? Las respuestas son muy variadas. Unos dirán que son buenos los actos que produzcan consecuencias buenas. Los que sostienen que "en el amor y en la guerra todo vale" apuntan en esa dirección. Otros afirma án que la bondad de un acto deriva de su congruencia con la ley o del hecho de que se haya realizado con una intención recta. Estas respuestas no son necesariamente excluyentes entre sí. De hecho, la tradición ética señala que son varios los factores que deben estar presentes para asegurar la bondad del acto. Es el tema de las *fuentes de la moralidad*, es decir, de dónde toma el acto su carácter de bueno o malo. Se trata de un problema importante, aunque a veces se le dé una centralidad que no tiene. En efecto, lo fundamental en la vida moral es la adquisición de virtudes, alcanzar la plenitud humana. El virtuoso acierta; el vicioso difícilmente dará con la solución adecuada, por más que cuente con muchos libros a su disposiciōn. Sin embargo, esta respuesta no es suĀciente porque, visto desde fuera, tenemos que estar en condiciones de saber qué tienen las acciones del virtuoso que hacen que sean buenas y por qué las del hombre vicioso muchas veces no lo son.

Objeto

§ 134. En *Arsénico por compasión* (1944), una vieja película de Frank Capra, las amables hermanas Brewster reciben en su casa a ancianos desvalidos, los atienden muy bien y, una vez que están en las mejores condiciones de irse al cielo, les dan un preparado de vino con arsénico, estricnina y "una pizca de cianuro" que los lleva de inmediato a la vida eterna. Las hermanas están convencidas de que están realizando una actividad particularmente altruista, ¿cómo saber si es así?

Lo primero a lo que hay que atender a la hora de determinar si una acción es buena o mala es a la materia del acto, *lo que se hace*. El objeto es lo que efectivamente se quiere, aquello a lo que tiende la acción en sí misma, lo que elige directamente la voluntad (darles muerte), más allá de los motivos (ahorrarles los sufrimientos de una vida solitaria y enviarlos a gozar del paraíso). Aquí basta con que este elemento no sea bueno para que el acto quede viciado, sea malo. Es lo que, de hecho, sucede en esta historia. La voluntad del hombre tiene un enorme poder, puede elegir cosas muy diversas, pero no tiene la capacidad de tornar bueno aquello que objetivamente es malo. Esto es lo que quiere decir la frase "el fin no justifica los medios". Una buena intención no es suficiente para legitimar cualquier cosa que se haga para conseguirla, si consiste en un acto intrínsecamente malo. Es difícil negar que Creonte, en *Antígona*, buscaba el bien de Tebas, pero lo que de hecho eligió, ordenar bajo pena de muerte que Polinices no recibiera sepultura, fue objetivamente malo.

Los estudiosos suelen llamar a la intención el "fin del que obra" (*fini operantis*), mientras que el objeto lo denominan "fin de la obra" (*fini operis*). En otras palabras, podríamos hablar de fin subjetivo (o fin remoto de la acción) y fin objetivo (o fin próximo de la acción). El fin subjetivo de Creonte era asegurar la unidad de la ciudad, castigando a sus enemigos; el fin objetivo, lo que realmente eligió, fue privar a un muerto de su sepultura. En la frase "el fin no justifica los medios", estos indican al objeto, mientras que el fin alude a la intención.

§ 135. Cuando hablamos de "objeto" no nos referimos al acto elegido en lo que tiene de materialidad física. El *objeto físico* consiste simplemente en la modificaci n del mundo exterior que se origina como consecuencias de nuestra acción. A este nivel, existe una ambigüedad: enojarse, por ejemplo, puede ser un acto de la virtud de la fortaleza o del vicio de la ira; amputar un miembro puede ser un acto ordenable al bien de la persona, si lo realiza un médico respecto de una oreja cancerosa, o un acto de gran malicia, cuando lo lleva a cabo un delincuente, como en el macabro secuestro de John Paul Getty III (1973), donde la banda delictual envió una oreja del joven para convencer a su abuelo millonario de pagar el rescate. El objeto físico en ambos casos es el mismo: un instrumento de metal secciona un determinado cuerpo, mientras que los objetos morales son completamente diferentes. Lo relevante, entonces, no es el objeto material sobre el que recae la acción, sino su relación con el bien de la entera persona, que es lo que permite discernir el objeto moral, es decir, lo directamente querido por la voluntad (ya sea como fi o como medio). Gracias a esta distinción podemos diferenciar casos, como el de la legítima defensa y el homicidio, en los que desde el punto de vista biológico se observa una identidad entre los procesos que se llevan a cabo. Así, en *El club de los incomprendidos. Cuatro granujas sin tacha*,[1] Chesterton cuenta las singulares historias de unas personas cuyos actos, vistos en su materialidad externa, habían sido malos (por ejemplo, disparar a la pierna de un funcionario británico en Egipto), pero que, en realidad, si se atendía a lo que directamente habían elegido hacer (salvar la vida de la víctima, debido a una sorprendente combinación de factores que los observadores desconocían) eran merecedores de toda nuestra aprobación.

Las buenas disposiciones (las virtudes) son el resultado de hacer muchas veces ciertos actos que objetivamente son buenos. Con el tiempo y el ejercicio esos actos fl yen de modo natural, y el sujeto tiende a elegirlos de manera casi espontánea. Por eso, no hay contradicción entre el hecho de que lo fundamental sea la adquisición de las virtudes y el reconocimiento de que el objeto

---

1   G. K. C. Chesterton, *El club de los incomprendidos. Cuatro granujas sin tacha* (Madrid, Valdema, 1994).

es una de las fuentes de la moralidad, y que, por tanto, elegir directamente un objeto malo impide actuar bien.

A veces la voluntad que quiere el acto no es ni buena ni mala: simplemente no existe. Es el caso de quien ignora los elementos de hecho sobre los que está actuando, como el que dispara hacia un árbol de follaje tupido, sin saber que había un ornitólogo encima de una rama, o el del propio Edipo, que se une a Yocasta sin saber que es su madre.

Intención o fin subjetivo

§ 136. Al comienzo de estas páginas se decía que hay fine que se buscan por sí mismos, como el placer estético o la contemplación de la verdad, y otros que se persiguen en vistas de otra cosa, como el dinero. Muchas veces, entonces, realizamos algo porque queremos conseguir otra cosa, como Odiseo, que se disfraza de mendigo para ver con tranquilidad qué pasa en su casa, a la vuelta a Ítaca. Cuando actuamos, la finali ad que se quiere lograr debe ser buena, si se quiere que la acción de que se trata también lo sea. Si lo que se persigue es malo, necesariamente se actuará mal. Una intención torcida, desordenada, contamina toda la acción. La literatura y la vida cotidiana nos dan múltiples ejemplos del "Hacer lo que conviene por un motivo falso", como dice Becket.[2] Hay caricias que arañan, como la del delantero al arquero del equipo contrario cuya valla acaba de batir. Muchas sonrisas esconden maldad. No basta, por tanto, con que el objeto elegido aparezca como bueno, porque una intención torcida puede viciarlo. La intención, entonces, apunta a lo que esperamos conseguir con la acción que realizamos.

Es necesario, entonces, que la acción sea subjetivamente buena. No se trata aquí simplemente de que el sujeto busque, en general, como último fi algo que sea bueno, pues la bondad subjetiva debe darse también en *esa* acción que aquí y ahora está realizando. Ninguno de nosotros consideraría aceptable que un comerciante nos dijera que el conjunto de su vida de

---

2   T. S. Eliot, *Asesinato en la catedral*, Buenos Aires, Orbis, 1985, p . 41.

negocios es honorable, pero que en ese caso aislado ha decidido hacer una excepción y vender un producto contaminado. El conjunto de la actividad laboral (o familiar) es muy importante, pero no obsta a que cada acto singular deba ser objeto de un juicio moral particular. Ya recordábamos antes que el hombre puede buscar la felicidad en bienes muy diversos. Así, unos dirigen su vida al logro del placer, otros persiguen los honores, o la virtud u otras cosas. Bien puede suceder, entonces, que alguien que ha orientado su vida de mala manera, quiera, con todo, hacer algo bueno aquí y ahora. O al revés, una vida bien encaminada no excluye la posibilidad de que el sujeto se desvíe, que realice un acto determinado por la envidia o cualquier otro motivo menos recto. Se trata, en suma, de que, en el acto concreto que aquí y ahora se está realizando, el sujeto tenga una intención recta, es decir, que subjetivamente quiera conseguir algo bueno.

Pero que con la intención no basta ya lo ha advertido la sabiduría popular, cuando señala que "el camino al infierno está pavimentado de buenas intenciones". Aunque se piense, como hacen algunos, que la intención es lo más importante, hay que reconocer que debe guardar coherencia con los medios que se eligen para conseguir lo intentado, en suma, con lo que objetivamente se realiza. El incendio de Roma del año 64 d. C. es un incendio, por más que Nerón lo haya considerado un acto de alto contenido estético y lo haya acompañado al son de la lira, según se cuenta.

Circunstancias

§ 137. Con todo, no basta con desear cosas que en sí mismas son buenas y con quererlas por un buen motivo. El hombre actúa dentro de la historia, y no puede ser ajeno a las condiciones externas en las que lleva a cabo su actividad. Aristóteles enseña que no se puede definir por anticipado la obra del virtuoso. Hay cosas que un hombre correcto no haría nunca, pero de ahí no se deriva que el virtuoso sepa siempre *a priori* lo que debe realizar. Todos queremos ser templados, pero la cantidad de comida que corresponde ingerir depende de cosas tan diversas como nuestra edad, las actividades que debamos realizar o nuestro estado de salud en ese momento. Todas estas cosas son las llamadas *circunstancias*. Éstas son las condiciones que acompañan la acción y, aunque la modifica de manera accidental, son decisivas a la hora de valorarla. Entre las circunstancias hay que contar las *consecuencias* que previsiblemente derivarán del acto, cuya ponderación es muy importante.

§ 138. Cuando se dice que las circunstancias son decisivas, no se pretende afi mar que puedan transformar en bueno lo malo. Pueden, sin embargo, hacer que lo que era bueno por la intención y por el objeto, sea malo en un caso determinado, como cuando se practica natación en el mar después de haber comido una gigantesca paella. Asimismo, aumentan o disminuyen la bondad o maldad de una acción. No es igual actuar con alevosía que movido por la pasión. Tampoco resulta irrelevante que el que actúe mal sea una persona constituida en autoridad y, por tanto, particularmente obligada a dar buen ejemplo. La edad, la posición de la persona, los medios empleados, el lugar, el momento y otros factores, son elementos que pueden influi en la valoración del acto y que no deben ser desatendidos. Si el lector va alguna vez a Coquimbo, en el norte chileno, hará bien en probar "Napoleón" y "Josefin ", dos tortas famosas que, desde hace muchos años prepara "Álvarez Carmona", una antigua pastelería del lugar. Pero ese acto meritorio se transformará en moralmente reprobable si el lector es diabético. Como se ve, las circunstancias son muy importantes.

§ 139. Aunque las circunstancias no infl yen en hacer que un acto malo sea bueno, sí puede suceder que hagan que nos hallemos frente a un acto distinto. La circunstancia de que alguien sea injustamente agredido, por ejemplo, puede hacer que su acto de respuesta no sea un homicidio, sino un caso de legítima defensa. La circunstancia de ser o no el dueño, es decisiva para saber si nos hallamos ante un hurto. El hecho de hallarse en guerra contra una potencia militar muy superior, que pretende invadir nuestra tierra es decisivo para saber si la acción de Leónidas en las Termópilas (que hizo posible la retirada de su ejército a costa de su vida y la de sus compañeros) es un acto de valentía o una conducta temeraria. Dicho en términos filosóÃ os, hay circunstancias que pueden influi en la determinación de la especie moral de la acción, transformándola en otra distinta, porque forman parte del objeto moral a desarrollar. Así, la circunstancia de hallarse a cargo de la defensa de una plaza amenazada hace que pesen sobre un militar deberes que no tendría, por ejemplo, un simple civil que estuviera en ese lugar, y que sea legítimo cumplirlos con un grado de exigencia muy superior al que se puede pedir de un ciudadano amante de su patria. Aunque el lugar y el momento sean los mismos, los actos que uno y otro realizan son diferentes.

Las fuentes de la moralidad, en suma, son las tres indicadas, es decir, el objeto, la intención o fi subjetivo, y las circunstancias. La moralidad de un acto exige que se den las tres de modo adecuado, y basta con que una no se cumpla para que el acto se vicie. Esto lo expresaban los escolásticos con el adagio "el bien requiere todas las condiciones de bondad, pero el mal se produce por la falta de cualquiera de ellas".[3]

Las normas morales absolutas

§ 140. En lo que va de este libro se ha dado varias veces a entender que toda ética de las virtudes estará necesariamente marcada por una cierta relatividad. En efecto, el justo medio en que las virtudes consisten es un medio racional, es decir, no está normalmente determinado por una cantidad externa, sino que debe ser establecido prudencialmente, atendiendo a las características del sujeto y su situación. Aristóteles pone el ejemplo de Milón, un voluminoso atleta que, según se decía, debía consumir un vacuno al día.[4] Todos tenemos que ser templados, pero lo que eso conlleva en la práctica difie e de persona en persona, y probablemente lo templado para el lector será comer bastante menos carne que Milón. Lo que se dice de la templanza lo afirmam s de la laboriosidad, la fortaleza y todas las demás virtudes. Sólo en el caso de la justicia es posible predecir por anticipado qué es lo que debe

---

3   Cf. *Suma teológica*, II-II, 79, 3 a d 4.B

4   Cf. *Ética a Nicómaco*, II 6, 1106b3 y Tomás de Aquino, *Comentario de la Ética a Nicómaco*, II, 6, n. 314.

hacer alguien para ejercitarla en un caso determinado, ya que el medio en que consiste el acto justo se determina externamente, como ya se dijo, comparando lo que se da con lo que se recibe, o lo que se reparte con los méritos o necesidades del destinatario.

§ 141. Sin embargo, advierte Aristóteles que hay ciertas acciones y pasiones que no admiten un más y un menos a la hora de su calificaci n moral, sino que siempre suponen un desorden:

> No toda acción ni toda pasión admite el término medio, pues hay algunas cuyo mero nombre implica la maldad, por ejemplo, la malignidad, la desvergüenza, la envidia; y entre las acciones, el adulterio, el robo y el homicidio. Todas estas cosas y las semejantes a ellas se llaman así por ser malas en sí mismas, no sus excesos ni sus defectos. Por tanto, no es posible nunca acertar con ellas, sino que siempre se yerra. Y no está el bien o el mal, cuando se trata de ellas, por ejemplo, en cometer adulterio con la mujer debida y cuando y como es debido, sino que, en absoluto, el hacer cualquiera de estas cosas está mal.[5]

Hay pasiones, en efecto, que admiten un más y un menos. El caso típico es la ira. No sentirla nunca por ningún motivo no sería muestra de virtud, sino de insensibilidad moral. No sucede lo mismo con la envidia, que lleva a entristecerse con el bien ajeno, o la malignidad, que se alegra de la desgracia del prójimo. Estas pasiones son siempre malas. Lo mismo sucede con las acciones mencionadas y otras como esas. Vemos, entonces, que aquí cesa cualquier relatividad en la ética. Estamos ante un límite infranqueable. No es casual, entonces, que esas normas morales estén expresadas de manera negativa: "no matarás a un inocente" (homicidio), "no mentirás", "no adulterarás", etc., de modo que los hombres están en condiciones de saber con relativa facilidad cuándo han transgredido ese límite. En cambio, en las normas expresadas de manera positiva (por ejemplo, "honra a tus padres"),

---

5   *Ética a Nicómaco*, II 6, 1107a9-17.

vemos que nunca se agota su contenido, que siempre pueden ser cumplidas de una manera más perfecta, y que el modo de cumplirlas depende de las circunstancias.

Si lo dicho por Aristóteles es verdad, entonces estas normas negativas indican siempre algo que es contrario a la razón. Esta contrariedad no puede ser suprimida por un más y un menos (no existe un grado aceptable de malignidad o una hora del día que permita que los homicidios sean aceptables); tampoco por un cambio de circunstancias o motivaciones: se trata de acciones que no son ordenables al bien de la persona entera.

En la medida en que existan actos que son siempre malos, las normas morales que los prohíban no podrán admitir excepciones. Son los llamados "absolutos morales". La doctrina aristotélica de los actos siempre malos fue recogida por la filoso ía de inspiración cristiana y pasó a formar parte del núcleo de la Tradición Central de la ética.[6]

Hay que tener en cuenta que no es lo mismo "actos siempre malos" que "actos moralmente muy graves". Que un acto sea siempre malo signiĀca que no conoce un término medio, que no puede haber una excusa para realizarlo. A veces se trata de conductas muy reprobables, como traicionar a un amigo, pero no tiene por qué ser siempre así: las mentiras de pescadores y cazadores acerca del tamaño de sus presas son malas, pero a nadie se le ocurriría califica las de particularmente graves.

Objeciones en contra de los absolutos morales

§ 142. Si existen normas morales de carácter absoluto, entonces jamás será lícito realizar las acciones que ellas indican. Ni aun con el pretexto de circunstancias extraordinarias se podrá cometer un homicidio, alegrarse del mal ajeno o adulterar. Las circunstancias son muy importantes en moral, pero en casos como esos cesa todo cálculo de circunstancias, lo mismo que de las consecuencias futuras de la acción. Quien se halla ante la posibilidad

---

6   Cf. G. E. M. Anscombe, "La filosofía moral moderna", en J. M. Torralba y J. Nubiola (eds.), *La filosofía analítica y la espiritualidad del hombre*, Pamplona, EUNSA, 2005, p . 109

de realizar una de esas acciones, deberá excluirla por principio de su curso de decisión, sin entrar a considerar si en ese caso, por una determinada circunstancia o por los efectos benéfi os que podría producir, cabría llevarla a cabo. No es lícito hacer el mal para producir el bien.

Una doctrina tal, que es la que mantiene la tradición ética, desde Aristóteles hasta nuestros días pasando por los escolásticos y muchos modernos, como Kant, dista de ser pacífica. Así, muchos autores la han hecho objeto de crítica o la han interpretado de modo que permita, bajo ciertas condiciones, realizar algunos de esos actos. Se dice, por ejemplo, que esas normas, en el fondo, encierran tautologías. Si incurrir en homicidio signiÁca matar *injustamente* a una persona, o si cometer adulterio signifi a mantener relaciones sexuales *ilícitas* fuera del matrimonio, resulta obvio que esos actos son ilícitos, ya que por defini n es ilícito realizar algo ilícito. Dicho con otras palabras, si la evaluación negativa (el carácter de ilícita) está incluida en la descripción de la conducta, es evidente que esa acción deberá ser excluida de modo necesario. De esta manera, los absolutos morales serían normas superflua , que se limitarían a decirnos lo que ya sabemos: que es malo lo malo.

Sin embargo, no hay tal tautología. No es que la conducta se describa como poseyendo una maldad moral, y luego se diga que es mala, sino que se afirm que la conducta misma —descrita sin incluir en su definició su licitud o ilicitud— es siempre ilegítima. El homicidio es matar directa e intencionadamente a un inocente, y punto. Hasta aquí la descripción de la conducta. Eso es lo que entendemos por homicidio, y de eso se dice que es siempre malo, sean cuales fueren las circunstancias. La evaluación, por tanto, viene después. Otro tanto sucede con el adulterio, que no signific tener relaciones sexuales extramaritales ilícitas, sino simplemente tenerlas con una persona distinta del propio cónyuge.

§ 143. Con todo, la diÁcultad más habitual para admitir la existencia de las normas morales inexcepcionables no es la indicada, sino una mucho más práctica: ¿no resultará exagerado excluir por principio ciertas conductas, cuando en determinadas ocasiones su realización nos permite obtener bienes mayores? ¿No sería razonable dar muerte a un inocente si ese es el precio exigido por un terrorista para no matar a varias decenas de rehenes? ¿O no podría ser el adulterio, en ciertos casos, un medio de liberar determinadas tensiones psíquicas y, por tanto, una manera de salvar a un matrimonio de una crisis mayor? Y el aborto, ¿no resulta la única manera para salir adelante en una situación de miseria o cuando la concepción es consecuencia de una violación?

En torno a estas cuestiones se ha originado una amplia discusión. Llamaremos "consecuencialismo" a la teoría ética que hace depender el valor moral del acto única o primordialmente de sus consecuencias. Esta teoría pretende ser una respuesta al emotivismo y busca proporcionarle a la ética un fundamento racional y un estatuto científi o, ya que la determinación del bien y el mal se hace calculando las consecuencias, lo que, supuestamente, se podría realizar de modo riguroso. No es posible entrar con detalle en esta discusión en estas páginas. Baste con decir que las cosas no son tan sencillas como podrían parecer. Pensemos, por ejemplo, en el chantaje del terrorista: ¿quién nos asegura que si cumplimos sus exigencias liberará a los rehenes? Y aunque los liberase, ¿quién asegura que, si cedemos, no se extenderán esas prácticas y nos veamos entonces afectados por una masiva difusión de los secuestros y chantajes, con mucho más sufrimientos y muertes que los que se habrían producido si no hubiésemos accedido a realizar algo malo para conseguir un bien mayor? Además, la liberación de los rehenes no se producirá por nuestra acción homicida, sino por la mera voluntad del terrorista: hagamos o no lo que nos pide, él puede cumplir o no su amenaza. No hay relación de causalidad. Ni siquiera podemos decir, en sentido estricto, que hacemos algo malo para producir un bien. Más bien estaremos haciendo algo malo y mantendremos la esperanza de que, por causas diversas de nuestra libertad, se produzca un bien. Pero, que se produzca o no, es un hecho que no depende de nuestra voluntad. Estamos en presencia de dos acciones diferentes y en caso alguno se puede decir que la multitud se salvó *porque* se dio muerte a un inocente.

Así, este análisis nos permite enfrentar desde una nueva perspectiva la defensa esgrimida por el francés Paul Touvier, jefe de los servicios de inteligencia de la *Milice* de Lyon, en el famoso juicio que enfrentó por delitos antijudíos durante la ocupación alemana en Francia. Touvier fue condenado en Versalles por delito contra la humanidad, concretamente por la ejecución a sangre fría de siete judíos. Las alegaciones de Touvier son un ejemplo muy real de una argumentación consecuencialista. Él sostuvo que recibió de Klaus Barbie la orden de ejecutar a 30 integrantes de la resistencia al régimen alemán en Lyon, en venganza por el asesinato de Philippe Henriot, un alto colaborador pronazi. Su propósito, según él, fue realizar este cometido en etapas y por grupos de siete, con el fi dar una satisfacción efectiva al deseo de venganza de sus superiores, pero con la esperanza de que esta primera ejecución les resultara suficien e y no pidieran más muertes. De esta manera se conseguiría la salvación de 23 vidas inocentes. En resumen, el argumento de Touvier es que nunca mató a siete, sino que salvó a 23. ¿Es verdad? Si preguntamos qué fue lo que efectivamente hizo, qué quiso directamente, sea como fi o como medio, la respuesta es clara: él eligió deliberadamente matar a siete personas.

Además, los antecedentes acompañados fueron sufi ientes tanto para poner en evidencia el ánimo antijudío que animó la operación (eligió precisamente a judíos en ese primer grupo), como para desestimar la versión relatada por el francés durante el proceso.[7] Sin embargo, de acuerdo con el análisis que estamos llevando a cabo, aún su propia versión, de ser verdadera, merecería la condena moral.

Por otra parte, como nuestra voluntad está radicalmente involucrada en cada una de nuestras elecciones, el hecho de elegir consciente y deliberadamen te algo que no es ordenable al bien del hombre produce en nosotros una mala voluntad, nos hace peores personas. Determinadas circunstancias o una buena intención pueden atenuar la malicia, pero no son suficien es como para suprimirla. Los efectos de las acciones, entonces, no son sólo ellos. Ellas recaen sobre el propio sujeto, convirtiéndolo en un tipo determinado de persona.

El alcance de nuestra responsabilidad

§ 144. En el fondo, lo que se está discutiendo es a qué estamos obligados y cuál es el ámbito de nuestra responsabilidad. ¿Es nuestra obligación actuar bien o

---

7   Sobre el caso, véase M. E. Tigar, S. C. Casey, I. Giordani y S. Mardemootoo, "Paul Touvier and the Crime Against Humanity", *Texas International Law Journal* 30, 1995, pp . 285-310.

dar origen a buenos resultados ("producir" el bien)?, ¿respondemos de las acciones que dependen de nuestra libertad o de estados de cosas futuros que se originan debido a múltiples factores, además de nuestra voluntad?

Si nuestra obligación es hacer el bien y evitar el mal en el marco de cada una de nuestras acciones, entonces sabremos con cierta claridad de qué respondemos. Si alguien nos dice que, si hubiésemos dado muerte a la madre que educaba mal al hijo, no se habría producido nunca un tirano, nosotros podríamos responder que el matar directamente a un inocente es algo que se halla fuera del alcance de nuestras posibilidades. Así como no podemos transformar el fuego en agua o las balas en algodones, tampoco podemos cometer homicidio. Ambas cosas están más allá del alcance de nuestras posibilidades, sólo que una es física y la otra moralmente imposible. Lógicamente hay una gran diferencia entre estos dos tipos de imposibilidad: en la primera es imposible su ejecución, mientras que en la segunda es factible que un hombre mate a otro, aunque de todos modos es imposible hacer de esa acción un acto bueno. Si, por ejemplo, el aborto es una de esas conductas que son siempre ilícitas, entonces el seguro médico no podrá negarse a atender a un niño que ha nacido con malformaciones, alegando que ese nacimiento podría haberse evitado recurriendo al aborto. Así, como enseña el *Digesto*, lo moralmente inaceptable se asimila a lo físicamente imposible: "Los hechos que ofenden la piedad, la estimación, nuestro pudor, y, para decirlo de una vez, que se hacen contra las buenas costumbres, se ha de creer que ni podemos hacerlos".[8]

En cambio, si nuestra obligación es producir el bien, entonces debemos actuar no en función de lo que nos indique nuestra conciencia en ese caso, sino de lo que resulte de un cálculo, a saber, de la suma de las consecuencias positivas menos la suma de las consecuencias negativas que se producirán como resultado de esa acción. Esto, a nuestro juicio, es imposible. Más aún, indeseable.

Es imposible porque no conocemos el futuro. Hasta los resultados más cercanos y probables de nuestros actos pueden ser muy diferentes de lo que preveíamos, ya que es inevitable que aparezcan factores no considerados

---

8   *Digesto* XXVIII, 7, 15, en Justiniano, *Cuerpo del derecho civil romano* (Barcelona, Jaime Molinas editor, 1889).

originalmente. Por eso se ha llegado a decir que "tan imprevisibles son las consecuencias de sus actos que el hombre resulta finalmente mero espectador de la historia que hace".[9]

Nuestro conocimiento de las consecuencias futuras de nuestros actos es muy limitado, y jamás podría servir como criterio único de juicio moral. Pretender que el hombre sea capaz de tomar sobre sus hombros una tarea semejante, significa atribuirle unas fuerzas divinas que está lejos de poseer. Los seres humanos apenas somos capaces de ver lo que pasará más allá de nuestro entorno. Alguien podría decir que lo relevante son las consecuencias "previsibles", pero esa solución no es suficiente, al menos si se pretende, como quieren los consecuencialistas, dar una respuesta científica a la cuestión: ¿previsibles supuesto cuánto tiempo de deliberación? ¿Previsibles para el agente solo o con la ayuda de expertos? ¿Todos los actos suponen la misma previsión, o algunos menos importantes requieren una previsión menor? ¿Y atendiendo a qué criterio objetivo medimos la importancia de los actos?

Tampoco resulta posible realizar un cálculo científico acerca de las consecuencias de nuestros actos porque no disponemos de una medida común que permita reducir los resultados buenos y malos a un común denominador, de modo que podamos realizar el cálculo que se nos pide. En el comercio, por ejemplo, es posible reducir todos los productos a dinero, que actúa como un común denominador, pero sabemos que hay muchos bienes en la vida, los más importantes, que no pueden evaluarse en dinero. A quien pretendiera algo semejante habría que hacerle oír "Can't Buy Me Love", de los Beatles. Por eso: "Tal es la complejidad de todo hecho histórico que siempre podemos temer que de un bien nazca un mal y siempre esperar que de un mal nazca un bien".[10]

Lo anterior no significa negar que en la vida moral haya que prever el futuro y anticipar posibles cursos causales. Habrá que hacerlo, pero mediante un razonamiento prudencial y no a través de un cálculo técnico, pero la tarea de ponderar cursos futuros de acción sólo comienza una vez que está

---

9   N. Gómez Dávila, *Escolios a un texto implícito. Selección*, Bogotá, Villegas Editores, 2001, p. 355.

10   N. Gómez Dávila, *op. cit.*, p. 356.

claro que el acto que se realizará no se cuenta entre aquellos que son intrínsecamente malos por su objeto.

A diferencia de los procedimientos técnicos, el resultado de ese razonamiento normalmente no será seguro. Por lo general, sólo tendremos certeza absoluta de que hemos actuado bien cuando hemos omitido realizar un acto intrínsecamente malo. En el resto de nuestras acciones no tendremos esa seguridad, porque estaremos entregados a la calidad de nuestra prudencia. El esfuerzo en la vida moral no va encaminado tanto a que obtengamos una seguridad absoluta, sino a desarrollar estilos de conducta tales que no puedan ser mal utilizados. Es el caso de las virtudes.

Se trata, entonces, de evitar los errores (contrarios) del que prescinde de las consecuencias de los actos y del que piensa que las consecuencias son el elemento decisivo de la moralidad. Como bien lo observó Hegel:

> El axioma: despreciar en los actos las consecuencias; y el otro: juzgar los actos por las consecuencias y tomarlas por norma de lo que es justo y bueno, son en ambos casos un juicio abstracto.[11]

§ 145. Aunque fuese posible hacer un cálculo técnico, no sería deseable, pues significaría, si se toma en serio, poner sobre los hombros del agente una carga terrible de soportar, a saber, la de constituirse en juez de la historia. Sabemos, por ejemplo, que muchos actos malos han sido seguidos de algunos efectos indirectos de carácter positivo, ¿signific esto que los podemos justificar?, ¿podría, por ejemplo, alguien decir que el horror de Auschwitz resulta compensado por la amplia simpatía de que goza hoy el pueblo judío? Es indudable que lo ocurrido allí ayudó a remover la conciencia de la humanidad para que reconociera la dignidad de un pueblo. Pero Auschwitz sigue siendo Auschwitz y no resulta un milímetro menos malo porque haya logrado una consecuencia positiva en el largo plazo, por muy importante que ésta pudiera ser. Cuando uno se ve enfrentado a la posibilidad de realizar un acto semejante, debe detenerse sin que tenga sentido imaginar escenarios

---

11   G. W. F. Hegel, *Grundlinien der Philosophie des Rechtes* (Hamburgo, Felix Meiner, 1995); § 118.

o calcular consecuencias futuras que podría proporcionar una justificación para hacerlo. Siempre cabe encontrar razones para hacer algo malo. Por eso dice Eneas a Aquiles que "versátil es la lengua de los mortales; en ella hay razones de toda índole, y el pasto de palabras es copioso aquí y allá".[12] Pero esas razones no son capaces de eliminar las razones para no hacer el mal.

Un famoso caso judicial ocurrido en Alemania hace años puede ayudar a ilustrar la diferencia que existe entre admitir o no ciertos límites infranqueables, más allá de los cuales cesa el cálculo de las consecuencias. Se trataba de Bárbara, Peter y Michael, que participaban de una secta. La primera, celosa de que Udo, su exnovio, se había casado, decide eliminar a su mujer. Con la complicidad de Peter, convencen a Michael (que estaba perdidamente enamorado de Bárbara aunque no era correspondido) de la existencia de un maléfico "Rey de los gatos", responsable de buena parte de los males del mundo. Le dicen que ese rey reclama una víctima, y ha elegido a Michael para dar muerte a Annemarie, la mujer de Udo. Si no lo hace, sufrirá la condenación eterna y el rey de los gatos se vengará dando muerte a millones de hombres. Michael se resiste, invocando el mandamiento que dice que no se debe matar, pero ellos le señalan que, por tratarse de un mandato superior, él está dispensado de su obediencia; más bien, deberá sacrificar su conciencia y transformarse en el salvador del género humano. Finalmente, Michael acepta la proposición e intenta dar muerte a la mujer, acuchillándola. Annemarie no muere, pero queda gravemente herida. En el juicio se acreditó que Michael no estaba demente y que había obrado en uso de su razón. La defensa alegó que, por su parte, había existido una buena intención, pues no había obrado motivado por intereses personales, sino por una preocupación por el bienestar de la humanidad. Los tribunales no acogieron esa defensa y condenaron al frustrado homicida, aduciendo que ningún cálculo de consecuencias podía justificar el que se tratara a una persona, en este caso la víctima, como un simple medio para el logro de otros intereses.[13]

---

12 *Ilíada*, XX, 248-249.

13 Sentencia del Tribunal Supremo Federal alemán de 15 de septiembre de 1988 (*BGHSt* 35, 347).

Cuando actuamos, nunca sabemos todo lo que podríamos o querríamos saber. No conocemos enteramente las consecuencias de nuestros actos ni todas las circunstancias que los rodean. La única excepción está dada por esos actos que sabemos que son siempre malos, pues ese conocimiento es completamente suficien e para excluirlos de nuestro curso de acción. Dicho con otras palabras, en moral el conocimiento más seguro tiene un carácter negativo. Por eso dice Aristóteles:

> Hay quizá cosas a las que uno no puede ser forzado, sino que debe preferir la muerte tras terribles sufrimientos: así, las causas que obligaron al Alcmeón de Eurípides a matar a su madre resultan ridículas.[14]

Lo visto nos lleva a ver que no existe un paralelismo entre las acciones y las omisiones. Respondemos de cada una de nuestras acciones pero sólo damos cuenta de las omisiones cuando pesa sobre nosotros el deber de hacer algo, pero no tenemos, por ejemplo, el deber de matar a un inocente. Si alguien nos reclama una conducta semejante contestaremos, como se dijo antes, que está más allá de nuestro alcance, o sea, que es imposible.

§ 146. La aceptación de normas morales de carácter absoluto no signific petrifica la vida de los individuos ni poner cortapisas al despliegue de su libertad. De una parte, son muy pocas, y sólo marcan el límite que impide caer en actos de inhumanidad. De otra, como se dijo, el problema fundamental de la vida de las personas correctas no es la de elegir entre el bien y el mal, sino entre lo bueno y lo mejor, y este diario problema sólo se puede ir resolviendo en la medida en que el hombre aspire no a simplemente evitar transgredir unos mínimos, sino a desarrollar todas sus capacidades de una manera que armonice con las exigencias de su situación. Por último, el contar con ciertos límites nos pone enfrente la existencia de seres que son más débiles que nosotros. Nos hace conscientes de las exigencias que derivan de la dignidad humana, que impide que la reduzcamos a la condición de un simple instrumento

---

14 *Ética a Nicómaco*, III 1, 1110a27 ss.

que se sacrifica para lograr finalidades supuestamente más altas. La existencia de normas morales que no admiten excepción es una garantía para aquellas personas que, por su desmedrada situación física, psíquica o económica, pueden ser objeto de subordinación a los intereses de otras personas más poderosas. Ante estas normas no hay personas privilegiadas. Nadie puede sustraerse de sus exigencias.

La doctrina clásica de los actos siempre malos lleva, en definitiva, a dar ante estos casos, la misma respuesta que le dio Aliocha a su hermano Iván Karamazov, porque la tradición filosófica no ha hecho más que apoyar en razones más fundamentadas una intuición que mantienen muchos hombres de buena voluntad, de modo a veces inconsciente o poco reflexivo:

"Respóndeme con franqueza. Si los destinos de la humanidad estuviesen en tus manos, y para hacer definitivamente feliz al hombre, para procurarle al fin la paz y la tranquilidad, fuese necesario torturar a un ser, a uno solo, a esa niña que se golpeaba el pecho con el puñito, a fin de fundar sobre sus lágrimas la felicidad futura, ¿te prestarías a ello? Responde sinceramente".

—No, no me prestaría.

—Eso significa que no admites que los hombres acepten la felicidad pagada con la sangre de un pequeño mártir.

— Efectivamente, hermano mío, yo no estoy de acuerdo con eso –dijo Aliocha con ojos fulgurantes.[15]

Los llamados absolutos morales nos hacen recordar que hay fronteras entre lo humano y lo inhumano; ponen de relieve que nuestra acción no se da en el vacío, sino en la coexistencia con nuestros semejantes, y que no somos nosotros los que determinamos el sentido último de la realidad. Con todo, el respeto de esas normas no basta para ser una buena persona. Las normas marcan tan sólo un mínimo, es decir, protegen diversos bienes cuya lesión significa que el sujeto está reduciendo a la humanidad, ya sea la propia o la ajena, a la condición de cosa, que está destruyendo algún aspecto de la plenitud humana. Pero la vida moral no acaba allí, sino que se dirige a vivir bien, a alcanzar

---

15   F. Dostoievski, *Los hermanos Karamazov*, Quito, Libresa, 2004, p. 273.

la excelencia humana. Si alguien piensa que es bueno simplemente porque no le hace mal a nadie, es señal de que no ha entendido nada.

El fin de todos los caminos

§ 147. Hay un pasaje de *El Señor de los Anillos* que es particularmente ilustrativo de lo que se viene diciendo. Está al comienzo de la obra y recoge un diálogo entre Frodo y Gandalf. El primero es un pacífi o hobbit, cuyo mayor anhelo sería pasar la vida en La Comarca, conversando con sus amigos, fumando, haciendo fiesta y comiendo seis veces al día. Por razones que no es el caso explicar aquí, la vida se le complica desde que su tío Bilbo encuentra un anillo que da un enorme poder a su poseedor. Gandalf es un mago viejo, sabio y bueno. Conversan a propósito de Gollum, una criatura traidora y repugnante, que afortunadamente ha sido capturada. Frodo piensa que debían haberle dado muerte de inmediato. Gandalf le muestra que Bilbo se abstuvo de hacerlo por lástima y que esa compasión, y el hecho de no desear el poder que deriva del anillo, han evitado que la maldad se apodere de él.

—Gandalf, mi mejor amigo, ¿qué debo hacer? Porque ahora estoy realmente asustado. ¿Qué debo hacer? ¡Qué lástima que Bilbo no haya matado a esa vil criatura cuando tuvo la oportunidad!

—¿Lástima? Sí, fue lástima lo que detuvo la mano de Bilbo. Lástima y misericordia: no matar sin necesidad. Y ha sido bien recompensado. Frodo, puedes estar seguro: la maldad lo rozó apenas y al fi pudo escapar por el modo en que tomó posesión del anillo, con lástima.

—Lo lamento —dijo Frodo—; estoy asustado y no siento ninguna lástima por Gollum.

—No lo has visto —interrumpió Gandalf.

—No, y no quiero verlo —replicó Frodo—. No puedo entenderte. ¿Quieres decir que tú y los Elfos habéis dejado que siguiera viviendo después de todas esas horribles acciones? Ahora, de cualquier modo, es tan malo como un orco, y además un enemigo. Merece la muerte.

—La merece, sin duda. Muchos de los que viven merecen morir y algunos de los que mueren merecen la vida. ¿Puedes devolver la vida? Entonces no te apresures a dispensar la muerte, pues ni el más sabio conoce el fi de todos los caminos.[16]

En este diálogo se enfrentan dos lógicas distintas. De una parte, la de Frodo, que apoya su argumentación en el deseo de quitarse un problema de encima y satisfacer su ira. Sorprende, en cambio, encontrar que precisamente aquél que reconocemos como sabio, Gandalf, apoye su argumentación en dos profundas convicciones: la primera es que no resulta posible actuar de una manera sin que esa acción deje una huella en nosotros. La segunda es la conciencia de los límites del propio conocimiento: no podemos predecir el futuro. Si no podemos conocer lo que sucederá, entonces lo más razonable es apostar a favor del bien. Por eso el mago advierte un poco más adelante a su interlocutor:

Mi corazón me dice que [Gollum] todavía tiene un papel que desempeñar, para bien o para mal, antes del fin; y cuando éste llegue, la misericordia de Bilbo puede determinar el destino de muchos, no menos que el tuyo.[17]

Quien haya leído la obra descubrirá cuán importante fue el hecho de que Gandalf hubiera mantenido esa convicción, aunque la reacción espontánea habría sido actuar como sugería Frodo. De ahí que concluya este parlamento diciendo:

De cualquier modo no lo hemos matado; es muy anciano y muy infeliz. Los Elfos de los Bosques lo tienen prisionero, pero lo tratan con toda la benevolencia que es posible esperar de esos prudentes corazones.[18]

---

16 J. R. R. Tolkien, *El Señor de los Anillos I. La comunidad del anillo*, Planeta, 2004, pp. 84-85.

17 J. R. R. Tolkien, *El Señor...* p. 85.

18 *Idem.*

Toda la historia posterior será una comprobación de cómo la benevolencia es mejor que la venganza. Pero, aunque de hecho no fuera así, aunque en algún caso las cosas discurrieran de otro modo, y pareciera que el triunfo es de quienes actúan mal, subsiste el viejo argumento de que no es posible actuar mal sin hacerse malo, y esto es la mayor de las desgracias. Por algo Gollum es muy infeliz.

Doble efecto

§ 148. En todos los casos que se han mencionado se excluye la posibilidad de querer directamente la realización de una de esas acciones que son siempre malas. Está claro, entonces, que no podemos querer el mal, pero ¿podemos querer un bien si, como consecuencia, se produce algún mal? ¿Cabe querer algo que en sí mismo es lícito, pero que lleva consigo, como consecuencia indirecta, la producción de un resultado malo?

Pensemos en el ejemplo del aborto o la eutanasia: en ambos casos se trata de dar muerte directamente a un inocente, lo que es moralmente reprobable. Sin embargo, puede suceder que a una mujer embarazada se le diagnostique un cáncer, que, en el estado actual de la medicina, sólo puede ser tratado con quimio o radioterapia. Su aplicación, con toda probabilidad (o incluso seguridad) producirá la muerte del feto. ¿Es lícito someterse a esos tratamientos? Sí, porque en este caso el objeto o acto elegido consiste en curar y la muerte del feto no es querida ni como fin ni como medio. Si se produce la muerte, es de modo accidental o indirecto. No se cura la madre *gracias* a la muerte del hijo, sino *a pesar* de la muerte del mismo. Es fundamental, entonces, que el efecto malo no sea el medio para lograr el bueno. Distinto sería el caso en que la madre se sometiera primero a un aborto, para posteriormente iniciar el tratamiento radiológico. Aquí no habría un acto (la terapia) con un efecto deseado (la curación) y uno no deseado o simplemente tolerado (la muerte), sino dos actos totalmente distintos, el aborto y la acción terapéutica. Aquí ambos son queridos directamente, ya sea como fin o como medio. El principio de doble efecto se aplica también a la situación contraria, de la embarazada que decide no someterse a la terapia hasta que nazca el niño, época que probablemente será muy tarde para iniciar un tratamiento con posibilidades de éxito. Es un caso heroico, que nada tiene que ver con el suicidio. En efecto, aquí hay un acto bueno (llevar adelante el embarazo, es decir, omitir la interrupción del embarazo mediante un aborto) que tiene un efecto directo bueno (el nacimiento) y uno indirecto no deseado (el avance irremediable de una enfermedad mortal).

El principio de doble efecto se llama también del "voluntario indirecto", puesto que el efecto malo nunca debe ser directamente querido o buscado, sino tan sólo tolerado, soportado. Así sucedió, por ejemplo, con Henry Eckert, un hombre que, en un famoso caso del siglo xix en Estados Unidos (Eckert *vs.* Long Island Railroad Company), salvó a un niño que estaba atrapado en la línea férrea, pero, al hacerlo, fue arrollado por el tren y falleció. Según la compañía de seguros, no correspondía indemnizar a la familia del difunto, porque se trataba de un suicidio, ya que él sabía que iba a morir. El tribunal, naturalmente, desechó esa argumentación. Lo que el Sr. Eckert hizo y quiso fue salvar al niño, su muerte fue sólo un trágico efecto indirecto de su acción.

En cambio, quien mata a un inocente para que el chantajista perdone a unos rehenes, está pretendiendo conseguir el efecto bueno *gracias* al malo (aunque en realidad, como vimos, no se presente esa causalidad). Otro tanto sucede con el caso de quien aplica tortura o lleve a cabo un adulterio para conseguir una información, o quien miente para salir de una situación difícil. En todos estos casos se quiere directamente algo malo.

§ 149. Además, el acto que se realiza, en este caso curar, debe ser bueno (o, según algunos, indiferente) y debe realizarse con rectitud de intención. No la tiene quien se aprovecha de la situación para realizar el efecto malo, quien se complace en él, o quien realiza la acción que indirectamente trae el resultado negativo sin que exista un motivo razonable. Es lícito que una mujer con un embarazo de tres meses se someta a una quimioterapia para curar un cáncer avanzado, pero no estaría bien que participara en una maratón, aunque su deseo no fuese abortar, sino sólo ganar un trofeo. Lo mismo sucede en el caso de la eutanasia. No es lícito quitar la vida a un enfermo, pero sí lo es suministrarle calmantes, aunque estos, por las limitaciones de la medicina, originen un acortamiento de la vida del paciente. Los casos vistos nos ayudan a ver una vez más la diferencia entre objeto físico y objeto moral del acto. El objeto no es una sola modificaci n del mundo exterior, sino algo querido por el agente dentro de un contexto que no es meramente físico, sino humano.

Estas cuestiones no se resuelven por la vía de sopesar la vida de la madre y la del hijo, y considerar que una vale más que otra. No existe una balanza para determinar qué vidas son más importantes. Todas lo son igualmente, ninguna puede ser utilizada como mero instrumento para benefi iar a otra. Se trata más bien de establecer qué es lo que realmente se elige en cada caso y de establecer las condiciones para llevarlo adelante en un mundo, como el nuestro, en donde el empleo de las medicinas, las armas y todos los instrumentos se relaciona con una enorme cantidad de factores, muchos de los cuales son desconocidos, o son sólo probables, o no están sujetos a nuestro control. Esto es típico de la praxis humana.

Por tanto, podemos decir que podemos realizar un acto bueno del que se siguen no sólo efectos buenos sino también uno o más efectos malos, si se cumplen las siguientes condiciones copulativas: i) que el objeto del acto no sea intrínsecamente malo, pues en este caso de partida sabremos que no podemos elegirlo, ii) que el o los efectos buenos de nuestro acto sean queridos, mientras que el o los efectos malos no deben ser queridos, sino tan sólo tolerados, iii) el efecto malo no debe ser el medio para producir el efecto bueno, es decir, no podemos llegar al bien pasando por el mal, por lo que el efecto bueno debe producirse *a pesar* del malo, no gracias a éste, y iv) debe haber un motivo razonable ("proporcionado", dicen algunos autores) para llevar a cabo el acto.

Los criterios vistos ayudan a resolver los casos de cooperación *material* al mal. Alguien podría decir que si no hubiese fabricantes de vino no habría borrachos. Tampoco tendrían lugar ciertos asesinatos particularmente sangrientos si no hubiera cuchillos. Los ejemplos podrían multiplicarse al infini o. En cambio, es ilícito es colaborar en el acto malo participando de la intención desordenada del sujeto. Es lo que se llama *cooperación formal*. Quien fabrica vino no está en ese caso. Simplemente hace algo bueno (mejor dicho, muy bueno), que, junto con el efecto bueno de acompañar la comida, reducir el colesterol, fomentar la amistad, etc., da lugar a que, en ocasiones, alguien abuse del vino, tomándolo con desmesura y perdiendo el preciado don de la razón. Esa cooperación, entonces, es meramente material. Distinto sería el caso de quien vende heroína o algún producto que está directamente destinado a producir adicciones y causar trastornos en el ejercicio de la razón, o de quien ejecuta el encargo de diseñar e imprimir carteles racistas.

En resumen, para que un acto sea bueno se requiere que cumpla con varios criterios. En primer lugar, debe ser bueno lo que quiere directamente la voluntad, o sea, el objeto. Hay actos que constituyen en sí mismos un desorden y nunca pueden ser elegidos, por ninguna razón. A ellos se re eren las normas morales inexcepcionables. Además del objeto, debe ser buena la finalida que se busca perseguir con la acción. Por último, también las circunstancias deben ser adecuadas, ya que puede suceder que un acto que es bueno en abstracto resulte malo en un caso concreto por el contexto en que se lleva a cabo. En todo caso, las circunstancias infl yen en aumentar o disminuir la bondad o maldad de un acto, pero no pueden hacer bueno aquello que es intrínsecamente desordenado. Es lícito llevar a cabo un acto bueno que produzca uno o más efectos malos siempre que se cumplan con las condiciones señaladas por el principio del doble efecto.

xii
Ética y naturaleza

La naturaleza es fin.

Aristóteles

§ 150. En el debate con el relativismo de los sofista , Platón y Aristóteles sostuvieron que no nos hallábamos presos de las opiniones dominantes en nuestra sociedad, sino que había un criterio, la naturaleza, que permitía discernir entre unas prácticas morales y otras, y saber cuáles son superiores. Ese criterio es la *naturaleza*. Hoy, empero, esta palabra signific muchas cosas. Buena parte de nuestros contemporáneos cuando escuchan esta palabra piensan en los documentales de National Geographic. La naturaleza sería precisamente el mundo no humano.[1] Otros piensan en la naturaleza simplemente como un conjunto de hechos, que están allí para ser transformados por el hombre a través de la técnica.[2] Por último, no faltan quienes, a la hora de discutir sobre determinados temas morales, aluden a una naturaleza humana como criterio de discernimiento moral. Para aumentar la confusión, algunos se preguntan: "¿Existe una naturaleza humana?" No faltan razones para negarlo. Ellos piensan que cuando se habla de *naturaleza* humana parece que se restringen las posibilidades de nuestra libertad. En efecto, lo propio de la libertad parece ser la apertura de múltiples posibilidades. La naturaleza, en cambio, parece seguir reglas estables, predecibles. Por otra parte, no pocos sostienen que aquello que nosotros llamamos "natural" no es más que el producto de formas culturales. Así, en la medida en que esas expresiones culturales se generalizan

---

1   Cf. § 158.

2   Cf. § 156.

o arraigan en los sujetos, las llamamos "naturales", pero no son más naturales de lo que podrían ser sus contrarias.

Como si lo anterior fuera poco, sucede que las concepciones mismas acerca de lo que es natural en el hombre son muy diferentes. Los griegos estaban tan convencidos de la naturalidad de la esclavitud como nosotros estamos seguros de que los hombres nacen libres e iguales en dignidad y derechos; por tanto, para nosotros la esclavitud sería una práctica completamente antinatural. Esta situación parece mostrar que la naturaleza humana no es más que la proyección histórica de una determinada cultura. Además, desde el punto de vista histórico, la misma alusión a la idea de naturaleza parece haber sido tan sólo un pretexto para que unos hombres mantengan su poder sobre otros, a los que únicamente les queda el consuelo de saber que su desgraciada situación es tan natural como el hecho de tener el pelo o la piel de determinado color. Por otra parte, se dice, quienes, al defender una determinada postura, señalan que una cierta conducta es contraria o conforme a la naturaleza, simplemente se estarían ahorrando el trabajo. La naturaleza vendría a ser una suerte de *deus ex machina*, un recurso fácil que permite resolver un caso sin darse la molestia de argumentar: bastaría con decir que un comportamiento que no nos gusta es contrario a la naturaleza. Por último, podríamos preguntarnos si acaso es adecuado utilizar la noción de naturaleza para referirse al hombre. Aparece como un concepto tomado de la física, mientras que el ser humano no está en el mundo de la física, sino de la cultura y la libertad. Así, da la impresión de que la apelación a la naturaleza hace imposible la moral; hablar de naturaleza sería incurrir en fisicism , en la consagración del estado de cosas vigente. Es más, la invocación a una naturaleza parece conducir al determinismo, es decir, a la aplicación al hombre de causalidades ineludibles, lo que es contrario a la idea misma de humanidad, porque lo propio del hombre es su libertad.

Necesidad de admitir una naturaleza humana

§ 151. Hay que reconocer que no faltan dificultade para hablar de una naturaleza humana y para justifica la aplicación al hombre de la categoría de lo natural. Sin embargo, no son menores las que se derivan del hecho de prescindir de ella. Nosotros nos fijamos en las consecuencias negativas que puede tener el decir que la esclavitud es por naturaleza. Sin embargo, iguales o mayores son las de afirmar que, como no hay tal naturaleza, el hecho de que a los hombres se les deba respetar la libertad, la honra u otras cosas semejantes, no deriva de otra fuente que de nuestra propia decisión o de la legalidad vigente. Alguien podría estar tentado a pensar que, si no existe algo así como una naturaleza y ciertas exigencias naturales, habría que inventarlas, para poner al menos una cierta cortapisa a la convención humana.

El argumento de que invocar la idea de naturaleza es una forma fácil de ahorrarse el trabajo de dar razones, no parece ser concluyente, pues podría aplicarse a cualquier otra categoría ética o política. En efecto, constantemente estamos diciendo que una determinada medida gubernativa o una práctica empresarial son, por ejemplo, contrarias a la democracia, la libertad o la transparencia. Naturalmente, esa invocación constituye sólo el comienzo de una determinada argumentación. En algunos casos, la violación de ese bien resulta tan notoria que no necesitamos decir más, pero lo normal será que debamos explicar por qué la democracia, la libertad, etc. resultan lesionadas por esa práctica que reprobamos. Con la naturaleza sucede lo mismo. Recurrir a esa categoría sin dar más explicaciones, implicaría incurrir en un uso dogmático de esa noción, pero este es un riesgo que está siempre presente en la argumentación práctica, también cuando aludimos a la democracia o los derechos humanos.

Por otra parte, es cierto que la naturaleza parece tener su lugar originario en la física, pero eso no significa que sea imposible aplicarla al mundo humano, tomando ciertas precauciones. A todos nos molesta ver un lago afectado por la contaminación o que se tale de manera irreflexiva un bosque nativo. ¿No parece razonable preguntarnos si no existe también lo que podríamos llamar una "ecología humana",[3] es decir, si no existen ciertos comportamientos, como la trata de personas, que significan una violación de la naturaleza libre y digna de los seres humanos afectados? Por otra parte,

---

3   Cf. § 158.

aunque parezca sorprendente, frente a quienes asocian el concepto de naturaleza con la absoluta inmutabilidad, ya desde Aristóteles la idea que está detrás de la noción de naturaleza es precisamente que las cosas cambian.[4] En efecto, todo cambio supone algo que permanece. Esto también parece una constatación válida para el hombre. Es posible que eso que lo hace cambiante sea al mismo tiempo la causa que explique la asombrosa permanencia de lo humano a lo largo de los siglos. Basta con leer con una cierta atención la *Odisea*, *Antígona* o *Hamlet*, para percibir que, más allá de las enormes diferencias circunstanciales, lo humano tiene un carácter permanente. Aquí no importan demasiado las palabras con las que nos referimos a estas realidades. Hablemos o no de "naturaleza", debemos reconocer ciertas constantes en el hombre, que son tan reales y perennes como su misma capacidad de cambiar.

§ 152. La idea de naturaleza se asocia, entonces, a la de permanencia, pero también a la de cambio.[5] En efecto, sólo mediante el cambio el hombre consigue esa permanencia. Lo contrario sería la muerte. Cambiar para que todo siga igual es un consejo del *Gattopardo* que vale para todos los vivientes. Sin embargo, a veces hay cambios que atentan contra el sujeto. Algo tiene que haber en él, entonces, que haga que ciertos cambios sean bienvenidos y otros lo destruyan. El cambio es el modo que tiene el sujeto para crecer, para adaptarse al medio, servir mejor a sus semejantes y desarrollar sus potencialidades. Las capacidades del hombre están dirigidas al crecimiento, a su plenitud. No se crea, entonces, que el cambio es un peligro o un obstáculo para la moralidad. Podría serlo sólo si violentara esas estructuras básicas, esas capacidades fundamentales. Por ejemplo, si se tratara de un cambio que no tiene más objeto que destruir uno de los aspectos fundamentales de la personalidad, como sucedía en el pasado con los *castrati* y todavía hoy en ciertos países con la terrible práctica de la mutilación femenina, como se ve en *Moolaade* (2004), de Ousmane Sembene, la película que narra la oposición de un grupo de mujeres africanas a esa conducta inhumana.

---

4   Cf. *Física*, II 1, 192b21-23.

5   Aristóteles, *Física*, II 1, 192b21-23.

Si tenemos en el hombre esas estructuras fundamentales que expresan las formas básicas de su bien, entonces será posible hablar de progreso o contar con un parámetro para saber si un determinado desarrollo de la técnica, o una medida política, pueden ser calificad s de mejora, o si tan sólo constituyen un cambio de hecho, ajeno al bien humano. Alguien podría criticar que se hable aquí de *bien humano*, introduciendo categorías que no todos están dispuestos a aceptar. Efectivamente, no tenemos las mismas concepciones acerca de qué es el bien humano, pero no parece fácil que alguien pueda negar en serio, al menos, que existen cosas que para el hombre son un mal. A nadie le parece adecuado el ser sometido a la tortura o a otras formas de vejaciones, o el ser obligado a realizar cosas que repugnan a su conciencia. Esto supone que se está reconociendo una cierta diferencia entre lo bueno y lo malo, y que se está suponiendo alguna idea de bien, aunque sea muy tenue.

Concepción teleológica de la naturaleza

§ 153. En la discusión acerca de la naturaleza humana y el eventual papel que desempeña en la moralidad, entra en juego un factor que dificult el entendimiento, a saber, las distintas concepciones de naturaleza que manejan quienes participan en la discusión ética. Básicamente podríamos dividir estas concepciones en dos grupos, aunque cada uno admite innumerables matices. De una parte, está la consideración *teleológica*, es decir, la idea de que la noción de naturaleza está estrechamente vinculada a la de finalida , y, de otra, la consideración *empírica* de naturaleza. Trataremos de ilustrarlas con un par de ejemplos tomados de la historia de la fil sofía.

Conocida es la afirmaci n de Aristóteles, que señala que la *pólis* es natural al hombre. Con todo, el propio Aristóteles reconoce que son muy pocos los pueblos que la han alcanzado.[6] Además, junto con señalar que la *pólis* es natural, dice que aquél que la estableció, es decir, su fundador, fue causa de

---

6   Cf. *Política*, III 14, 1285a16   ss.

los mayores bienes.[7] ¿Qué nos quiere mostrar Aristóteles con esto? Que "natural" no es lo mismo que "general", "habitual" o "universal de hecho": puede haber realidades naturales que, por diversas causas, como la falta de cultura, una educación deficien e o la circunstancia de vivir en un ambiente inapropiado, no sean alcanzadas por todos, como ha sucedido históricamente con la igual dignidad de varones y mujeres. También nos muestra que "natural" no se opone a "originado", pues de lo contrario la *pólis* no podría tener un fundador. Esto choca un tanto con nuestras sensibilidades, porque ellas esperan que si algo es natural deba ser común a todos los hombres y tenga que existir desde el principio. Sin embargo, no sucede lo mismo en el caso del Estagirita. Para él, la naturaleza apunta hacia un fin [8] Así sucede con la *pólis*, que es natural y, sin embargo, Aristóteles está convencido de que sólo una minoría la ha alcanzado.

"Hombre, llega a ser lo que eres" es un muy antiguo consejo de Píndaro,[9] que sólo se entiende si se comprende la naturaleza de modo teleológico, pues expresa la idea de que nuestra naturaleza apunta más allá de lo que somos, de hecho, en este preciso momento. Es decir, que el verdadero rostro de lo humano se muestra allí donde los talentos se han cultivado, y no en una situación de pasividad o pereza. Este sentido teleológico hace que, propiamente hablando, el estado plenamente natural se halle al fina y no al principio de un proceso. Esto no signific que la situación inicial sea totalmente ajena a la idea de naturaleza: de la bellota salen encinas y no zanahorias. Pero lo propiamente natural, lo natural en sentido fuerte, no es tanto la bellota como la encina. Con todo, en la bellota advertimos unas estructuras fundamentales, que son las que apuntan o dirigen el desarrollo. Si las tenemos a la vista, podremos juzgar si aquello que de hecho se produjo es el despliegue de esas potencialidades iniciales o una falla, un resultado monstruoso. Si podemos hablar de casos monstruosos es porque lo son en comparación con el caso ordinario, natural.

---

7   *Política*, I 2, 1253a30-31.

8   *Política*, I 1, 1252b32.

9   *Píndaro, Pítica* II 73.

Para Aristóteles, por tanto, lo natural se aprecia en el ejemplar desarrollado y no en el corrupto.[10] En efecto, no cualquier desarrollo es igual a otro. El hecho de que tengamos discrepancias y no siempre estemos de acuerdo en qué expresiones corresponden a un desarrollo natural, sólo pone de manifiesto que tenemos mucha discusión por delante, pero no significa que carezcamos de criterios para distinguir lo humano de lo inhumano, o que todos los desarrollos sean iguales o moralmente equivalentes. No da lo mismo ser Calígula o Séneca. También hay que tener presente que, al menos en el caso del hombre, nunca se llega a la plena perfección. El ser humano está en permanente estado de perfectibilidad, que va alcanzando a través de su acción. Pero una cosa es que no se posea la plenitud por completo, del mismo modo que la curva asintótica nunca termina de toparse con la recta, y otra distinta es que la naturaleza admita cualquier despliegue, incluso lo que no es más que fruto del capricho o la violencia. La educación es el proceso por el cual el hombre se ayuda a sí mismo o a otro para que efectivamente llegue a ser aquello que puede ser, para que despliegue todas sus capacidades para el bien.[11]

La admisión de una naturaleza humana, no significa uniformar a los hombres o postular que, de hecho, sólo existe *una* manera de plenitud humana. Las formas de excelencia humana son muy variadas, aunque no infinitas. La diversidad es ciertamente importante, pero no cualquier variedad es digna del hombre. La naturaleza humana apunta hacia su perfección, hacia su bien, de modo que hay formas de despliegue humano que más bien suponen una corrupción. Naturaleza y valor, por tanto, son nociones estrechamente vinculadas si se entiende la naturaleza de manera teleológica, de ahí la necesidad moral, expresada en la ya citada frase de Píndaro, de llegar a ser lo que somos.

Lo visto se resume en dos de las acepciones que Aristóteles distingue para la voz "naturaleza" en el libro V de su *Metafísica*. Allí dice que "naturaleza" puede ser entendida en dos sentidos. De una parte, es la esencia de

---

10   Cf. *Política*, I 5, 1254a36-37.

11   Cf. M. Adler, *Reforming Education. The Opening of the American Mind* (Londres, Collier/Mcmillan, 1990).

una cosa;[12] de otra, es el principio inmanente del movimiento de los seres naturales.[13]

Como se vio antes, para la ética es particularmente relevante este segundo sentido, el teleológico. De lo que se trata, para conseguir una vida lograda, es de actualizar al máximo las propias capacidades mediante una vida conducida de acuerdo con lo más noble que hay en nosotros, la razón. Pero qué actividades y formas de comportarse constituyen un perfeccionamiento para el hombre y cuáles, en cambio, significa una degradación, es algo que depende de aquello que el hombre es. Su índole propia, asimismo, determina las formas de trato que le hacen justicia, distinguiéndolas de aquellas que significa tratarlo como una cosa, degradarlo. Como se ve, en la ética los dos significad s de naturaleza tienen una estrecha conexión.

Noción empírica de naturaleza

§ 154. Frente a la visión de la naturaleza representada por Aristóteles, a lo largo de la historia se fue desarrollando una concepción muy distinta de la misma, que podríamos denominar "empírica". Ella se caracteriza por reducir la naturaleza a un conjunto de hechos. Esta concepción empírica a veces se calific de "moderna", debido a su difusión en los últimos siglos, aunque también reconoce antecedentes en la Antigüedad, como es el caso de Calicles, que en su discusión con Sócrates reivindica como natural el derecho del fuerte a imponerse sobre el débil,[14] confundiendo hecho y derecho. Así, en un texto famoso, dice:

> Según yo creo, la naturaleza misma demuestra que es justo que el fuerte tenga más que el débil y el poderoso más que el que no lo es. Y lo demuestra que es así en todas partes, tanto en los animales como en todas

---

12   Cf. *Metafísica*, V 4, 1014b35-36.

13   Cf. *Metafísica*, V 4, 1014b18-20.

14   Cf. *Gorgias*, 483 a-b.

las ciudades y razas humanas, el hecho de que de este modo se juzga lo justo: que el fuerte domine al débil y posea más. En efecto, ¿en qué clase de justicia se fundó Jerjes para hacer la guerra a Grecia, o su padre a los escitas, e igualmente, otros infini os casos que se podrían citar? Sin embargo, a mi juicio, estos obran con arreglo a la naturaleza de lo justo, y también, por Zeus, con arreglo a la ley de la naturaleza. No es tal vez de acuerdo con esta ley que nosotros establecemos las nuestras, según las cuales formamos a los mejores y más fuertes de nosotros, to-mándolos desde pequeños, como a leones, y encantándolos y hechi-zándolos los convertimos en esclavos, diciéndoles que es preciso tener lo mismo que los demás y que esto es bello y justo. Pero yo creo que si se presenta un hombre de naturaleza superior haría temblar todo esto y destruyéndolo escaparía, pisoteando nuestras tretas, engaños, encan-tamientos y todas las leyes contrarias a la naturaleza, y rebelándose se presentaría éste, nuestro esclavo, como dueño, y entonces resplande-cería lo que es justo por naturaleza.[15]

Mientras que en la visión clásica la naturaleza es teleológica, apun-ta hacia un fin, en esta otra perspectiva, lo natural equivale a lo empírico, a lo que se da de hecho, incluidas las invasiones de Jerjes y los demás abusos de los poderosos, que no serían más que un reflej de lo que pasa entre los animales. La naturaleza en el hombre sería lo que está dado por la biología; estaría determinado por lo que tiene de animal o, al menos, por lo que re-sulta en él del choque de diversos instintos y pulsiones.

La noción empírica de naturaleza no siempre se expresa de modo tan brutal como en Calicles, sino que admite otras modalidades que resultan menos chocantes, pero que coinciden con este sofist en la tendencia a des-pojar a la naturaleza de la idea de finalidad. Así, mientras Aristóteles pen-saba que la naturaleza es fin, en la consideración puramente empírica se la entiende frecuentemente como sinónimo de una expresión inicial, de lo que está al comienzo del proceso. Así, muchos piensan que lo más natural sería

---

15 *Gorgias* 483c-484a.

acercarse a los modos de vida de los hombres primitivos, que las cuevas son más naturales que las casas. Aristóteles jamás diría una cosa semejante, al menos entendiendo la voz "naturaleza" en su sentido principal. Este primitivismo lleva a veces a la añoranza de ese estadio inicial y otras, en cambio, a pensar que el progreso humano consiste en irse alejando de la naturaleza. El primer caso es el de Rousseau, en su segundo *Discurso*, cuando dice a sus contemporáneos:

> ¡Volved a la primitiva inocencia, puesto que depende de vosotros!; ¡id a los bosques a perder de vista y olvidar los crímenes de vuestros contemporáneos, y no temáis envilecer a vuestra especie renunciando a sus luces por renunciar a sus vicios![16]

Otros, por el contrario, piensan que progresar es tanto como romper las cadenas de lo natural, gracias al poder que nos dan la ciencia y la tecnología, como se ve en *Gattaca* (1997), de Andrew Niccol, la película que describe una sociedad donde las condiciones mismas de los hombres son objeto de manipulación genética, de manera que los hijos corresponden a las preferencias de los padres. Como se ve, la concepción empírica de la naturaleza admite modalidades bien diversas. Una de las consecuencias de esta visión empírica de carácter cientificista, reflejad en esta película, es que el progreso (entendido sólo como progreso técnico o científi o) se constituye en patrón último de legitimidad moral, y no queda subordinado a criterios superiores.

§ 155. Las diferencias entre ambas concepciones de la naturaleza, la clásica (teleológica) y la moderna (empírica), son importantes y tienen numerosas consecuencias, tanto fi osófica como prácticas. Así, muchas revoluciones pueden ser entendidas como una reacción contra la complejidad, como un empeño por volver a la simplicidad de los comienzos, a lo natural en el sentido primitivista de la expresión. El movimiento *hippie* de los años sesenta era una buena muestra de este rechazo de la complejidad actual. También

---

16   Heinrich Meier (ed.), *Discours sur l'inegalité*, Padeborn, Schöningh, 1984, p . 318.

presentó ese carácter reaccionario el régimen de Pol Pot y su idea de que las ciudades eran malas, y que había que abolir la moneda y las escuelas, para volver a un modo rural de existencia, lo que lo impulsó a deportar a millones de personas a los campos, donde muchos fueron exterminados, tal como se aprecia en *The Killing fi lds* (1984), la película de Roland Jo é. Guardando las distancias que se dan entre una conducta criminal y una acción política lícita, la misma actitud nostálgica respecto de un pasado que se describe de manera idealizada se observa hoy en ciertos movimientos ecologistas. Para ellos, la ciencia y la cultura tienden a oscurecer lo genuinamente humano, y son vistas de manera muy negativa.

§ 156. Por otra parte, si se asume la concepción moderna o fáctica de naturaleza, entonces parece muy difícil o imposible establecer una vinculación entre naturaleza y moralidad. Esto nos permite llegar a un nuevo ejemplo —que se suma al de Aristóteles y Rousseau— dentro de la historia de la - losofía, el de un escocés del siglo xviii : David Hume. Sus enseñanzas al respecto se resumen en la llamada "ley de Hume", que establece que el deber no puede derivarse a partir del ser, o sea, que no cabe obtener normas morales a partir de juicios descriptivos acerca de hechos. Este autor mira con sospecha a los autores que lo precedieron, que muchas veces intentaron fundar las exigencias morales en una consideración de la naturaleza humana, es decir, apoyar la ética en la antropología. Pero si, como Hume, se piensa la naturaleza no de manera teleológica, sino como un conjunto de hechos, esa tarea resulta imposible, pues una suma de hechos no basta para fundar el más mínimo deber. Así, en un pasaje muy famoso de su *Tratado*, Hume hace ver lo siguiente:

> En todo sistema moral de que haya tenido noticia hasta ahora, he podido siempre observar que el autor sigue durante cierto tiempo el modo de hablar ordinario, estableciendo la existencia de Dios o realizando observaciones sobre los quehaceres humanos y, de pronto, me encuentro con la sorpresa de que, en vez de las cópulas habituales de las proposiciones: *es* y *no es*, no veo ninguna proposición que no esté conectada

con un *debe* o un *no debe*. Este cambio es imperceptible, pero resulta, sin embargo, de la mayor importancia. En efecto, en cuanto que este *debe* o *no debe* expresa alguna nueva relación o afirmaci n, es necesario que ésta sea observada y explicada y que al mismo tiempo se dé razón de algo que parece absolutamente inconcebible, a saber: cómo es posible que esta nueva relación se deduzca de otras totalmente diferentes. Pero como los autores no usan por lo común esta precaución, me atreveré a recomendarla a los lectores: estoy seguro de que una pequeña reflexi n sobre esto subvertiría todos los sistemas corrientes de moralidad, haciéndonos ver que la distinción entre vicio y virtud, ni está basada meramente en relaciones de objetos, ni es percibida por la razón.[17]

Este es un texto sobre el cual se ha discutido mucho. Sin embargo, parece claro que en él se advierte una separación tajante entre el mundo del ser y el deber ser, entre la naturaleza y la moral. No sucedía lo mismo con autores como Tomás de Aquino. Para este pensador medieval, los seres están dotados de una finalidad y las ideas mismas de ser y de bien son "convertibles", la naturaleza humana apunta a su perfección.

Desde este punto de vista moderno, la naturaleza se halla únicamente en el mundo del ser. Es un conjunto de hechos. Si pretendemos sacar de ahí la moral, estaremos intentando un imposible, porque de premisas en indicativo no pueden salir conclusiones en imperativo, es decir, de simples constataciones no pueden deducirse prescripciones. Por eso dice Kelsen

del hecho de que los peces grandes se comen a los pequeños, no es posible deducir que su conducta sea buena o mala. Ningún razonamiento lógico permite pasar de lo que "es" lo que "debe ser", de la realidad natural al valor moral y jurídico.[18]

---

17 D. Hume, *Tratado de la naturaleza humana*, Madrid, Tecnos, 2002, pp. 633-634.

18 H. Kelsen, "Justicia y derecho natural", en *Crítica del derecho natural*, Madrid, Taurus, 1966, p. 103.

Nadie puede mirar lo que un hombre es en este momento, la disposición de sus músculos y nervios, el lugar en donde está sentado o la comida de que se alimenta, y deducir de allí, sin más, de manera absoluta, cómo *debe* comportarse. De ahí el esfuerzo de tantos autores de la posteridad de Hume por situar la ética fuera de la naturaleza. Es más, si la naturaleza equivale al conjunto de los hechos, ni siquiera sería deseable vincular la ética a la naturaleza. Sería tanto como darle valor moral al estado de cosas existente, reducir el derecho a los hechos. La ética, entonces, tendría otras fuentes, ya sea la emoción, ya el consenso social, ya la necesidad de adaptación social. En todo caso, resulta revelador que Kelsen comience su argumento hablando precisamente de peces grandes y chicos. Efectivamente, nadie duda de que no podemos sacar ninguna consecuencia moral del hecho de que unos se coman a otros. El problema es si ese modelo puede ser aplicado sin más para entender el mundo humano, y si ese autor austriaco no incurre en el error de observar las relaciones entre hombres con criterios que son válidos para los peces y luego afirma que no cabe deducir de allí ninguna exigencia de conducta específicamen e humana. Las situaciones humanas (pensemos, por ejemplo, en un hombre herido como consecuencia de un accidente en la carretera), nunca son un puro hecho que se pueda observar de manera neutral, como un científi o se enfrenta al material que analiza en un laboratorio. Precisamente porque son humanas, tienen la aptitud de interpelarnos y de exigir de nosotros cierto comportamiento. Por eso resultan profundamente inmorales esas expediciones turísticas en zonas de catástrofe, donde los participantes van a presenciar heridos, mutilados o personas desoladas por haber perdido su vivienda, su familia y su fuente de trabajo. La inmoralidad está presente aquí desde el principio, por la forma misma que se ha elegido para aproximarse a esa realidad.

La consideración puramente empírica de la naturaleza, hace de ésta un material que queda completamente a disposición de la voluntad humana. Esto resulta muy claro en el modo de entender la relación del hombre con su cuerpo, que pasa a ser visto no como una dimensión de la persona, es decir, como sujeto, como un aspecto constitutivo de aquello que *se es*, sino como algo que *se tiene*, como objeto. Así las cosas, se pierde fácilmente de vista la idea clásica de trato adecuado a la naturaleza, pues ésta se torna incapaz de entregar criterios para la acción.

Aplicabilidad de la falacia ser/deber ser

§ 157. ¿En qué medida las éticas anteriores a Hume están afectadas por la objeción de naturalismo? Sobre este tema también existe una discusión muy amplia, que no es posible recoger aquí.[19] Algunos piensan que la naturaleza es incapaz de darnos criterios para resolver cuestiones como la heterosexualidad o la monogamia como rasgos distintivos del matrimonio, o para impedir prácticas como la manipulación genética. Ella no sería más que un conjunto de hechos, una colección de átomos, de los que no se puede sacar criterio alguno de acción. Decir, por ejemplo, someterse a una operación directamente dirigida a esterilizarse atenta contra la naturaleza, sería tanto como poner la biología como parámetro de la moralidad.

Sin embargo, podemos afirma que, en la medida en que se entienda la naturaleza humana en forma teleológica, y no como una mera colección de hechos, no podrá sorprender que ella apunte a ciertos bienes o valores. Por otra parte, si la razón humana no sólo se limita a constatar, sino que tiene además una vertiente práctica, será posible que las normas morales no sean deducidas de ciertas circunstancias de hecho, sino obtenidas mediante ese uso práctico de la razón, cuyo terreno propio no son los simples hechos, sino el mundo del deber ser.

¿Supone, entonces, la teoría clásica de la ley natural, una infracción de la "ley de Hume"? ¿Es una inferencia ilícita de valores a partir de hechos? Si recordamos lo que se dijo páginas atrás,[20] habrá que tener presente que los primeros principios de la moralidad no son deducidos a partir de hechos, pues son evidentes. Si son evidentes, entonces no son deducidos de nada; lo evidente no se demuestra sino que simplemente se muestra, se "ve" de modo inmediato.

---

19   Puede verse un resumen de la discusión en C. I. Massini, *La falacia de la falacia naturalista* (Mendoza, Idearium, 1995).

20   Cf. §§ 94-96.

¿Y qué pasa con los otros principios morales, aquellos que no resultan evidentes para todos? Los otros principios morales tampoco consisten en conclusiones de deber ser obtenidas a partir de premisas relativas al ser, no son principios morales deducidos a partir de ciertos hechos. Estos no son más que aplicaciones de esos primeros principios a las circunstancias particulares, de modo que en su obtención desempeñan un papel tanto premisas de deber como premisas fácticas, lo que permite obtener conclusiones expresadas en deber ser, sin incurrir en ninguna falacia: el deber se origina en el deber y no en un hecho.

Dicho con otras palabras, es perfectamente posible desarrollar una teoría moral iusnaturalista que sea inmune a la objeción de Hume, en la medida en que no se apoye únicamente en premisas obtenidas a partir de la descripción de ciertos hechos, sino que las combine con otras premisas que expresan un deber ser. Nadie podrá extrañarse, entonces, de que a partir de una premisa normativa (el principio de moralidad) y una descriptiva (que se refie e a los hechos), se obtenga una conclusión normativa, consistente en un principio de justicia particular.[21] La referencia a los hechos es fundamental, pues de lo contrario se incurriría en una falacia normativista. En efecto, las reflexi nes puramente normativas proporcionan sólo una pauta de evaluación sumamente general, que tiene todavía que ser puesta en conexión con las legalidades objetivas del ámbito vital en cuestión, en este caso, por lo pronto, con las condiciones de aplicación de la justicia.[22]

La tarea de discernir las circunstancias de hecho y de establecer a la luz de qué principio deben ser tratadas, exige una aptitud que no todos los hombres poseen por igual: la prudencia. Por eso no nos puede extrañar que en este proceso se produzcan errores que llevan a que los hombres mantengan opiniones muy diversas acerca de lo bueno y lo malo.

Todo este paréntesis acerca de los distintos modos de entender la naturaleza es importante para evitar malentendidos. En efecto, si se leen los textos clásicos con ojos modernos no se entenderá qué es lo que afirma cuando

---

21 Cf. O. Höffe, "Derecho natural sin falacia naturalista. Un programa iusfilosófi o", en *Estudios sobre teoría del derecho y la justicia*, Barcelona, Alfa, 1988, p . 128.

22 O. Höffe, "Derecho natural...", *op. cit.*, p. 127.

aluden a la noción de naturaleza humana, y muchas veces sonarán arbitrarios. Por el contrario, si se lo mira con ojos adecuados, se verá que la reflexi n de los clásicos tiene mucho qué decir, y cuenta, al menos, con la ventaja de no haber perdido de vista lo que más adelante, en el siglo xx, se llamaría el "mundo de la vida", es decir, el reino de los fine , del bien y la belleza.

Asimismo, tampoco resulta claro que sea imposible obtener directrices de acción a partir de hechos. Conviene tener en cuenta que no todos los hechos tienen el carácter de "hechos brutos": existen, por ejemplo, hechos institucionales, que sí pueden fundamentar un deber. Pensemos, por ejemplo, en las promesas. Cuando Juan dice "prometo pagarte esta deuda el primer lunes del próximo mes" estamos en presencia de un hecho, pero todos juzgaríamos muy negativamente a Juan si, en vez de pagarla, se embarca en un crucero por el Caribe. ¿Por qué? Porque el hecho de prometer está enmarcado en un contexto tal que basta con que tenga lugar la promesa para que surja el deber de cumplir lo prometido. Puede calificars como un *hecho institucional*.[23]

El hombre en la naturaleza

§ 158. Otra razón que dificult la utilización de la palabra "naturaleza" en la ética, es que hoy el lenguaje habitual entiende por "naturaleza", en primer lugar, la totalidad de la creación, como ya se comentó. Este uso de término, como sinónimo del conjunto de las cosas e incluso de todo el universo, no era ajeno a Aristóteles, pero no constituía el uso central de la palabra.[24] En cambio, lo relevante en el lenguaje actual no es, por lo general, el que cada uno de los seres tenga su naturaleza y, por tanto, no pueda ser tratado de cualquier manera. Más bien, lo que se destaca es la pertenencia de todos los seres a ese conjunto de lo existente, a la naturaleza entendida como cosmos. En este conjunto todo aparece como armónico, salvo el hombre. Esta falta de armonía, piensan algunos, se debería fundamentalmente a su esfuerzo

---

23 J. Searle, *Actos de habla. Ensayo de filosofía del lenguaje*, Madrid, Planeta/Agostini, 1994, p . 188.

24 Véase, por ejemplo, *De Anima*, III 9, 432b21, *Metafísica*, III 3, 1005a33, *Política*, III 8, 1267b28; Cf. A. Vigo, *Aristóteles. Una introducción*, Santiago, Instituto de Estudios de la Sociedad, 2007, p . 69.

por distinguirse de la naturaleza, por ponerse por encima de ella, en defin‑
tiva, al antropocentrismo.

La cuestión de las relaciones entre el hombre y la naturaleza, toma‑
da en este sentido ecológico, como sinónimo de cosmos, no es fácil de re‑
solver. Cabe pensar que su adecuada solución exige, a la vez, explicar cómo
el hombre, en parte, está dentro de ese universo pero, en parte, también,‑
se encuentra al mismo tiempo en una categoría particular. El esfuerzo por
distinguirlos se considera hoy como antropocentrismo, lo que a su vez ex‑
plicaría el hecho de que históricamente el hombre haya mantenido una ac‑
titud despótica frente a la naturaleza.

Sin embargo, si se examinan las cosas con más detenimiento, cabe
pensar que esa supremacía del hombre respecto del resto de la naturaleza
no atenta contra ella, sino todo lo contrario. La razón por la que decimos que
el hombre está por encima del resto de los seres vivos, es que sólo él puede
tener una actitud de cuidado respecto de los otros seres. Ninguno de los de‑
más animales, y no digamos de las plantas o de los minerales, puede preo‑
cuparse de cosas como la detención de un incendio, la conservación de una
especie que está en vías de extinción o del desarrollo de técnicas médicas o
agronómicas que permitan combatir una plaga que afecta a una especie ve‑
getal. Eso sólo puede hacerlo el ser humano. La razón, entonces, de que le
reconozcamos ese puesto privilegiado, no es un mero antropocentrismo ba‑
sado en el hecho de que aparentemente goza de más poder, sino la peculiar
responsabilidad que deriva de su aptitud de conocer y querer libremente.
En suma, de su capacidad de cuidar, de ocuparse de los otros. Por eso pue‑
de decir Roberto Alifano:

> "Tanto afán de poder,
> ¡qué disparate!
> ¡Las cosas que tenemos y que usamos
> Nos han sido prestadas
> Y habrá que devolverlas!".[25]

---

25 *Alifano. Poesías*, Buenos Aires, Ediciones Margus, 2004, p. 53.

Que esta tarea de administrador no siempre haya sido cumplida con nobleza por el hombre, es una cuestión que afecta no a su lugar en el cosmos, sino a su responsabilidad en el cumplimiento de sus deberes.

Con todo, la actual preocupación por la naturaleza, entendida como ambiente, puede ser propicia para comprender lo que alguna vez se ha llamado la "ecología humana", es decir, el reconocimiento de que también en el mundo del hombre existe un orden que debemos respetar. En un texto de 1984, el dramaturgo checo Vaclav Havel recordaba un episodio de su niñez:

> He pasado parte de mi infancia en el campo y todavía recuerdo con claridad una de mis experiencias de entonces: iba a la escuela —estaba en un pueblo vecino— atajando a través de los campos y cada día veía en el horizonte la alta chimenea de una fábrica, construida apresuradamente (con toda probabilidad trabajaba para la guerra). Un espeso humo negruzco salía de la chimenea y se dispersaba por el cielo azul. Cada vez que veía la humareda, experimentaba con intensidad el sentimiento de que había en ello algo inconveniente, ya que los hombres ensuciaban el cielo. Ignoro si la ecología existía ya entonces como disciplina científi a; si existía, yo nunca había oído hablar de ella. Sin embargo, me sentía espontáneamente afectado y herido por esta suciedad del cielo, me parecía que el hombre estaba cometiendo una falta, que destruía algo importante, que violaba arbitrariamente el orden natural de las cosas y que necesariamente debería pagar caro semejante conducta.[26]

Si seguimos leyendo ese texto nos encontraremos con que, para Havel, la destrucción del medio por una fábrica cuyos directivos pensaban que, por ser propiedad estatal, representaban automáticamente los intereses generales, indica algo más. El espeso humo negro que agredía el cielo de Bohemia era un símbolo de una contaminación más profunda, de una actitud intelectual y, en último término, moral.

---

26   V. Havel, "La política y la conciencia", en *Nuestro Tiempo*, 430 (1990): 112.

Si hoy somos conscientes de que en la naturaleza física hay un cierto orden que debemos respetar, y de que, si no lo hacemos, tarde o temprano experimentaremos las consecuencias de esta desaprensión, ¿no sucederá otro tanto con el hombre y la sociedad?, ¿no habrá modos de tratar al hombre que son más humanos que otros? Si esto es así, entonces tendríamos la posibilidad de decir que ciertas acciones son malas no obstante ser realizadas en un medio cultural diferente del nuestro, de modo semejante a como tendemos a darle la razón al dramaturgo checo y estimar que no está bien dejar la preservación del medio ambiente fuera del cálculo de costos y benefici s de la actividad económica.

La crisis ecológica ha vuelto a traer ante nuestros ojos una idea que es fundamental en la tradición de Occidente: la de límite. No todo lo físicamente realizable es compatible con el bien del hombre. Es decir, la voluntad humana no constituye el criterio último de licitud. Es una idea muy antigua, magistralmente desarrollada en la historia de Antígona y su alusión a unas inmemoriales leyes no escritas, que hoy ha adquirido una insospechada actualidad.

Como resumen, podemos decir que, en la perspectiva de la Tradición Central de la ética en Occidente, la naturaleza humana tiene un carácter teleológico. Esto signiÁca, en primer lugar, que el hombre no nace como un ser pleno, sino que debe alcanzar su excelencia a través de la acción. Por otra parte, no todo despliegue de la libertad es perfectivo del hombre, pues hay acciones que no son congruentes con la excelencia humana. La idea de una naturaleza humana expresa, a la vez, que el hombre es un ser dinámico, pero que ese cambio no es absoluto, pues hay que admitir en el ser humano unas estructuras fundamentales que deben ser respetadas. Así, sólo puede hablarse de progreso en la medida en que esos cambios respeten el bien humano y no se vuelvan en su contra. La superioridad del hombre respecto del resto de los seres que habitan nuestro planeta no signific que pueda disponer del cosmos caprichosamente, sino que tiene un especial deber de cuidado para con el resto del mundo natural.

XIII
Dios en la ética

Imitemos, pues, a Arato,
que cree debe empezarse por Júpiter
cuando se va a tratar de cosas importantes.

Cicerón

§ 159. En las páginas precedentes se ha procurado argumentar sobre bases estrictamente racionales, teniendo como punto de referencia a los seres humanos y las exigencias que derivan de la búsqueda de su plenitud. Sin embargo, no parece razonable prescindir de un hecho notorio: gran parte de los habitantes del planeta tiene como guía de conducta no tanto la ética filosófica de la que venimos hablando, sino aquella moral que proviene de algún sistema religioso, o al menos ordena su vida tomando elementos derivados de ambas fuentes, la filosofía y la religión. Es el momento entonces de preguntarnos: ¿qué papel desempeña Dios en la ética? Esta pregunta puede entenderse de maneras muy distintas: ¿puede haber una ética sin Dios?, ¿es Dios el fundamento, ya sea inmediato o último, de la ética, y, por tanto, como se dice en *Los hermanos Karamazov*, si Dios no existe, "todo está permitido"?, ¿es necesario reconocer una divinidad para aceptar los principios éticos, o más bien sucede al revés, y la ética constituye un camino para llegar a la cuestión de la existencia de Dios?

El orden ontológico y el práctico

§ 160. La primera respuesta a toda esta cuestión parece bastante obvia: si es verdad que hay un Dios, y es también verdad que tiene un carácter creador y providente (cosas que no se tratarán en este libro), entonces Dios constituye una condición necesaria para que haya ética. Sin Dios no hay hombres ni ética. Pero tampoco química, astronomía, leones o microbios. Es el problema del *fundamento último* de la realidad.

Con todo, esta perspectiva es ajena a la ética. En principio, cabría pensar que comenzar un libro de ética con unas lecciones sobre la existencia de Dios resulta tan injustificad como hacer lo mismo en un libro de mecánica automotriz. La ética no es una disciplina última. No tiene por qué remontarse a la causa fundante de todo lo existente. Por el contrario, en la medida en que lo hiciera, dejaría de ser ética y pasaría a ser otra disciplina. Ella parte de la base de que existe el mundo, el hombre, el bien, el mal y muchas otras cosas, y no pretende demostrarlo todo. Por eso, el libro más importante que se ha escrito sobre estas materias, la *Ética a Nicómaco*, sólo ocasionalmente alude al problema de Dios. Por tanto, en el orden ontológico la existencia de Dios es fundamental, pero no parece serlo en el terreno práctico. No resulta decisiva a la hora de distinguir entre vicio y virtud o para discutir la cuestión de la mejor forma de gobierno o si la propiedad colectiva es buena o mala.

§ 161. Sin embargo, de lo dicho no se deriva que la cuestión de Dios sea ajena a la praxis. Así, por ejemplo, en la *Utopía* de Tomás Moro se cuenta que los utopienses no reconocen derechos políticos a los ateos, pues, por el hecho de negar el premio y castigo en la otra vida, tienen menos razones para respetar los acuerdos sobre los que se basa la vida política. Probablemente el argumento sea discutible. Una persona que no cumple las promesas es una mala persona, y son muchos los que no quieren serlo, admitan o no la existencia de Dios. Con todo, cabe reconocer que los creyentes tienen *un motivo adicional* para obedecer las leyes, respetar la palabra dada y comportarse correctamente. La experiencia parece decir que ese motivo no ha sido excesivamente fuerte: la historia está llena de personas que se han portado mal, incluidos muchos creyentes. Pero, aparte de que si no tuvieran ese motivo probablemente la situación podría ser todavía peor, lo que nos interesa aquí es simplemente destacar un primer papel que la idea de Dios tiene o puede tener en la ética, a saber, el de ser garante de las normas morales. La literatura de muchos pueblos muestra la creencia de que la transgresión de determinadas normas éticas es, al mismo tiempo, una ofensa a la divinidad que, se supone, está en su origen. Así le recuerda Tiresias a Creonte que su prohibición de sepultar a Polinices ha traído la desgracia a toda la ciudad:

> Porque enviaste allá abajo a un alma de las que pertenecen a arriba sepultándola deshonrosamente en una tumba; y a un muerto que corresponde a los dioses de allá abajo retienes aquí, privado de su destino, insepulto y sin purificaci n. Sobre estas cosas ni tú ni los dioses de arriba tenéis derecho, pero tú has hecho violencia en este caso.[1]

Además, desde el punto de vista histórico, no cabe duda de que las religiones han sido una fuente de conocimiento y certeza moral muy importante y que, de hecho, han proporcionado el fundamento ético que las sociedades requieren para funcionar sin tener que recurrir a un número excesivo de policías. La mayoría de las personas conoce los principios morales dentro de una tradición y esa tradición se compone en buena medida de elementos religiosos. Piénsese, por ejemplo, en el papel que en la historia universal han desempeñado los Diez Mandamientos, un código accesible a todas las personas. Ellos entregan criterios de conducta a los que llegaría todo aquel que razonara correctamente acerca de las exigencias fundamentales que debe cumplir el hombre para alcanzar su plenitud.

Por último, tampoco se puede prescindir totalmente de la cuestión de Dios en la ética, pues esto llevaría a dejar fuera de ella un problema práctico importante: ¿qué hacer si Dios existe? ¿O se trata, acaso, de una verdad irrelevante?, y uno de carácter teórico, a saber, ¿puede la ética renunciar a llegar al fundamento último del orden moral? Hay que tener en cuenta que, si Dios existe, quien no lo sepa está ignorando una verdad decisiva para el sentido de su propia vida. Y si Dios no existe, entonces es el creyente quien está engañado no en una materia pequeña y trivial, sino en la dirección misma que ha dado a su existencia. Nadie pondría como modelo de hombre a quien está engañado en una cuestión tan relevante como esa. En uno y otro

---

1   *Antígona*, vv. 1068-1073.

caso, entonces, la cuestión de Dios tiene que ver con la posibilidad de alcanzar la excelencia humana.

El acceso práctico a Dios

§ 162. La Tradición Central de Occidente sostiene que los hombres están en condiciones de llegar a la existencia de Dios a partir de la consideración del cosmos. El orden de las cosas, se dice, remite a un Ordenador: los efectos apuntan a las causas y éstas, en definit va, a una Causa última. Este es el *acceso metafísico* a Dios. Un caso típico es el *Libro de la sabiduría*, cuando dice:

> Vanos son por naturaleza todos los hombres que ignoran a Dios y no alcanzan a conocer por los bienes visibles a Aquel que es, ni atendiendo a las obras, reconocieron al Artífi e; sino que al fuego, al viento, al aire ligero, a la bóveda estrellada, al agua impetuosa o las lumbreras del cielo los tomaron por dioses rectores del mundo. Pues si seducidos por su belleza los tienen por dioses, deberían conocer cuánto más es el Señor de todos ellos, pues es el autor mismo de la belleza quien hizo todas estas cosas. Y si se admiraron del poder y la fuerza, deduzcan de ahí cuánto más poderoso es el que los hizo; pues por la grandeza y hermosura de las criaturas, se deja ver, por analogía, su Hacedor.[2]

Sin embargo, junto al modo metafísico o especulativo de proceder, existen otros caminos, de carácter práctico. Desde un principio, en efecto, los hombres han experimentado su fragilidad y, en consecuencia, la necesidad de recurrir a alguien superior. Es cierto que no faltan los que afirma que esa es una situación transitoria: en la medida en que continúe el progreso científi o y tecnológico, piensan que llegará un momento en que la idea de Dios sea innecesaria y, por tanto, superflua. La verdad parece ser, en cambio, que el progreso tecnológico y científi o no ha logrado disipar esa sensación de precariedad,

---

2 *Sap.* 13, 1-5.

simplemente la ha trasladado. Hoy, el hombre tiene temor no del trueno o el relámpago, sino de sus propias creaciones. El hombre contemporáneo está marcado por el temor, por más que muchas veces se presente como un individuo emancipado del poder de las fuerzas de la naturaleza y de la tradición.

Tal sentimiento de inseguridad ante lo que él mismo ha hecho, hace ver el carácter ambiguo de lo humano, su multidireccionalidad, el hecho de que puede orientarse tanto al bien como al mal. Al mismo tiempo, muestra que, como el progreso científi o no constituye necesariamente un bien para el hombre –ya que puede utilizarse para bien o para mal–, no puede constituirse en criterio último de decisión.

Esta fragilidad se observa no sólo por las amenazas que provienen del mundo exterior. El hombre está marcado desde dentro por la conciencia de la muerte. Ella hace que toda su actividad esté señalada por el sello de lo precario, de lo transitorio. Pero esta fugacidad es directamente contraria al deseo de permanencia e impide que el hombre pueda darle un valor definit vo a todo lo que hace aquí, en la tierra. Por otra parte, este afán de permanencia se tornaría inexplicable si el hombre fuese irremediablemente caduco. Por eso se ha dicho que el hombre necesita ser inmortal porque lo es. "No podemos concebirnos como no existiendo",[3] dice Unamuno. Y sigue:

> El Universo visible, el que es hijo del instinto de conservación, me viene estrecho, me es como una jaula que me resulta chica, y contra cuyos barrotes da en sus revuelos mi alma; fáltame en él aire que respirar. Más, más y cada vez más; quiero ser yo y, sin dejar de serlo, ser además los otros, adentrarme la totalidad de las cosas visibles e invisibles, extenderme a lo ilimitado del espacio y prolongarme a lo inacabable del tiempo. De no serlo todo y por siempre, es como si no fuera, y por lo menos ser todo yo, y serlo para siempre jamás. Y ser todo yo, es ser todos los demás. ¡O todo o nada![4]

---

3   M. de Unamuno, *Del sentimiento trágico de la vida*, Buenos Aires, Losada, 1964, p . 39.

4   M. de Unamuno, *Del sentimiento...*, pp. 39-40.

Pero esta conciencia de inmortalidad no puede venirle ni de sus progenitores ni de quienes lo rodean, porque la única experiencia que el hombre tiene es que las cosas se deterioran, que la vida está cercada por la muerte. La idea de un ser superior está directamente conectada con la conciencia de la muerte, y permite que no sea el hecho definit vo. A eso parece apuntar Nicanor Parra cuando dice:

"Señoras y señores:
Yo voy a hacer una sola pregunta:
¿Somos hijos del sol o de la tierra?
Porque si somos tierra solamente
No veo para qué
Continuamos filmand   la película:
Pido que se levante la sesión".[5]

El hombre no sólo es frágil, también es falible, puede desviarse, actuar en contra de sí mismo y de los demás. Parece, entonces, que el ser humano no sólo está necesitado de protección, sino también de redención. "¡Oh raza humana, nacida para remontar el vuelo! ¿Por qué el menor soplo de viento te hace caer?", son las palabras que escucha el Dante de labios de un ángel, hacia el   nal del primer círculo del Purgatorio.[6] Las obras y proyectos humanos, los sistemas económicos y políticos, las creaciones más notables de la ciencia, pueden volverse contra su autor. No es casual que en nuestra época se haya descubierto con peculiar claridad la noción de límite: el hombre no es capaz de dar el sentido último de la realidad y, por tanto, tampoco puede establecer de manera creadora los criterios de lo bueno y lo malo. Hay parámetros que están puestos por algo que no es tan sólo la voluntad del hombre, y que bien podríamos llamar "naturaleza". Pero la idea de naturaleza remite a la de un Autor de la misma.

5   "Pido que se levante la sesión", en N. Parra, *Versos de salón* (1962), en *Poemas para combatir la calvicie* (Antología compilada por J. Ortega), México, Fondo de Cultura Económica, 1993, p . 96.

6   *La divina comedia.* Purgatorio, Canto XII.

Particularmente ilustrativo del carácter no absoluto que tiene el hombre, es el hecho de la conciencia. ¿Cómo explicar que un ser fini o, lleno de intereses particulares, constantemente influid por las pasiones, encuentre en sí mismo una voz dotada de ciertos caracteres absolutos? No parece aventurado pensar que es el eco de una realidad superior. De ahí que Newman pueda decir, a propósito de la conciencia, que

> su misma existencia conduce nuestras mentes hacia un Ser exterior a nosotros mismos (pues, si no, ¿de dónde vendría?), y hacia un Ser superior a nosotros mismos (si no, ¿de dónde su perentoriedad extraña y molesta?)".[7] Su realidad "nos lanza fuera de nosotros mismos, y más allá de nosotros mismos, para ir a buscarle a Él, cuya voz es la conciencia, en las alturas y en las profundidades".[8]

También la presencia de la injusticia en nuestro mundo es, por contraste, un hecho que reclama la existencia de Dios. En efecto, ante tanta injusticia que sufren los inocentes, ante la prepotencia de muchos poderosos, ante la multitud de crímenes que quedan impunes sobre la tierra, sólo caben dos posibilidades: o la vida humana es un absurdo, o existe un Dios remunerador en la vida ultraterrena. Si esto es así, cabe entender, de paso, por qué muchos hombres realmente malvados tienen éxito en la tierra, al menos según sus categorías: fama, dinero, placer, poder y reconocimiento. Como hasta el hombre más malo ha realizado algunas obras buenas en su vida, un Dios justo no lo dejará sin recompensa. Y como no puede dársela en la otra vida, se la entrega en los pocos años que dura su existencia terrena.

Los argumentos que se vienen dando no son por sí mismos concluyentes, pero constituyen una vía de acceso a Dios que también ha sido muy transitada. El común de los mortales no ha leído la *Metafísica* de Aristóteles ni seguido los razonamientos de los filóso os acerca de la existencia de Dios, sin embargo cree en Él. Eso signific que ha llegado a reconocerlo siguiendo

---

7   J. H. Newman "Sermones predicados en diversas ocasiones", en *Persuadido por la verdad*, Madrid, Ediciones Encuentro, 1995, p . 76.

8   *Ibid.*, 76.

vías diferentes de aquellas que son propias de la fil sofía especulativa, pero no por eso menos efectivas. Estos son los modos prácticos de acceder a Dios, de los que venimos hablando. Y estos caminos pueden otorgar una enorme seguridad. Ellos permiten, por ejemplo, exclamar:

> "Yo canto y bailo porque Dios existe
> y el corazón me ronca en las entrañas
> porque Dios existe ¡no se dan cuenta!
> ando por la calle riéndome solo
> de puro gusto ¡porque Dios existe!
> de noche despierto bañado en lágrimas
> y si es de día les ofrezco un brindis
> porque Dios existe, ¡salud a todos!
> permítanme que dé unos pocos saltos
> y que nadie esté triste, ¡vive Dios!...".[9]

Naturalmente, también cabe llegar a Dios por caminos especulativos, paralelos a las vías de los fil sofos, aunque simplificad s. Sin embargo, en estos casos frecuentemente se mezclan las enseñanzas de los mayores —el ambiente cultural de la tradición en la que hemos crecido—, lo que pone de relieve la importancia de la vertiente práctica del acceso a Dios.

§ 163. Por otra parte, el deseo de felicidad que tiene el hombre remite también a un bien infini o, perdurable, capaz de saciarlo. Este deseo no es un deseo cualquiera, sino un constitutivo muy íntimo de lo humano. Aristóteles habla de una vida conforme a la virtud, como el modo en el que se alcanza la felicidad. Tomás de Aquino es más cauto y piensa que, aun siguiendo una vida tal, no se logra la felicidad plena, una felicidad como aquélla a la que el hombre realmente aspira. Las virtudes se refie en a bienes exteriores y contingentes, mientras que lo que es capaz de llenar plenamente al hombre

---

9   J. M. Ibáñez Langlois, "Porque Dios existe", en *Poemas dogmáticos*, Santiago, Editorial Universitaria, 1971, p. 22.

debe ser necesario y muy íntimo a él.[10] Se requiere que exista un bien infinto y perdurable, y también que el hombre esté dotado de un alma inmortal, pues de otro modo el gozo de ese bien tampoco sería pleno. Si no hay algo así, es decir, si no existe Dios, la vida carecería de sentido, porque nuestro deseo más radical, el de ser felices, no podría satisfacerse en nuestra existencia terrenal. El hombre sería, en ese caso, "una pasión inútil", para decirlo en palabras de Sartre.[11]

La realidad de Dios se conecta con aquello que, en definit va, es el término de la vida moral: la contemplación. La virtud, al hacernos buenos a nosotros y a nuestras acciones, aumenta nuestra capacidad de conocer y de querer. La existencia de lo infinitamen e cognoscible y amable es una condición para que el deseo humano de plenitud no quede frustrado. Es el término que aquieta el movimiento. Se trata, en definit va, de contemplar la verdad, pero no una verdad cualquiera, sino aquella que se hace accesible para el hombre bueno: "Bienaventurados los limpios de corazón, porque ellos verán a Dios",[12] se dice en las Escrituras. Pero esta contemplación, aunque supone y es el término de la acción humana, no parece alcanzable con las solas fuerzas humanas, que son necesariamente limitadas. De alguna manera desconocida por la fil sofía, la contemplación parece ser un don, un regalo. Cuando se habla del alma y su origen, se dice que ella, como principio de naturaleza espiritual, no procede simplemente de los padres. Análogamente, de afuera debe venir también lo que la lleva a su plenitud última.[13]

Finalmente, todo hombre busca que su vida esté llena de sentido. Pero descubrir un sentido para la propia vida es tanto como descubrir en ella una misión. Y la idea de misión remite fácilmente a Alguien que envía a participar en ella. De ahí que Chesterton haya podido escribir: "Siempre me había parecido que la vida era, ante todo, un cuento. Y esto supone la existencia de un narrador".[14] Si esto es así, entonces también desde un punto de vista práctico

---

10   *Suma contra los gentiles*, II, pp. 34-35.

11   J.-P. Sartre, *El ser y la nada. Ensayo de ontología fenomenológica*, Buenos Aires, Losada, 1993, p . 747.

12   Mt 5, 8.

13   Quizá a eso apunte Aristóteles en *De generatione animalium*, II 2, 736b22-29.

14   G. K. Chesterton, *Ortodoxia*, p. 90.

la realidad de Dios desempeña el papel de criterio último de la moralidad, ya que si hay un ser cuya existencia dota de sentido a nuestra vida, es lógico pensar que nuestras acciones deberían apuntar en una dirección que, en la mismo medida en que nos encamina hacia nuestra plenitud, nos acerque también a Él. Al menos eso parece pensar Aristóteles, cuando dice:

> Aquel modo, por consiguiente, de elegir y adquirir los bienes naturales que promueva en mayor medida la contemplación de Dios, será el modo mejor y el más bello límite, y será malo, por lo mismo, cualquier modo de elección y adquisición que por defecto o por exceso nos impida servir y ver a Dios".[15]

Si la acción humana se orienta a la contemplación, y la idea de contemplación remite a la de Dios, entonces no será indiferente el rumbo que tome el hombre que actúa, porque hay cursos de acción que no promueven, e incluso hacen imposible, la apertura a la contemplación.

Todas estas cuestiones son importantes. Admiten muchas respuestas, pero no cabe ignorarlas. Dice Aristóteles que "es indigno de un hombre no buscar la ciencia a él proporcionada".[16] No parece compatible con una vida digna el omitir determinadas preguntas. Y entre ellas, la de Dios no parece ser la menos importante.

Lo dicho nos ayuda a ver que, más que un conjunto de reglas, la ética consiste en una búsqueda de la vida buena. Se trata de reflexi nar sobre las condiciones necesarias para llevar adelante una vida llena de sentido, que permita, en último término —como dice Aristóteles y, después de él, el cristianismo— "ver a Dios". Como toda victoria, ésta supone respetar previamente ciertas reglas del juego, en este caso las llamadas normas morales. Pero éstas son una consecuencia, no lo principal. Más que ser el Autor de ciertas normas, el papel fundamental de Dios en la ética consiste en ser el término de la

---

15 *Ética Eudemia*, VIII 3, 1249b16-20 (trad. A. Gómez Robledo, con ligeras modifi aciones: *hóros* se traduce por "límite").

16 *Metafísica*, I 2, 982b31-32.

contemplación. Por eso dice Aristóteles que lo que lleve a Él será lo mejor y el límite más bello para nuestros actos.

El problema del mal

§ 164. Así como existe un acceso práctico a Dios, la negación de su existencia muchas veces tiene también raíces prácticas. Esto sucede en varios sentidos. En primer lugar, unas disposiciones morales desordenadas hacen muy difícil el reconocimiento de un orden moral y la remisión a un Autor del mismo: será malo, dice Aristóteles en el texto recién citado, cualquier modo de elección que nos impida servir y ver a Dios. La difusión de un modo de vivir hedonista y de una idea de libertad entendida como carencia de vínculos, parece incompatible con la creencia en un Dios remunerador, instaurador de un orden moral, etc. La existencia misma de un Absoluto es vista como una limitación de la autonomía del sujeto, pues le impide ser quien otorga el sentido último a la realidad, que es lo que algunos pretenden.

En ocasiones, la negación de Dios tiene una causa moral de otro tipo: el rechazo a una situación que se considera injusta. Detrás del ateísmo y el agnosticismo, muchas veces se esconde una rebelión ante el problema del mal. Se piensa que el sufrimiento inocente, la existencia de grandes cantidades de dolor e injusticia en el mundo, y la falibilidad de la condición humana, son incompatibles con la realidad de un Dios providente y bondadoso. Ya plantearon este drama los epicúreos, hace muchos siglos: sabemos que existe el mal: ¿Dios quiere y no puede evitarlo? Entonces no es omnipotente. ¿Puede y no quiere? Entonces no es bueno. Pero un Dios que no es omnipotente es un Dios que no es tal, que no existe. Y otro tanto sucede con un Dios que no sea bueno. Después de Epicuro, la literatura ha dado abundantes ejemplos de esa actitud. En *Todavía* (1981), la novela de Carlos León, uno de los personajes, impactado por una horrible tragedia, pregunta cómo puede Dios permitir algo semejante: "—porque no existe", es la escueta respuesta del protagonista.

La negación de Dios basada en la existencia del mal en el mundo, tiene una gran fuerza persuasiva. Sin embargo, se funda en un supuesto que es, al menos, discutible. Se dice que si Dios puede evitar el mal y no lo hace, entonces no es bueno. Como un Dios malo es un absurdo, quiere decir que no existe. El supuesto que subyace a este razonamiento es que Dios necesariamente debe actuar como lo haría un hombre. Esta concepción pone a Dios en un modelo semejante al de los superhéroes. Estos son individuos con una inteligencia como la nuestra pero mucho más poderosos, lo que les permite hacer todas las cosas que nosotros querríamos realizar pero que están fuera del alcance de nuestras fuerzas: detener a un tren que va a atropellar un niño, o desviar la trayectoria de la bala asesina. De este modo, si la persona que niega a Dios ve a alguien sufriendo, y tiene una buena voluntad, hará lo que esté de su parte para poner fi a ese sufrimiento. Si la racionalidad del objetor fuese la racionalidad última, entonces todo ser dotado de razón, Dios incluido, debería actuar del mismo modo. Pero eso no se cumple. En nuestro mismo mundo humano reprochamos a quienes, por evitar a sus hijos cualquier sufrimiento, los malcrían. Nos parecen miopes, poco racionales y, en definit va, carentes de un auténtico amor hacia sus hijos. Querer de verdad a los hijos muchas veces signific no seguir sus caprichos, aunque eso implique hacerlos sufrir. Si esto ocurre en el plano humano, mucho más puede suceder cuando estamos frente a una inteligencia infinita. Ni siquiera podemos decir con certeza que de esos males Dios sacará mayores bienes, entendiendo "bienes" y "males" al modo humano. Ante esa inteligencia infinita, lo único que podemos decir es que desconocemos sus razones. Por eso, "la sabiduría se reduce a no enseñarle a Dios cómo deben ser las cosas".[17] Cuando se dice ¿no podría Dios haber creado un mundo en el que estén ausentes no sólo el sufrimiento, sino también la posibilidad de injusticia, traición y desengaño?, se olvida que ese mundo sí existe: es el de las hormigas.

En resumen, en el orden del conocimiento no es necesario admitir la existencia de Dios para reconocer los principios morales fundamentales que rigen nuestras relaciones con los demás hombres. Con todo, el tema de Dios no es ajeno a la ética, ya que se relaciona estrechamente con la pregunta por su fundamentación última y, en particular, porque existen vías prácticas de

---

17 N. Gómez Dávila, *Escolios a un texto implícito. Selección*, Bogotá, Villegas Editores, 2001, p . 39.

acceso a Dios, que son perfectamente válidas y que discurren por cauces diferentes de las tradicionales vías de demostración de la existencia de Dios, que tienen un carácter cosmológico.

xiv
La herencia ética de la Tradición Central: un resumen

No todo placer debe elegirse,
sino sólo aquel que va unido a lo bello.

Demócrito

Bien físico y bien moral: una diferencia fundacional

§ 165. En uno de sus fragmentos dice Heráclito que "el bien y el mal son uno. Los médicos cortan, queman, torturan de todos los modos y exigen un pago que no merecen puesto que producen al mismo [que la enfermedad]".[1] Al señalar que el bien y el mal son uno, el pensador de Éfeso parece mostrar que un mismo hecho puede ser llamado bueno o malo según la perspectiva que se adopte para considerarlo. En efecto, desde un punto de vista empírico, los médicos parecen producir un daño. En cambio, desde la perspectiva de la entera persona, una intervención quirúrgica resulta un bien para el individuo que la padece. También puede suceder al revés: hay veces que una acción puede ser placentera a los sentidos y sin embargo lesiva de la persona. Por eso Heráclito puede decir también: "que a los hombres les suceda cuanto quieren no es lo mejor".[2] Existe un bien que pertenece al hombre entero y que no coincide con la satisfacción de sus apetencias o sus intereses inmediatos. La historia de Giges así lo muestra.

Hay una diferencia entre el bien moral y el bien físico, entre lo que perfecciona al hombre y lo que responde a un interés suyo momentáneo, no

---

1 DK 22 B 58.

2 DK 22 B 110.

justifi able racionalmente, o a sus gustos. Contrariamente a lo que sucede con los animales, el bien del hombre no se logra de modo espontáneo. Pretender conseguirlo de este modo, llevaría a caer en una condición todavía inferior a los animales. A estos les basta con dejarse llevar por el instinto más fuerte, mientras que el hombre requiere la mediación de las potencias racionales. Con todo, aunque pueda resultar difi ultoso, el hombre es capaz de conocer y acceder al bien humano. Para eso tiene la razón y la libertad. La razón es capaz de descubrir un *lógos* en el mundo y la libertad le permite obedecerlo. El hombre puede vivir según la razón, en los dos sentidos de esta expresión: guiado por la razón y de acuerdo con sus exigencias. Así su vida llega a tener sentido. El bien moral es el bien del hombre completo, a lo largo de toda la vida e integrado en el bien de los demás hombres.

La vida conforme a la razón resulta desconcertante para muchos, exige una lógica distinta del modo de vida vulgar, caracterizado por el hedonismo, y también diferente del estilo de vida que mantienen los arrogantes, aquellos que creen que el sentido último de las cosas está determinado por su propio poder. El hombre no es la medida de todas las cosas, sino sólo de las útiles. El entero esfuerzo de la Tradición moral de Occidente, del que se ha dado noticia en las páginas precedentes, consiste en ayudar a los hombres a distinguir la verdadera vida de una existencia inauténtica, no humana. De este modo se supera el problema de la confusión entre el bien aparente y el bien real. Heráclito compara a los hombres que viven apegados a lo sensorial con los que están durmiendo, que son incapaces de llegar a lo que es común a todos y quedan recluidos en un mundo particular y aparente.[3] También Antígona hace ver la limitación de una visión que, como la de Creonte, está marcada por la *hýbris*, por lo particular, cuando le dice, reÂriéndose a sus decretos: "¿quién sabe si tus criterios son piadosos allá abajo?".[4] Es decir, el sentido último de la existencia no está dado por los afanes humanos, ni siquiera los de los hombres más poderosos, supuestamente capaces de representar los intereses más altos.

---

3   DK 22 B 1 y 89.

4   *Antígona*, v. 521.

La vida conforme a la razón, la búsqueda del bien moral, supone un esfuerzo diario por adquirir determinadas disposiciones, las virtudes, que sólo se consiguen mediante una paciente ejercitación. También exige estar dispuestos al sacrifici y la incomprensión. Uno de los momentos más dramáticos de esta historia de búsqueda de lo que es digno del hombre, está representado por la discusión entre Sócrates y Calicles, contenida en el *Gorgias*, acerca de si es preferible sufrir una injusticia o cometerla.[5] El principio socrático de que es mejor padecer una injusticia antes que cometerla es, hasta hoy, una verdadera piedra de escándalo. La consecuencia que deriva de él es que nunca resulta lícito hacer el mal. El poder, entonces, no puede constituir el bien supremo del hombre, ya que puede orientarse tanto al bien como al mal. Otro tanto sucede con la riqueza, la fama, el placer y la misma sobrevivencia. No se puede conservar la vida a cualquier precio. La trágica muerte de Sócrates no es más que la puesta en escena de esta discusión fundamental.

De la *pólis* a la comunidad universal: el despliegue de la Tradición Central

§ 166. Pero el martirio no es la situación habitual del hombre justo. Es más, si se puede, debe evitarse, como hace el propio Aristóteles, que huye de Atenas cuando quieren darle muerte, impidiendo que los atenienses cometan "un segundo crimen contra la filoso ía".[6] En su *Ética a Nicómaco*, él plantea el problema de la excelencia humana y da a conocer su programa para lograrla. Lo hace ante un auditorio no de héroes, sino de personas normales. Por persona normal se entiende aquí un individuo bien educado e interesado por la actividad pública. En esa vida política, el hombre desarrolla la plenitud de sus capacidades, que él llama "virtudes". Sólo ese tipo de vida es capaz de conducir a una felicidad genuina. Otra forma de vida es un engaño.

---

5   *Gorgias*, 483a-b.

6   Ps. Ammonius, *Aristotelis Vita*, cit. en D. Ross, *Aristotle*, Londres, Methuen & Co., 1966, p . 7.

Con todo, el camino para llevar adelante una existencia lograda, sólo en parte es igual para todos los individuos. Todos están afectados, por ejemplo, por la necesidad de evitar ciertas acciones que son siempre deshonrosas, pero queda un amplio terreno libre para que cada uno busque el bien de acuerdo con sus posibilidades y cualidades. También tienen en común los hombres el participar de la *pólis*, que pone las condiciones básicas para la vida buena. Pero esa vida sólo se consigue cuando se vive, es decir, cuando cada uno lleva adelante su propio proyecto, que no tiene por qué coincidir con el de los demás. Sin embargo, este proyecto no se ejecuta de modo aislado, sino con los otros hombres. Según sean ellos, así podré ser yo. En el centro de la ética y la política aristotélicas se halla, entonces, la idea de amistad. Es el cemento que da cohesión a la sociedad, y lo que permite a la persona superar sus propias limitaciones. La capacidad de obrar de un hombre se mide no sólo por sus fuerzas, sino por lo que puede lograr con la colaboración de sus amigos.[7]

Sin embargo, no todos los seres humanos tienen las mismas posibilidades de conseguir la plenitud terrena. Para hacerlo, se requiere, en primer lugar, tener satisfechas las necesidades materiales más elementales, lo que se logra en la familia y en otras agrupaciones menores. Pero la *pólis* proporciona además la posibilidad de vivir bien. El vivir bien exige comunicación de bienes, apertura a los demás, y eso no se logra en una existencia aislada o limitada a las formas de organización más pequeñas. Por eso los bárbaros, que no conocen la *pólis*, no están en condiciones de alcanzar la plenitud. Ahora bien, la *pólis* se compone, en último término, de los otros, los iguales. En este sentido, ella tiene prioridad sobre el individuo aislado. No signific esto que se pueda sacrifica a un hombre como medio para conseguir el bienestar general. Eso ya no sería política, sino dominación. Simplemente signific que quedarse recluido en lo propio, negarse a la apertura al otro, es empobrecerse. Por eso dice Aristóteles que aquel que no necesita de la vida en sociedad o es un mal hombre o es más que hombre. Un hombre así se animaliza, es

---

7   Cf. *Ética a Nicómaco*, III 13, 1112b27.

"amante de la guerra" y se parece a "una pieza aislada en los juegos".[8] Es decir, su vida carece de sentido. En efecto, sólo el conjunto de las piezas permite jugar, pero no hay juego si no se cuenta con cada una de ellas o si no hay reglas que hagan posible que el movimiento de las piezas tenga un sentido.

El hombre que sabe jugar, el que es capaz de desarrollar sus capacidades en colaboración con los demás, el individuo cuya vida es un todo coherente, es llamado por Aristóteles *spoudaîos*, es decir, un hombre maduro en la razonabilidad práctica. Él es el criterio para juzgar y distinguir lo normal de lo desviado. Es más, él constituye la regla o canon de moralidad. Buena parte de la enseñanza y argumentación ética, entonces, se realiza sobre la base de ejemplos. La vida lograda presenta una belleza tal que bien podría decirse que "la ética debe ser la estética de la conducta".[9]

Otro tanto sucede con el cristianismo, que mantiene en lo fundamental las enseñanzas de los maestros griegos pero agrega cosas importantes. Para esa fe, el juego de la vida tiene un espectador divino. La excelencia última no está en la *pólis*, sino más allá de ella, aunque la vida terrena sea decisiva para el logro de la plenitud eterna. Y, tal como en Aristóteles y quizá aún más, aquí también resulta decisivo contar con los otros. A diferencia de los griegos, aquí "los otros" no son sólo los estrictamente iguales, los poseedores de fortuna, cultura y tiempo libre, sino todos los hombres de todos los pueblos. Además, el hombre está llamado a pertenecer a una comunidad mucho más amplia y profunda que la ciudad terrena. En esta comunidad de carácter espiritual, las diferencias pasan a segundo plano y las exigencias de perfección moral son considerablemente mayores. Esta comunidad supera los límites de espacio, tiempo y cultura, y afirm la unidad radical del género humano.

Más allá de los cambios de acento que introduce el cristianismo, la idea de que el bien físico y el bien humano íntegro no son lo mismo permanece inalterada. Por eso se dice: "¿De qué vale al hombre ganar el mundo si es a costa de su alma?".[10] También permanece intocada la idea de que el conocimiento mo-

---

8   *Política*, I 2, 1253a6-7.

9   N. Gómez Dávila, *Escolios a un texto implícito. Selección*, Bogotá, Villegas Editores, 2001, p . 177.

10   Mc 8, 36.

ral depende de determinadas disposiciones del sujeto. Ellas son tan relevantes que tienen un papel incluso en el reconocimiento o negación de la divinidad.

§ 167. Con el correr de los siglos, la tradición moral evoluciona, se enriquece y adquiere nuevos matices. Uno de los más significat vos es el aporte estoico, desarrollado por los filóso os medievales, de una ley moral natural. Esta ley pone de relieve una vez más la noción de límite, ya dramáticamente recogida por los griegos en la historia de Antígona y su referencia a unas leyes inmemoriales y no escritas. Pero la idea de una legalidad natural no es del todo ajena a la fil sofía de Aristóteles.[11] Así, un aristotélico, Tomás de Aquino, muestra cómo, en el fondo, la ley natural corresponde a los principios de la razón práctica y realiza un esfuerzo de explicitación de los mismos, siempre sobre bases aristotélicas.

En la Modernidad se ponen nuevos acentos y la tradición de la fil - sofía moral se despliega y enriquece de una manera diferente a la que caracterizó a la Edad Media. Las éticas de la virtud dejan paso a las de la ley. La noción de felicidad es desplazada en muchos casos por la de deber, y a la exaltación de la *pólis* le sucede la valoración del sujeto y la importancia de su autonomía. Aparecen nuevas teorías éticas que aparentemente difie en mucho de las precedentes. Ellas presentan importantes ventajas, pero también deben pagar costos significat vos. Sin embargo, también en muchas de las principales teorías éticas modernas cabe reconocer el mismo aliento fundamental que inspiraba el empeño de la tradición: la afirmaci n de la dignidad del hombre y su primacía respecto del cosmos material, su libertad respecto de los condicionamientos causales, la apertura a la trascendencia, incluida la inmortalidad de su alma, y la posibilidad de la razón de proporcionar una guía para la acción humana. Todos estos elementos, que ya estaban esbozados en *Antígona*, muestran que no es posible explicar al hombre por referencia sólo a criterios empíricos.

En esa misma línea, ya en el *Fedón*, recoge Platón un pasaje en donde Sócrates muestra cómo un acto humano, en este caso su permanencia en prisión,

---

11   Cf. Ética a Nicómaco, V 7.

resulta incomprensible si se acude sólo a causas empíricas para explicarlo. Sería como decir que Sócrates está allí porque su cuerpo se compone de huesos y tendones, e igualmente,

> acerca del hecho de conversar con ustedes, señalara otras causas semejantes: sonidos, aire, oídos y otras miles de esta índole, descuidando las verdaderas causas, a saber, que, puesto que los atenienses han juzgado que lo mejor era condenarme, por lo mismo me ha parecido lo mejor estar sentado en este lugar, y más justo aguantar esperando la pena que me han de infligi .

La superación del relativismo

§ 168. La tradición fil sófic de Occidente se enfrentó desde el principio a otro modo de ver el problema de la moralidad, representado por el relativismo. Como ya se dijo, son muchas las razones que pueden llevar a dudar de la existencia de un orden moral objetivo y cognoscible por los hombres. De una parte, está el hecho de la diversidad de costumbres y convicciones morales de los distintos pueblos. De otra, que en el terreno práctico tenemos que enfrentarnos con principios, valores y bienes, cosas todas ellas que no son susceptibles de ser estudiadas con el rigor metodológico que aportan las ciencias exactas. Por último, muchos temen que la pretensión de poseer la verdad en el terreno moral, pueda llevar a algunos a intentar imponerla a aquellos que no comparten esas convicciones.

Como se dijo antes, la tradición fil sófic no niega la presencia de una dosis importante de relatividad en la ética. Su intento, más bien, consiste en dar una explicación de ella, en hacer que tenga sentido. Desde un comienzo de la *Ética a Nicómaco*, Aristóteles nos advierte que, en las materias prácticas, no podemos pretender una exactitud semejante a las matemáticas; más bien, en ellas debemos contentarnos con hablar en general, bosquejando las soluciones con cierta amplitud. La idea misma de virtud, fundamental en su teoría ética, dista de ser algo rígido una vez para siempre. No

cabe defini *a priori* la obra del virtuoso: ella deberá realizarse prudencialmente, atendiendo a las condiciones personales del agente y a las circunstancias en las que se encuentra.

El desarrollo mismo de la excelencia moral está condicionado por numerosas circunstancias fácticas, que también son cambiantes y distan mucho de estar al alcance de cualquiera, como es el caso de un ambiente familiar
adecuado. Y como si toda esta relatividad fuese poca, el Estagirita nos enseña que el conocimiento mismo de lo bueno está ligado a ciertas disposiciones subjetivas, puesto que, mientras el virtuoso conoce con rectitud, quien
carece de virtud fácilmente tendrá una visión distorsionada de la realidad. Es
el caso del avaro, que considera que el hombre generoso es un dilapidador, o
del cobarde, que cree que el valiente es un temerario. El mismo fi último, la
felicidad, aunque es común a todos los hombres, no es entendido por todos
de la misma manera. Incluso entre quienes lo conciben correctamente, hay
muchas maneras legítimas de buscarlo y existe una sana diversidad en los
proyectos de vida de las diversas personas. Aristóteles critica expresamente
las propuestas políticas igualitarias que, al buscar la unidad de la sociedad a
toda costa, terminan destruyendo la variedad que la hace posible. Por último,
la ética no es materia fácil, su conocimiento requiere, asimismo, experiencia,
y no es ajeno a lo que puedan hacer los demás por nosotros, mediante sus
consejos, ejemplos y, de modo más amplio, la educación. No debe sorprendernos entonces la variedad de costumbres y tradiciones.

§ 169. Es cierto que los clásicos griegos piensan que existe una instancia de juicio para discernir la calidad de los comportamientos y tradiciones: la naturaleza. Pero Aristóteles mismo es enfático en señalar que no todo lo necesario para
la buena vida humana está dado por la naturaleza, y que, junto con aquellas
cosas que son naturalmente justas, hay otras que son justas por convención.
Éstas no son menos necesarias que las anteriores para que la sociedad pueda
ser regida y funcionar correctamente.

La idea de una naturaleza humana, lejos de invitarnos a un quietismo
basado en que no podemos cambiar lo que ya somos, es un acicate contra el
conformismo, pues exige estar constantemente dispuestos a revisar las propias

prácticas y ver si son efectivamente dignas del hombre. Además, el hecho de que la naturaleza sea entendida teleológicamente, es decir, que el despliegue de lo natural se produzca no al principio sino cuando se alcanza el fi , hace que la noción de naturaleza sea esencialmente dinámica. El cambio no resulta contrario a la idea de naturaleza, sino que, más bien, es el modo como el sujeto hace frente a las nuevas circunstancias y las utiliza para crecer.

La relatividad, por tanto, es un elemento central de la ética aristotélica. La diferencia con sus adversarios es que de allí el Estagirita no concluye el relativismo. El punto más claro en que se diferencian una y otra postura está determinado por la doctrina de los actos que no admiten un término medio, es decir, que son injustos siempre y en todas partes. Aunque no se puede decir que esta doctrina sea el centro del pensamiento de ese autor, sin embargo tiene gran importancia en cuanto señala ciertos límites, ciertas fronteras más allá de las cuales cualquier cambio terminaría por ser destructor de lo humano.

El desarrollo medieval de la fil sofía práctica aristotélica es también consciente de la relatividad. Autores como Tomás de Aquino recogen la doctrina aristotélica de la prudencia y el decisivo papel que desempeña en el logro de la plenitud moral. La idea de una ley natural, entendida como los principios de la razón práctica, también se estructura sobre una base semejante. En efecto, si bien sus primeros principios son conocidos por todos, muchos de sus preceptos más particulares pueden permanecer inaccesibles a la mayoría de los mortales y cabe incluso que se produzcan errores de buena fe acerca de su contenido. Pero una cosa es que determinada conducta sea inculpable, y otra muy distinta es decir que cualquier modo de actuar puede ser conforme con el bien de la entera persona humana. La falibilidad de la razón humana y la inestabilidad de las disposiciones subjetivas de los hombres, hacen muy conveniente una revelación divina y una ayuda adicional a sus potencias debilitadas. Los medievales, a diferencia de Aristóteles, son cristianos y están convenci dos de que el ser humano está necesitado de redención. Pero el modo en que se realiza esta redención no destruye las virtudes y capacidades que los hombres tienen por las fuerzas de su naturaleza, más bien tiende a potenciarlas, a hacerlas más efectivas incluso en su dimensión más humana. La voluntad de

Dios respecto del hombre tampoco se expresa de modo caprichoso, sino que sigue cánones perfectamente racionales.

No es casual, entonces, que las doctrinas éticas de inspiración cristiana no hayan renegado de la herencia precedente, sino que se hayan remitido explícitamente a ella. John de Salisbury recoge una frase de Bernardo de Chartres, un autor medieval, que dice que nosotros somos como unos enanos que están sobre las espaldas de unos gigantes, que son los antiguos; si vemos más que ellos, no es por la penetración de nuestra vista, sino porque los antiguos nos sostienen sobre sus espaldas poderosas.[12] Y si hay un campo donde esta idea se reflej con claridad, ése es el de la ética.

---

12 Cit. en M. A. Ladero, "Introducción", en John de Salisbury, *Policraticus*, Madrid, Editora Nacional, 1983, p. 17. El texto dice: Dicebat Bernardus Carnotensis nos esse quasi nanos, gigantium humeris insidentes, ut possimus plura eis et remotiora videre, non utique proprii visus acumine, aut eminentia corporis, sed quia in altum subvenimur et extollimur magnitudine gigantea.

Guía bibliográfica
(obras en castellano)

Fuentes

Puede decirse que la Tradición Central de Occidente en el campo de la ética filosófica reconoce sus orígenes en Heráclito y Demócrito, autores de los que se conservan varios fragmentos relativos a estas materias. Hay diversas ediciones de los presocráticos en castellano, la más importante es la de C. Eggers Lan (Madrid, Gredos, 1978; Demócrito se encuentra en el vol. 3, de 1980, que estuvo a cargo de M. I. Santa Cruz y N. L. Cordero). El paso siguiente, naturalmente, está dado por Platón. Difícilmente cabe encontrar un mejor punto de partida que la *Apología de Sócrates*. Una muy buena edición castellana es la de Alejandro Vigo, publicada por la Editorial Universitaria (Santiago, 1998, con notas y comentarios). Entre los diálogos platónicos se recomienda la lectura del *Eutifrón* (hay una magnífica edición en la Editorial Universitaria, con comentarios y notas de Alfonso Gómez-Lobo), el libro I de *La República* (véase la traducción de C. Eggers Lan, Madrid, Gredos, 1986), el *Gorgias* (Santiago, Andrés Bello, 1982) y el *Critón* (Santiago, Editorial Universitaria, 1998, traducido y comentado por A. Gómez-Lobo). Una edición de *Protágoras*, *Gorgias* y la *Carta Séptima* ha sido publicada por Alianza (Madrid, 1998, trad. F. J. Martínez García).

En el trasfondo de la ética griega se encuentran las obras de Homero, que proporcionan temas y modelos sobre los que reflexionan Aristóteles y otros autores. Hay numerosas traducciones al castellano de la *Ilíada* (Madrid, Gredos, 1990, trad. E. Crespo; Madrid, Cátedra, 1989, trad. A. López

Eire) y la *Odisea* (Madrid, Gredos, 1982, trad. J. M. Pabón; Madrid, Editora Nacional, 1976; Madrid, Cátedra, 1982, trad. J. L. Calvo).

Conviene tener en cuenta que la reflexi n ética griega está muy ligada a la tragedia. Resulta imprescindible la lectura de Sófocles, en concreto *Edipo rey* (Santiago, Editorial Universitaria, 2001, con traducción y notas de L. Pinkler,) y especialmente *Antígona*. De esta última obra hay una excelente edición con comentarios y notas a cargo de L. Pinkler y A. Vigo (Buenos Aires, Biblos, 1987). Una edición fácilmente accesible de todas las tragedias de Sófocles es la publicada por Gredos (Madrid, 2000), con traducciones y notas de A. Alamillo. También resulta importante *Medea*, de Eurípides (existen varias ediciones, por ejemplo, Madrid, Alianza, 1985, trad. de A. Guzmán Guerra, y Madrid, Gredos, 1983, trad. A. Medina González, con una introducción general de C. García Gual).

El primer tratado sistemático de ética fue escrito por Aristóteles: la *Ética a Nicómaco*. Junto con esa prioridad cronológica, cabe decir que es también el más importante de los libros de ética. Se pueden utilizar la traducción de M. Araújo y J. Marías (Madrid, Centro de Estudios Constitucionales, 1989) o, muy especialmente, la de Eduardo Sinnott, *Ética nicomaquea* (Buenos Aires, Coligüe, 2010). Además, es importante conocer su *Política*, en especial los primeros capítulos del libro I (Madrid, Centro de Estudios Constitucionales, 1989, trad. de J. Marías y M. Araújo) y la *Ética Eudemia* (México, unam, 1994, trad. A. Gómez Robledo). Estas son las traducciones empleadas en este libro. Hay una edición que incluye esta *Ética* junto con la *Nicomáquea*, en traducción de J. Pallí Bonet (Madrid, Gredos, 1995).

Los autores romanos no tienen la envergadura de los grandes maestros griegos. Sin embargo, se puede aprender mucho de ellos. Además, presentan la ventaja de ser mucho más fáciles de leer. Entre ellos, las obras de Séneca tienen una gran belleza. Así, por ejemplo, las *Cartas a Lucilio* y su *De la vida feliz*. Hay diversas ediciones en castellano de estas obras, por ejemplo: *Consolación a Helvia. Cartas a Lucilio* (Intr. trad. y notas de J. Carlos García Borrón, Barcelona, Salvat, 1971); *Cartas a Lucilio* (Madrid, Gredos, 1986, trad. de I. Roca Meliá, Barcelona, Juventud, 1982, trad. de V. López Soto); *Tratados fil sófi os. Tragedias. Epístolas morales* (Madrid, edaf, 1964). Para los

Diálogos de Séneca (donde se incluyen importantes tratados morales y de psicología moral como *Sobre la ira, Sobre la felicidad, Consolación a Marcia, Sobre el ocio, Sobre la brevedad de la vida, Sobre la serenidad, Sobre la providencia,* etc.) hay una muy buena traducción en castellano hecha por Carmen Codoñer (Madrid, Nacional, 1984).

Para las personas interesadas en el derecho, resulta imprescindible la lectura de *Las leyes,* de Cicerón (Madrid, Alianza Editorial, 1989; también *La República* y *Las leyes,* Madrid, Akal, 1989, edición de J. M. Núñez González). Se trata de una piedra fundamental para la doctrina de la ley natural (hay una antigua edición española, con traducción y un estudio introductorio de A. d'Ors, que publicó el Instituto de Estudios Políticos, Madrid, 1953, reimpresa en *Las leyes. Catilinarias,* Madrid, Centro de Estudios Políticos y Constitucionales, 2000). Además conviene conocer su *Tratado de los deberes* (Madrid, Nacional, 1975, trad. J. Santa Cruz Teijeiro; también fi ura como *Los ofici s,* Madrid, Espasa-Calpe, 1968) y *Sobre La República* (Madrid, Gredos, 1984, reimpreso con posterioridad; introducción y notas de A. d'Ors). En estos tratados, Cicerón es una fuente importante del estoicismo y, más concretamente, del tema de la ley natural. Lo que dice Cicerón es deudor de mucho de lo que enseñan los estoicos antiguos (Zenón, Cleantes y Crisipo). Es importante en este punto el "Himno a Zeus" de Cleantes (se puede encontrar una versión española en el suplemento de *Méthexis* IV (1991), pp. 31-35 (trad. esp. V. Juliá y M. Boeri). También es importante el extracto de ética estoica de Diógenes Laercio y de Estobeo: remito a la traducción de Estobeo hecha por M. D. Boeri y a la de V. Juliá de Diógenes, incluidas en su libro *Las exposiciones antiguas de ética estoica* (Buenos Aires, Eudeba, 1998; entre las páginas 21-100 se presenta una introducción general a la ética estoica que puede ser útil para formarse una idea de las posiciones morales más importantes del estoicismo antiguo que luego reaparecieron en autores posteriores). Hace poco ha aparecido una obra muy importante: M. Boeri y R. Salles, *Los fil sofos estoicos. Ontología, lógica, física y ética.* Se trata de una traducción con notas y comentarios, que recoge los principales textos griegos y latinos de esta escuela (Sankt Agustin, Academia Verlag, 2014).

Con el surgimiento del cristianismo fueron diversos los autores que procuraron desarrollar la sabiduría moral pagana con elementos tomados de la revelación. El más importante de los pensadores cristianos de la Antigüedad es san Agustín. Sus *Confesiones* constituyen un notable análisis psicológico y moral. Su lectura es imprescindible (hay una edición de la bac, Madrid, 1948, con sucesivas reimpresiones, y también una de lectura muy agradable en Madrid, Palabra, 1995, a la que se le han quitado algunos pasajes de menor interés para el lector contemporáneo). También es muy importante, de Severino Boecio, *La consolación de la filosofía*, una obra que escribe en prisión mientras espera el cumplimiento de su condena a muerte (Madrid, Akal, 1997, edición a cargo de L. Pérez Gómez).

El filósofo más importante de la Edad Media es santo Tomás de Aquino. Su *Comentario de la Ética a Nicómaco* es una de sus obras más notables y ayuda a entender las diferencias de estilo y de contenido respecto de Aristóteles. Hay una edición en castellano publicada en Argentina (Buenos Aires, Ediciones ciafic, 1983, traducida por M. Mallea) y en España (Pamplona, eunsa, 2000, con un estudio preliminar y notas de C. A. Lértora). Con todo, la parte más importante de su doctrina moral se encuentra en la *Suma Teológica*. Las traducciones más conocidas son las de la bac, lamentablemente la más reciente (1988) es notablemente inferior a la antigua (1952 ss.), al menos en las materias éticas. También hay elementos importantes de su teoría moral en su *Suma contra gentiles* (hay diversas ediciones en castellano, las más conocidas son las de la bac, Porrúa y Club de Lectores), en las *Cuestiones disputadas sobre el mal* (Pamplona, eunsa, 1997, trad. E. Téllez), en el *Comentario a La Política de Aristóteles* (Pamplona, eunsa, 2001, trad. A. Mallea) y en obras menores como *De las virtudes* (Santiago, Universidad de los Andes, 1997, trad. P. Serrano; Pamplona, eunsa, 2000, trad. L. Corso). Con todo, la filosofía medieval incluye una multitud de notables pensadores. Por desgracia, es todavía poco lo que se encuentra disponible en castellano. Un autor muy interesante es el filósofo judío Maimónides (siglo xii). Su *Guía de perplejos* ha sido traducida y anotada hace unos años por D. G. Maeso (Trotta, Madrid, 2001, 3a. edición).

La filosofía práctica de Tomás de Aquino tuvo notables continuadores en el Siglo de Oro español. Los autores de la llamada Escolástica Española fueron capaces de aplicar la filosofía clásica a nuevas cuestiones, como la legitimidad de la conquista de América u otras derivadas del comercio, de la justicia de los contratos o de las nuevas realidades políticas. Aquí destacan autores como Domingo de Soto y su *Del derecho y la justicia* (Madrid, Instituto de Estudios Políticos, 1968), Francisco de Vitoria y las *Reelecciones de Indias* (Madrid, csic, 1967) y Francisco Suárez, con *De las leyes* (Madrid, Instituto de Estudios Políticos, 1967; *De Legibus*, Madrid, csic, 1972 ss.). Menor fortuna tuvo esta filosofía en los siglos xviii y xix. Un representante de esta línea de pensamiento es Jaime Balmes, una figura ciertamente menor, pero que no deja de ser interesante (sus *Obras completas* están publicadas en Madrid, bac, 1949). Aunque no es, estrictamente hablando, un filósofo, C. S. Lewis escribió una magnífica presentación al problema de la ley natural en su obra *La abolición del hombre* (Madrid, Encuentro, 1990). También resulta útil el capítulo que dedica al tema en su *Mero cristianismo* (Santiago, Andrés Bello, 1994). Una presentación general de los puntos más importantes de la ética inspirada en Tomás de Aquino es Juan Pablo II, *Veritatis splendor* (1993). Una ingeniosa defensa de la tradición cultural de Occidente frente al escepticismo se encuentra en G. K. Chesterton, *Ortodoxia* (México, Porrúa, 1986; México, Fondo de Cultura Económica, 1987).

Si comparamos la Tradición Central con un árbol, hay que reconocer algunas ramas que están un poco más alejadas del tronco, pero que mantienen su conexión con él, además de la indudable importancia que tienen por sí mismas. Es el caso de Descartes y Leibniz. Para Descartes hay una edición muy confiable, con traducciones de Ezequiel de Olaso y Tomás Zwanck en: *René Descartes Obras escogidas* (Buenos Aires, Charcas, 1980); además de las obras más conocidas (*Discurso del método, Meditaciones metafísicas*), contiene las *Reglas para la dirección del espíritu* y una cantidad de cartas, que pueden ser interesantes para evaluar la moral cartesiana. Para Leibniz conviene consultar: Ezequiel de Olaso (ed.), *G. W. Leibniz. Escritos filosóficos editados por E. de Olaso*, Buenos Aires, Charcas, 1982; con traducciones de R. Torretti, T.E. Zwanck y E. De Olaso). Además de las obras más clásicas y conocidas (*Monadología, Teodicea*, etc.), contiene algunos escritos destinados a refutar el escepticismo, como *Diálogo entre un teólogo y un misósofo* o *Diálogo entre un político sagaz y un sacerdote de reconocida piedad*, etc. En plena modernidad, G. B. Vico es un autor que reivindica las intuiciones fundamentales de la Tradición Central, aunque lo hace con un lenguaje y dentro de un proyecto fil sófi o que, aparte de original, es claramente moderno. Su obra más conocida es la Nueva *ciencia* (Madrid, Tecnos, 1995, trad. R. de la Villa), pero para la ética hay otros trabajos suyos de gran importancia, en especial: "Del método de estudios de nuestro tiempo", en: *Cuadernos sobre Vico* 9-10 (1998), pp. 403-436 (trad. del latín por Francisco J. Navarro Gómez).

Dentro del pensamiento ilustrado, es muy importante la fig ra de Kant y, muy en particular, su *Fundamentación de la metafísica de las costumbres*; hay varias traducciones castellanas, la más conocida es la de Manuel García Morente (Madrid, Espasa Calpe, varias ediciones); también hay una edición bilingüe, con traducción de J. Mardomingo (Barcelona, Ariel, 1996). Su *Crítica de la razón práctica* también resulta fundamental, pero no es accesible para personas que se están iniciando en la filos fía práctica.

En el siglo xx se produjo una notable recuperación de los estudios éticos. En el ámbito del personalismo son importantes las obras de D. von Hildebrand (*Ética*, Madrid, Encuentro, 1984) y de K. Wojtyla (*Mi visión del hombre: hacia una nueva ética*, Madrid, Palabra, 1997; *Persona y acción*, Madrid, bac, 1982). En la fenomenología, corriente de la que arranca el personalismo, es muy importante la ética de Max Scheler, por ejemplo, su *Ética* (Revista de Occidente, Buenos Aires, 1948), *El resentimiento en la moral* (Madrid, Caparrós, 1991) y *Esencia y formas de la simpatía* (Buenos Aires, Losada, 1943). También dentro del personalismo se encuentran G. Marcel y E. Mounier. Del primero están disponibles en castellano, entre otras obras, *Decadencia de la sabiduría* (Buenos Aires, Sudamericana, 1956) y *Aproximación al ser* (Madrid, Encuentro, 1987). Las *Obras completas* de Mounier están siendo publicadas por la editorial Sígueme, de Salamanca. Para los fundamentos antropológicos de la ética son importantes los trabajos de Edith Stein, *La estructura de la persona humana* (Madrid, bac, 1998)y de K. Wojtyla, *El hombre y su destino. Ensayos de Antropología* (Madrid, Palabra, 1998), y R. Ingarden, *Sobre la responsabilidad* (Madrid, Caparrós, 2002), *Lo que no sabemos de los valores* (Madrid, Ediciones Encuentro, 2002). Un autor no muy fácil de clasifi ar es Peter Wust, cuyo penetrante análisis de la existencia humana muestra cuáles son las disposiciones necesarias para acceder al conocimiento moral. Lamentablemente, son pocos los textos suyos que están traducidos al castellano (el más conocido es *Incertidumbre y riesgo*, Madrid, Rialp, 1955). Otro autor alemán importante es Dietrich Bonhö er. Su *Ética* fue publicada en castellano por Trotta (Madrid, 2000, trad. L. Duch).

El problema del sentido de la existencia humana ha sido magistralmente desarrollado en la obra del psiquiatra vienés Viktor Frankl. Entre sus trabajos cabe destacar *El hombre en busca de sentido* (Barcelona, Herder, 1999) y *La idea psicológica del hombre* (Madrid, Rialp, 1999). De gran interés es la obra de Hanna Arendt, profunda conocedora del mundo antiguo; entre otros textos suyos pueden verse *Los orígenes del totalitarismo* (Madrid, Taurus, 1974, traducción de G. Solana), *Eichmann en Jerusalén. Un estudio sobre la banalidad del mal* (Barcelona, Lumen, 1974, trad. C. Ribalta) y *La condición humana* (Barcelona, Paidós, 1993, trad. R. Gil Novales).

También hay autores que han expresado las tesis clásicas en el marco de la fil sofía analítica. Destaca aquí John Finnis, el más conocido de los autores de la llamada *New Natural Law Theory*. Se ha publicado en castellano su *Ley natural y derechos naturales* (Buenos Aires, Abeledo-Perrot, 2000) y *Estudios de teoría del derecho natural* (unam, México, 2017, editado por J. Saldaña y C. I. Massini), que recoge sus principales ensayos publicados en castellano. También está disponible su *Absolutos morales. Tradición, revisión y verdad* (Barcelona, Ediciones Internacionales Universitarias, 2017).Dentro de la fil sofía analítica, son ya clásicos los trabajos de Elizabeth Anscombe (*Intención*, Barcelona, Paidós, 1991; *La fil sofía analítica y la espiritualidad del hombre*, Pamplona, eunsa , 2005), y los de su marido, el también fil sofo Peter Geach (*Las virtudes*, Pamplona, euns a, 1993), aunque estas obras pueden ser difíciles de leer para quien esté comenzando los estudios fil sófi os.

Muy conocida en el mundo de habla castellana es la obra de Josef Pieper. Con un estilo muy propio, este filóso o alemán presentó los temas permanentes de la filosofía occidental de un modo muy sugerente. Entre sus obras éticas son especialmente conocidas *Las virtudes fundamentales* y *El descubrimiento de la realidad*, ambas publicadas en Madrid por la editorial Rialp (1990 y 1974, respectivamente). Sus obras completas han comenzado a ser editadas en castellano por Ediciones Encuentro, de Madrid. Otro filósofo muy conocido es Jacques Maritain, uno de los que contribuyó a despertar el interés por la filosofía de Tomás de Aquino en el siglo xx. Sus *Lecciones sobre filosofía moral* (Buenos Aires, Club de Lectores, 1966) han sido el punto de partida para muchos interesados en la filosofía práctica. También puede consultarse, entre otras obras suyas *Los derechos del hombre y la ley natural* (Buenos Aires, Dédalo, 1961). Otro tomista relevante del siglo pasado es Etienne Gilson, que resume las ideas éticas del Aquinate en su opúsculo *Santo Tomás de Aquino* (Madrid, Aguilar, 1949).

Un autor muy cercano a la filosofía clásica, pero que tiene fuertes inuencias de Tomás de Aquino, Kant y Hegel es Robert Spaemann. Afortunadamente son numerosas sus obras disponibles en nuestro idioma: *Ética, cuestiones fundamentales* (Pamplona, eunsa , 1998, 5a. ed.), *Crítica de las utopías políticas* (Pamplona, eunsa, 1980), *Felicidad y benevolencia* (Madrid, Rialp, 1991), *Personas* (Pamplona, eunsa, 2000), *Lo natural y lo racional* (Madrid, Rialp, 1989) y *Límites* (Barcelona, Ediciones Internacionales Universitarias, 2003).

Muy respetado en el mundo de habla hispánica fue Antonio Millán Puelles, un autor influido tanto por Aristóteles como por la fenomenología. De él se pueden consultar *La libre afirmación de nuestro ser. Una fundamentación de la ética realista* (Madrid, Rialp, 1994), *El valor de la libertad* (Madrid, Rialp, 1995) y *Sobre el hombre y la sociedad* (Madrid, Rialp, 1979).

Otra contribución importante viene de la hermenéutica. Los dos volúmenes de *Verdad y método* de H. G. Gadamer (Salamanca, Sígueme, 1977 y 1998) proporcionan un material muy interesante para la argumentación ética. Un par de ejemplos de la fructífera aplicación de la hermenéutica para reivindicar algunas tesis fundamentales de la ética clásica: Charles Taylor (*Ética de la autenticidad*, Madrid, Paidós, 1994, *El multiculturalismo y "la política del reconocimiento"*, Madrid, Fondo de Cultura Económica, 2003) y la amplia obra de Paul Ricoeur (*Del texto a la acción*, México, f c e; *Lo justo*, Madrid, Caparrós, 1999; *Lo justo 2. Estudios, lecturas y ejercicios de ética aplicada*, Madrid, Trotta, 2008; *Amor y justicia*, Madrid, Caparrós, 1993). También en esta línea se encuentra la obra de Emmanuel Levinas (*Ética e inÃnito*, Madrid, Visor, 1991 y *Totalidad e inÃnito: ensayo sobre la exterioridad*, Salamanca, Sígueme, 1987). Relacionado con el anterior, se encuentra uno de los más conocidos representantes de la fil sofía del diálogo, M. Buber, de quien se puede leer en castellano, por ejemplo, *Yo y tú* (Madrid, Caparrós, 1993).

La cuestión ecológica ha originado interesantes reflexi nes y un esfuerzo por hacerse cargo de ella superando algunas limitaciones que, según algunos, tiene la teoría clásica de la acción. El esfuerzo más importante en este sentido quizá sea el de Hans Jonas, con su obra *El principio de responsabilidad. Ensayo de una ética para la civilización tecnológica* (Barcelona, Herder, 1994).

Bibliografía secundaria

Además de las fuentes, existe una amplísima literatura secundaria que permite introducirse en la ética general o profundizar en alguno de sus temas. No resulta fácil hacer una selección de lo que está disponible en castellano. Comenzando por las introducciones, conviene consultar H. Zagal y J. Galindo, *Ética para adolescentes posmodernos que quieren aprender el arte de vivir* (México, Publicaciones Cruz, 1998), A. Llano, *La vida lograda* (Barcelona, Ariel, 2002), y *Ética*, de L. Rodríguez Duplá (Madrid, bac, 2001), que recomiendo leer a continuación de este libro; *Introducción a la ética*, de J. L. Widow (Santiago, Globo Editores, 2009) y la traducción al castellano de un libro de A. Gómez-Lobo que resulta particularmente instructivo: *Los bienes humanos. Ética de la ley natural* (Santiago, Mediterráneo, 2006, trad. de A. Carrasco), que recomiendo vivamente. Resulta fácil encontrar una introducción muy sencilla, de Ramón Ayllón, que se llama *Ética razonada* (Madrid, Palabra, 1998). Del mismo autor es útil su *Desfile de modelos* (Madrid,

Rialp, 1996). También puede consultarse A. Léonard, *El fundamento de la moral* (Madrid, bac , 1997), A. Fagothey, *Ética. Teoría y aplicación* (México, McGraw-Hill, 1973), A. Cruz Prados, *Deseo y verifi ación. La estructura fundamental de la ética* (Pamplona, eunsa , 2015), R. Jolivet, *Tratado de fil sofía*, IV: Moral (Buenos Aires, Ediciones Carlos Lohé, 1957), R. Simon, *Moral* (Barcelona, Herder, 1968), J. Leclerq, *Las grandes líneas de la fil sofía moral* (Madrid, Gredos, 1960, 3a. ed.), J. Messner, *Ética general y aplicada* (Madrid, Rialp, 1969), Y. Simon, *La tradición de la ley natural* (Madrid, Razón y fe, 1968) (lamentablemente hay poco publicado en castellano de este autor, que vale la pena conocer), G. Grisez y R. Shaw, *Ser persona* (Madrid, Rialp, 1993), *Filosofía moral*, Juan de Dios Vial Larraín (Santiago, Ediciones Universidad Católica de Chile, 1998), L. Polo, *Ética: hacia una versión moderna de los temas clásicos* (Madrid, Unión Editorial, 1996), *Lecciones de ética* (Pamplona, eunsa, 2013), A. García Marqués e I. Zúnica, *Bases racionales de la ética y la política* (Murcia-Marburg, Ediciones Isabor/av k Verlag, 2010), y D. Basso, *Ética* (Buenos Aires, Abeledo-Perrot, 1998). Ya se habló del magnífi o libro de Juan Luis Lorda, *Moral: el arte de vivir* (Madrid, Palabra, 1996), escrito de una manera clara y que contiene una atractiva presentación de los temas de siempre. Otro gran divulgador es el profesor de Harvard Michael Sandel, afortunadamente se han traducido a nuestro idioma varios de sus libros, como *Justicia. ¿Hacemos lo que debemos?* Madrid, Debate, 2011: *El liberalismo y los límites de la justicia*, Barcelona, Gedisa, 2000; *Filosofía pública. Ensayos sobre moral en política*, Barcelona, Marbot, 2008. Todos estos libros pueden ser leídos por personas que carezcan de preparación fil sófica Después se puede seguir con obras de mayor envergadura teórica, como *La perspectiva de la moral* (Madrid, Rialp, 2000) y *Ley natural y razón práctica: Una visión tomista de la autonomía moral* (Pamplona, eunsa , 2000) ambos de Martin Rhonheimer, y la *Ética general* de A. Rodríguez Luño (Pamplona, euns a, 2014). Rafael Alvira ha escrito obras muy sugerentes sobre temas de fil sofía práctica, entre ellas, *Reivindicación de la voluntad* (Pamplona, eu ns a, 1988) y *¿Qué es la libertad?* (Madrid, emesa, 1976). Una presentación general de las éticas de la virtud, que ilustra acerca del debate fil sófi o práctico contemporáneo, se encuentra en G. Abbà, *Felicidad, vida buena y* *virtud* (Barcelona, Ediciones Internacionales Universitarias, 1992). De Martha Nussbaum está disponible en castellano *La fragilidad del bien. Fortuna y ética en la tragedia y la fil sofía griega* (Madrid, Visor, 1995), que contiene una sugerente, aunque discutible, interpretación de la ética de Platón y Aristóteles. También es interesante su *Justicia poética: la imaginación literaria y la vida pública* (Santiago, Andrés Bello, 1997). Para tener una idea de los orígenes de la reflexi n ética: A. Gómez-Lobo, *La ética de Sócrates* (Santiago, Andrés Bello, 1998). S. Pinckaers escribió una obra que es útil para formarse un panorama histórico de la fil sofía moral de inspiración escolástica: *Las fuentes de la moral cristiana* (Pamplona, eunsa , 1988).

Los estudios acerca del mundo griego son innumerables y hay algunos muy buenos. Un panorama histórico de la reflexi n sobre las cuestiones fundamentales de la existencia en W. C. C. Guthrie, *Historia de la fil sofía griega* (Madrid, Gredos, 1992 y ss, en varios volúmenes). Otra visión general se encuentra en una obra ya clásica, aunque muy discutida, W. Jaeger, *Paideia. Los ideales de la cultura griega* (México, fc e, 1957 y ss). Como habrá advertido el lector, las referencias en este libro a Aristóteles son constantes. Por eso resulta fundamental conocer su fil sofía. Difícil será encontrar una exposición más clara y actualizada que la de A. Vigo, *Aristóteles. Una introducción* (Santiago, Instituto de Estudios de la Sociedad, 2007). Como se habrá visto en páginas anteriores, el problema de distinguir entre apariencia y realidad es absolutamente fundamental en la ética. Afortunadamente Marcelo Boeri le ha dedicado un amplio trabajo: *Apariencia y realidad en el pensamiento griego. Investigaciones sobre aspectos epistemológicos, éticos y de teoría de la acción en algunas teorías de la Antigüedad* (Buenos Aires, Colihue, 2007). Muy recomendable resulta también el libro de Enrico Berti, un gran estudioso italiano, *Las razones de Aristóteles* (Buenos Aires, Oinos, 2008, trad. H. A. Gianneschi y M. Monteverdi) y, para la filoso ía política aristotélica, *Aristóteles* (Madrid, Gredos, 2012). Para los caracteres que sirven de base a la fil sofía moral de los clásicos griegos resultan útiles como introducción G. Andrade y M. L. Vial, *Los mitos de los héroes griegos contados por Demetrio* (Santiago, Andrés Bello, 2001), y de las mismas autoras, *Los mitos de los dioses griegos contados por Demetrio* (Santiago, Andrés Bello, 2002), como también G. Vidal Guzmán, *Retratos de la antigüedad griega* (Santiago, Editorial Universitaria, 2001).

Para el problema del relativismo recomiendo M. Adler, *Seis grandes ideas: la verdad, la bondad, la belleza, ideas con las que juzgamos. La libertad, la igualdad y la justicia, ideas con las que actuamos* (Grijalbo, Ciudad de México, 1986), y M. Orellana Benado, *Pluralismo: una ética del siglo xxi* (Santiago, Universidad de Santiago, 1994). El tema del fi último está muy bien tratado en una pequeña obra de Alejandro Vigo, *La concepción aristotélica de la felicidad. Una lectura de* Ética a Nicómaco *I y X 6-9* (Santiago, Universidad de los Andes, 1997). Del mismo autor es muy recomendable una colección de estudios que publicó bajo el título de *Estudios aristotélicos* (Pamplona, euns a, 2006). Para la cuestión de la racionalidad de la ética es importante el estudio de Georges Kalinowski, *El problema de la verdad en la moral y el derecho* (Buenos Aires, Eudeba, 1979). Sobre este autor, M. Elton, *Lógica, vida afectiva y verdad práctica, según Georges Kalinowski* (Santiago, Universidad de los Andes, 1997).

Sobre las virtudes hay algunas obras que, a pesar de sus años, merecen ser leídas. Es el caso de *La prudencia*, de Santiago Ramírez, que no obstante su terminología escolástica puede ser comprendida por el lector actual (Madrid, Palabra, 1982), P. Aubenque, *La prudencia en Aristóteles* (Crítica, Barcelona, 1999, trad. de M. J. Torres), y de A. Gómez Robledo, *Ensayo sobre las virtudes intelectuales* (México, fc e, 1957 y ediciones posteriores). Sobre esta misma virtud, C. I. Massini, *La prudencia jurídica* (Buenos Aires, Abeledo-Perrot, 1983) y F. Quintana, *Prudencia y justicia en la aplicación del derecho* (Santiago, Editorial Jurídica, 2001). Para la virtud de la justicia resulta muy ilustrativo C. I. Massini, *Filosofía del derecho*, tomo II. La justicia, Buenos Aires, LexisNexis, 2005.

En los últimos años se ha publicado una amplísima bibliografía sobre el tema de la ley natural. Aunque la mayoría de estos textos se ha editado en inglés, hay algunos libros importantes en nuestra lengua. Muy informativas resultan al respecto las obras del filós fo del derecho argentino, Carlos Ignacio Massini, por ejemplo, *La falacia de la falacia naturalista* (Mendoza, Idearium, 1995), *Derecho y ley en Georges Kalinowski* (Mendoza, Idearium, 1987), y su *Filosofía del derecho* (Buenos Aires, Abeledo-Perrot, 1994). También resultan ilustrativos dos volúmenes colectivos que dan un amplio panorama de los autores iusnaturalistas pertenecientes a distintos ámbitos geográfi os: C. I. Massini, *El iusnaturalismo actual* (Buenos Aires, Abeledo-Perrot, 1966) y *Las razones del derecho natural*, coordinado por Renato Rabbi-Baldi (Buenos Aires, Abeledo-Perrot, 2000). Sobre Finnis y Rhonheimer resulta de interés S. Contreras, *El primer principio de la razón práctica. Tomás de Aquino y las nuevas teorías de la ley natural* (Berlín, Logos-Verlag, 2017). Un importante impulso a la cuestión del derecho natural se encuentra en la obra de Michel Villey. Se trata de un autor muy discutido, que tiene el mérito de mostrar cómo la visión del derecho de Aristóteles y Tomás de Aquino es antípoda de las teorías normativistas propias de la modernidad. Muchas de sus obras son de fácil lectura y permiten a los estudiantes adentrarse en algunos de los temas fundamentales de la fil sofía jurídica. Así, *Método, fuentes y lenguaje jurídico* (Buenos Aires, Ghersi, 1978); *El pensamiento ius-fil sófi o de Aristóteles y Santo Tomás* (Buenos Aires, Ghersi, 1981); *Los fundadores de la Escuela Moderna del derecho natural* (Buenos Aires, Ghersi, 1978) y sus dos volúmenes de *Compendio de fil sofía del derecho* (Pamplona, eunsa , 1981). Un panorama general de su pensamiento se puede revisar en R. Rabbi-Baldi, *La fil sofía jurídica de Michel Villey* (Pamplona, eunsa , 1990). Esa visión realista del derecho es desarrollada por Javier Hervada en su *Introducción crítica al derecho natural* (Pamplona, eunsa , 1981, con varias ediciones posteriores). A pesar de sus años, el libro de Th. Viehweg, *Tópica y jurisprudencia* (Madrid, Taurus, 1964) ayudará a entender los métodos que emplea el razonamiento práctico, lo mismo que *La lógica jurídica y la nueva retórica*, de Ch. Perelman (Madrid, Civitas, 1979). Una obra muy influid por el pensamiento jurídico romano es A. d'Ors, *Derecho y sentido común: siete lecciones de derecho natural como límite del derecho positivo* (Madrid, Civitas 1999, 2a. ed.).

Un intento de reconstrucción de la fil sofía política de Tomás de Aquino es J. Martínez Barrera, *Reconsideraciones sobre la fi osofía política de Santo Tomás* (Mendoza, Universidad de Cuyo, 1999) y, del mismo autor: *La política en Aristóteles y Tomás de Aquino* (Pamplona, Cuadernos de Anuario Filosó - co, 2001). También está influid por Tomás de Aquino: J. A. Widow, *El hombre, animal político* (Santiago, Editorial Universitaria, 1988). Un panorama de las ideas políticas escrito desde una perspectiva aristotélica: L. Strauss, *¿Qué es fil sofía política?* (Madrid, Guadarrama, 1970); también resulta importante, aunque muy difícil de conseguir, su *Derecho natural e historia* (Barcelona, Círculo de Lectores, 2000). Para la vinculación entre la tradición clásica de la política y la fenomenológica véase H. Herrera, *¿De qué hablamos cuando hablamos de Estado? Ensayo fil sófi o de justifi ación de la praxis política*, Santiago, Instituto de Estudios de la Sociedad, 2008. Un análisis de las concepciones de Aristóteles acerca de la economía y sus proyecciones en la actualidad: R. Crespo, *La economía como ciencia moral. Nuevas perspectivas de la teoría económica* (Buenos Aires, Educa, 1997). Para un tratamiento contemporáneo de las cuestiones de fil sofía política, inspirado en el pensamiento clásico: R. P. George, *Para hacer mejores a los hombres* (Barcelona, Ediciones Internacionales Universitarias, 2002), *Entre el derecho y la moral* (Cizur Menor, Aranzadi, 2009) y *Moral pública* (Santiago, Instituto de Estudios de la Sociedad, 2009). También es importante Yves Simon, *Una teoría general de la autoridad* (Bayona, Caparrós Editores, 2008, trad. M. Rumayor).

Detrás de una ética determinada hay siempre una cierta comprensión de la acción humana. Para este tema es útil St. L. Brock, *Acción y conducta. Tomás de Aquino y la teoría de la acción* (Herder, Barcelona, 2000, trad. David Chiner), y la ya clásica obra de J. de Finance, *Ensayo sobre el obrar humano* (Madrid, Gredos, 1966). Para un estudio de la racionalidad humana y sus consecuencias en el mundo de la praxis puede consultarse: J. Cruz Cruz, *Intelecto y razón. Las coordenadas del pensamiento clásico* (Pamplona, eunsa, 1999), M. Mauri, *El conocimiento moral* (Madrid, Rialp, 2005), J. M. Palacios, *Bondad moral e inteligencia ética. Nueve ensayos sobre la ética de los valores* (Encuentro, Madrid, 2008).

La especificidad de la filos fía práctica fue reivindicada por los diversos autores que participaron en el movimiento de rehabilitación de la filoso ía práctica, que se inició en Alemania con la publicación de *Verdad y Método* de Gadamer. Este movimiento no constituye una escuela, y reunió a autores de inspiraciones filosófic muy diversas. De gran utilidad es una antigua obra de W. Hennis, *Política y fil sofía práctica* (Buenos Aires,

Sur, 1973), E. Voegelin, *Nueva ciencia de la política* (Madrid, Rialp, 1968) y los capítulos dedicados a cuestiones prácticas de la obra *El reto del positivismo lógico* (Madrid, Rialp, 1974), de Fernando Inciarte, lo mismo que su obra póstuma *Liberalismo y republicanismo* (Pamplona, eunsa , 2000). De este autor hay un importante trabajo sobre la verdad práctica en el volumen colectivo editado por A. García Marqués y J. García-Huidobro, *Razón y praxis*, que incluye también estudios de J. Finnis, A. Vigo, C. I. Massini, J. Peña y otros (Valparaíso, Edeval, 1994). Un magnífi o trabajo en esta dirección es el de W. Wieland, *La razón y su praxis: cuatro ensayos fil sófi os* (Buenos Aires, Biblos, 1996).

La discusión entre la tradición aristotélica y otras tradiciones ha sido objeto de importantes estudios de A. MacIntyre. Entre ellos cabe citar su *Tras la virtud* (Barcelona, Crítica, 1987), *Justicia y racionalidad* (Barcelona, eunsa , 1994) y *Tres versiones rivales de la ética* (Rialp, Madrid, 1992).

Sobre el aporte de la filoso ía analítica en el campo de la ética, la bibliografía es inmensa. Señalemos tan sólo M. Santos, *Ética y fil sofía analítica* (Pamplona, eunsa , 1975) y W. D. Hudson, *La fil sofía moral contemporánea* (Madrid, Alianza, 1987).

Para el problema de los actos intrínsecamente malos y el debate con las éticas teleológicas: A. Carrasco, *Consecuencialismo, por qué no* (Pamplona, eunsa , 2000) y H. Herrera, *Verdad y práctica* (Valparaíso, Edeval, 2000).

Sobre las ideas éticas de C. S. Lewis resulta particularmente útil, M. Svensson, *El pensamiento de C. S. Lewis. Una introducción* (Santiago, Instituto de Estudios de la Sociedad, 2017).

No conozco una historia de la ética dedicada exclusivamente a la Tradición Central de la ética occidental. Naturalmente, hay historias de la - losofía que dedican atención a las teorías éticas de los distintos autores. Ya clásica es, por ejemplo, la de F. Copleston (Barcelona, Ariel, 1986). En cuanto a las historias de la ética, quizá la más conocida es la de A. MacIntyre, escrita en una época en la que este autor presentaba todavía una fuerte influenci marxista; la edición castellana más reciente es: *Historia de la ética* (Barcelona, Paidós, 1991). También puede ser útil, aunque es difícil de conseguir el texto de J. Maritain, *Filosofía moral (Examen histórico-crítico de los grandes sistemas)* (Madrid, Ediciones Morata, 1966, trad. G. Gonzalvo).

Entre las revistas que tratan cuestiones de fil sofía práctica, hay que señalar algunas que presentan una clara inspiración en la herencia ética occidental. Entre éstas: *Sapientia* (Buenos Aires), *Humanitas* (esta revista, editada en Santiago de Chile, es de divulgación cultural, pero contiene interesantes ensayos sobre materias de ética y fi osofía política), *Anthropotes* (Roma), *Acta Philosophica* (Roma), *Themata* (Sevilla), *Persona y Derecho* (Pamplona), *Philosophia* (Mendoza), Ciudad de México, *Anuario Filosófi o* (Pamplona), *Intus-Legere* (Viña del Mar), *Tópicos* (México), y con un fuerte énfasis histórico, *Patristica et Mediaevalia* (Buenos Aires).

Índice analítico
(Según parágrafos)

Aborto 143, 148

Absolutismo 5

Absoluto 5, 15, 91

Abusos 124

Acción 24, 36, 37, 50, 94, 100-1, 103, 106, 107-9, 134, 137, 139, 153, 163, 167; actos humanos y del hombre 26; temporalidad 44; estructura 44; guía racional 51; actos siempre malos 141-142, 167

Acometer 72, 73

Actos siempre malos 103, 140-141

Adecuación 106-108

Administración 58

Adulterio 142-3, 148

Agresión 102

Agustín, San 85, 95

Alabanza 16

Alicia en el país de las maravillas 14, 41

Alifano, Roberto 158

Alma 163, 167

Alteridad 68

Amistad 166

Analogía 107

Animales 2, 14, 26, 68, 71, 116, 158, 165

Anomia 124

Antígona 34, 89, 99, 123, 127, 132, 158, 165, 167, Antígona Vélez 90

Antropocentrismo 158

Apetito 106, 109

Aplicación 5, 101-103, 124, 126

Aquiles 73, 75, 146

Arbitrariedad 4, 63, 157

Aristóteles 3, 19, 24, 32, 38, 39, 40, 44, 48, 52, 55, 56, 57, 59, 77, 85, 103, 106-107, 111, 119, 132, 137, 140, 142, 150, 153, 156, 160, 163, 166-169

Armonía 106, 109

Arrepentimiento 131

Arte 39

Astucia 36, 49, 51, 57, 113

Ateísmo 164

Auschwitz 145

Autarquía 32

Autodistanciamiento 105, 131

Autonomía 5, 115-7, 164

Belleza 157

Bernardo de Chartres 169

Bien 6, 12, 14, 31, 41, 71, 79, 93-4, 97, 106, 136, 141, 151, 157-8; difusivo 32; aparente 42; básico 92, 94, 96; b. físico y b. moral 165

Bien común 115, 117, 119-21, 123

Bienestar 12

Bilbo 147

Bolognesi, Francisco 139

Borges, Jorge Luis 112

Calicles 154, 165

Calígula 153

Cambio 152

Canto al hombre 34

Casablanca 73

Castidad 88

Causa última 160, 162

Ceguera 43

Certeza 21, 40, 131, 161, 168

Chesterton: prólogo, 135, 163

Cid Campeador 75

Ciencia 14

Circunstancias1-103, véanse fuentes de la moralidad

Cobardía 42, 53, 56, 74, 81, 168

Conciencia 74, 96, 123, 126-132, 162; errónea 130; formación 130, 188

Conflicto 66, 112

Connaturalidad 109

Conocimiento 13, 52, 98-100, 104, 106, 111, 158, 161, 168; del mal 43

Consecuencias 137, 142-145, 148

Consecuencialismo 143 ss.

Consejo 19, 54, 100, 128

Consenso 18

Contemplación 32, 163

Contexto 103

Contingencia 54, 55

Convención 7

Conversión 132

Cooperación al mal 149

Corrupción 31, 41, 57, 84, 153, 166

Cosmos 158, 162

Costumbres 3, 6, 8, 9, 11, 75, 112

Creonte 89, 123, 127, 132, 134, 161

Cristianismo 59, 132, 166, 169

Criterios de moralidad 4, 8, 42, 54, 66, 127

Crusoe, Robinson 38

Cuerpo 156

Cuidado 158

Culpa 130

Culturas 9, 11, 96, 100, 119

Curiositas 85, 88

Dante 40, 45, 85, 112, 162

Darío, Rey 2, 9

David, Rey 105

Deber 128, 157, 167

Deliberación 54, 55

Delito 113, 141

Democracia 17, 63, 151
Demócrito 56
Depósito 102
Derecho natural 67, 90, 99
Derechos 115
Deseo 2, 24, 88, 105, 107
Determinación 97, 113
Determinismo 150
Diálogo 14, 18, 54, 99
Diez Mandamientos 161
Difi ultades 71
Dignidad 3, 15, 27, 32, 33, 54, 97, 119, 126, 146, 167
Dinero 29, 83, 136, 144
Dios 32, 68, 82, 108, 159-64, 166
Discriminación 63
Diversidad 8, 10, 13, 32, 98, 100, 125, 153, 166, 168
Doble efecto 102, 148
Dolor 78, 80, 95, 131-2, 164
Dostoievski, Fedor 42, 44, 141, 146, 159
Ecología 158
Ecologismo 155, 158
Edipo 50, 136
Educación 25, 37, 78, 96, 98, 100, 110, 125, 128, 130, 168
Elección 26
Elfos 147
Emancipación 162
Emoción 75, 110
Emotivismo 16, 17, 106
Ende, Michael 1
Eneas 146
Epicuro 80, 164
Equidad 124
Error 39, 40, 54, 59, 71, 99, 106, 136, 169

Escepticismo 16, 89

Esclavitud 3, 96-98, 100, 105, 151, 154

Estado 46; neutralidad 47, 58, 84

Estoicos 32, 41, 167

Ética 1, 3, 12, 168, *passim*; ética descriptiva 3; prescriptiva 3; ciencia ética 23;
moral 3; de la vergüenza 74; de la culpa 74; teleológica 142-3

Eutanasia 148

Excelencia 36, 146, 166

Excepción 101-2, 104, 124

Excusa 107

Experiencia 37, 75

Falacia naturalista 156-7

Falacia normativista 157

Falsedad 107, 109

Fama 29

Familia 35, 121

Farenheit 451 76

Felicidad 12, 28, 55, 136, 163, 167-8

Fierro, Martín 78

Fiesta 119

Fin 24, 26, 27, 109, 134, 136, 153-4, 156, 168; Ān último 28, 29, 168-9; no es el
placer 30, 32; no es objeto de deliberación 55

Finis operantis 134

Finis operis 134

Fortaleza 40, 53, 56, 71-8, 135, 139

Fouché, José 57

Frankestein 51

Freud, Sigmund 78

Frodo 147

Fuentes de la moralidad 133-9: objeto 133-5, 149; Ān 136, 149; circunstancias
137-9, 141-4

Fuerza 90, 111, 118, 122

Gadamer, Hans-Georg 22

Galen, August von 75

Gandalf 43, 147

Gandhi, Mahatma 65, 111, 126

Gardel, Carlos 44

Gattopardo 152

Gerasimchuk, Ivetta 74

Giges 165, prólogo

Gómez Dávila, Nicolás 144, 164. 166

Gorgias 165

Gozo 30

Gusto 3, 16, 17

Hábitos 33, 35; adquisición 38

Hamlet 126

Havel, Vaclav 51, 158

Hecho 122, 156, 157

Hedonismo 29, 30, 32, 74, 81, 164-5

Hegel, G. W. F. 144

Heráclito 41, 84, 113, 165

Heródoto 9

Heteronomía 5

Hippie 155

Hitchcock, Alfred 95

Hobbit 72, 147

Hö e, Otfried 157

Hombre 8, 27, 84, 97, 99, 106, 158, 153, 162, 165

Homicidio 98, 142, 144-5, 147

Hume, David 17, 19, ley de 156-7

Hurto 102, 104

Huxley, Aldous 33, 76, 82

Hýbris 165

Ibáñez, José Miguel 162

Ignorancia 98, 136

Igualdad 65, 68

Ilustración ateniense 7, 89

Imperio, 54, 56

Imposición 18

Impulsos 2, 77

Inciarte, Fernando 40

Inconsideración 56

Inconstancia 56

Incontinente 44

Indecisión 56

Indignación 15

Injusticia 123, 162, 164-5

Inmortalidad 162-3

Inmutabilidad 101

Inocente 98, 143-4

Intelecto 24

Intemperante 44, 80, 106

Intención 107, 134, 136, 148-9

Interés 12

Interpretación 5, 101, 103

Intuición 23

Irracional 70, 94

Irving, Washington 38

Jagger, Mick 29

Juego 86, 166

Juez 54

Juicio 54, 56, 131; categórico 91, 98

Juicios morales 3, 16, 17, 25, 41-2, 45

Jung Chang 122

Justicia 38, 60-69, 102

Justicia conmutativa 62

Justicia distributiva 62-3, 118

Justicia legal 61-2, 169

Justicia natural 9, 67, 103

Justicia particular 62

Justicia positiva 67, 90, 103, 11 ss. 124

Justifi ación 14, 17, 18, 23

Justo medio 40, 69, 140; inadmisible 141

Juventud 35

Kant. Immanuel 4, 63, 104, 142

Kelsen, Hans 156

Kraut, Richard 63

Leiden, Juan de 116

Lenguaje 3, 9, 16, 17, 112

Lennon, John 37

León, Carlos 164

Leónidas 139

Lewis, C. S. 25, 43, 88

Ley 17, 44, 89, 113, 123, no escrita 158

Ley eterna 109

Ley natural 89-110, 154, 167, 169; indelebilidad 103; inmutabiliad 101 ss., 113; propiedades 100-103; unidad 103; universalidad 100, 109

Liberalismo 115-6

Libertad 26, 33-4, 47, 51, 84, 132, 151, 165, 167; y ley 115; y virtud 37

Licofrón 63

Libro de la Sabiduría 162

Límites 145-7, 158, 162, 169

Lógos 165

Macbeth 128

Magnanimidad 72

Mal 17, 31, 50, 93, 97, 106, 132, 134, 140-2, 148; tolerancia 46; prevención 47; no se busca directamente 95; cooperación al 149; acostumbramiento 128; y existencia de Dios 164

Mandato 114

Marechal, Leopoldo 90

Marginados 117

Martirio 166

Marx, Karl 19
Masa 76
Materia 135
Matrimonio 100, 105
Mayoría 17, 105
Medea 44
Medio 28, 53, 55-6, 96, 109, 134
Medio ambiente 119-20
Mérito 63
Metaética 3
Miedo 75, 77, 162
Mill, John Stuart 2
Milón 140
Misericordia 147
Modelos 37, 53, 59, 100, 138, 166
Modernidad 167
Montesquieu 112
Moro, Tomás 22, 161
Muerte 162
Mundo 158, m. de la vida 157
Nación 119
Naturaleza 7, 34, 92, 109, 150-8, 169
Nerón 136
Newman, J. H. 162
Nómos 7
Normas 6, 54, 101; negativas 93, 102; positivas 93, 102; absolutas 140-2
Normas de educación 125
Nozick, Robert 30
Obediencia 90, 94, 122; lícita 123
Objetividad 41, 45
Objetivismo 8, 14
Objetivo 4, 41, 52, 134
Objeto 133, 156

Obligación 9, 11, 17, 90-2, 100, 102, 122-3, 127, 129, 144
Ocio 32
Odiseo 53, 68, 71, 73, 103, 136
Opinión 13
Opresión 118
Orden 158, 162
Orellana Benado, Miguel 125
Orwell, George 82, 115
Padrino, el 45
Parra, Nicanor 162
Participación 109
Pasiones 22, 138, 141
Paz 32, 122-3, 125
Pecado 130
Perdón 132
Perfección 153
Pericles 6, 49
Perseverancia 71, 73, 78
Persona 45, 48, 135, 141, 165
Peter Pan 74
Phýsis 7
Píndaro 153
Placer 29, 30, 38, 79, 95, 136
Platón 32, 150, 167
Pluralismo 115
Poder 29, 51, 82, 84, 158, 165-6
Poíesis 51
Pólis 166
Política 112, 153, 166
Popper, Karl 4, 5
Potencias 33, 60, 70, 106, 152, 165, 169
Prado, Pedro 23
Praxis 15, 24, 51, 55-56, 60, 149

Precipitación 56

Premisas 23, 44, 103

Previsión 35

Primeros principios 53, 91, 97, 99, 100, 157; evidencia 94

Principio 44, 97, 91, 94, 99

Principios accesibles a los sabios 100, 169

Principios de la razón práctica 106, 109, 167, ver: ley natural

Principios secundarios 97, 99, 100

Principios supraculturales 9, 12, 15, 25, 90. 127

Progreso 51, 117, 152, 154, 162

Prohibición 17, 114

Promesa 157

Propiedad intelectual 100, 103

Prudencia 49-59, 81, 92-3, 97, 144, 157, 168

Quijote, Don 36, 72

Racional 23, 34, 70, 164

Razón 81, 91, 98, 106, 165; privación de r. 87, 95, 102

Razón teórica 19; razón práctica 19, 21, 30, 40, 53, 91, 157, 169

Razonable 10, 18, 35, 51, 100, 102

Regla de oro 68

Relativismo 3, 7-10, 13, 25, 89, 100, 169; r. extremo 12; superación del r. 168

Relativo 5, 98, 140, 169

Religión 161

Reparación 65

Reproche 16

Respeto 158

Responsabilidad 26, 65, 131-2, 144, 158

Resultado 50

Revelación 3, 169

Revolución 155

Rey de los gatos 145

Riesgo 49, 84

Rigidez 56

Rousseau, Jean Jacques 154

Saber 38, 85

Sacrifi io 165

Sardanápalo 3

Sartre, Jean Paul 163

Séneca 153

Sensaciones 43

Sentencia 54, 113

Serrat, Joan Manuel 2

Sexo 82, 88, 157

Shakespeare, William 43, 128

Silogismo 23, 103; silogismo práctico 24, 44

Sociedad 46, 47, 113, 158, s. abierta 6

Sócrates 2, 41, 154, 165, 167 So stas 7, 9, 89

Spaemann 10, 30

Spoudaîos 166

Strauss, Leo 21

Subjetivo 4, 13, 41, 134, 136

Subsidiariedad 49

Sueño 42

Sujeto 108, 156

Técnica 39, 50, 51, 107, 129, 144, 152, 162; neutralidad 51, 56, 89

Temor 162

Templanza 79-88, 137, 140

Temporalidad 44, 81, 83, 108, 120, 144, 147

Tennant, Andy 126

Tenorio, Don Juan 88

Terrorismo 143

The Beatles 144

Tirano 17, 49, 113, 115-6

Tiresias 161

Tomás de Aquino 42, 46, 52, 56, 100, 102, 109, 116, 130, 156, 163, 167, 169

Tortura 16, 148

Touvier, Paul 143

Tradición 6, 120, 132-3, 161; Tradición Central de Occidente: prólogo, 22, 25, 99, 158, 162, 167

Tragedia 132

Trasímaco 8

Unamuno, Miguel de 162

Universalidad 16, 100, 104

Valoración 9

Valores 125, 157

Verdad 14, 16, 17, 57, 163

Verdad práctica 57, 106

Vergüenza 74, 77, 141

Vicios 35, 39, 42-7, 111, 133, 160; conexión 45; tolerancia 56

Víctor Hugo 128, 1332

Vida 37, 75, 98, 157, 165; política 32, 166; contemplativa 32

Virtud 4, 30, 35, 109, 133, 135, 137, 140, 163, 165, 168; presupuestos materiales 32; atractivo 36; adquisición 38-9, 41; justo medio 40, 53, y juicio recto 42. Virtudes cardinales 48-88

Virtudes intelectuales 39, 52

Voluntad 25, 34, 60, 76-7, 106, 111, 132, 143; débil 44, 106

Esta primera edición consta de 500 ejemplares
y se imprimió el 11 de febrero 2019,
festividad de la Bienaventurada Virgen María de Lourdes,
en la imprenta GOMFRA,
Av. E. Castellanos Quinto 171-1,
Col. Educación, Coyoacán,
C.P. 04400, Ciudad de México
mgdiseno@hotmail.com

www.ingramcontent.com/pod-product-compliance
Lightning Source LLC
La Vergne TN
LVHW090355160726
843469LV00038B/421